72 ?

Raed ben Othmen

6ème bruyère

le nouveau

**Millefeuille**

**CM2**
cycle 3

PROGRAMME 2016

www.**orthographe-recommandee**.info

**Sous la direction de Christian DEMONGIN**
Professeur agrégé de lettres modernes

**Alain BONDOT**
Professeur des écoles
Maitre formateur

**Yolande GONNET**
Professeure des écoles
Maitre formateur

**Michel GONNET**
Inspecteur de l'Éducation nationale

**Gisèle HOSTEAU**
Conseillère pédagogique

**Françoise PICOT**
Inspectrice de l'Éducation nationale

**Marie-Louise PIGNON**
Professeure des écoles

**Nathan**

## le nouveau Millefeuille CM2

## est organisé en deux parties

**Dans la partie
LIRE / ÉCRIRE / PARLER,
tu trouveras :**

📖 En ouverture d'unité, une page avec un ou plusieurs document(s) pour introduire le type de textes que tu vas lire et écrire.

Unité **4**

## Des récits biographiques

1 Connais-tu les personnes représentées ?
2 Que sais-tu d'elles ? À quelles époques ont-elles vécu ?
3 Où pourrais-tu trouver des renseignements sur leur vie et sur ce qui les a rendues célèbres ?

**Dans cette unité, tu vas :**
- lire des récits biographiques ;
- écrire un passage de biographie ;
- parler d'une personne célèbre.

## Lire

📖 Deux textes (histoires complètes ou extraits) à lire et à comprendre.

• Des activités « avant de lire » pour préparer ta lecture.

• Des questions de compréhension.

🔍 Cherche la réponse à un endroit du texte.

🔍🔍 Cherche la réponse à plusieurs endroits du texte.

💡 Réfléchis à partir du texte.

📕 Cherche la réponse en utilisant tes connaissances, un dictionnaire ou sur Internet.

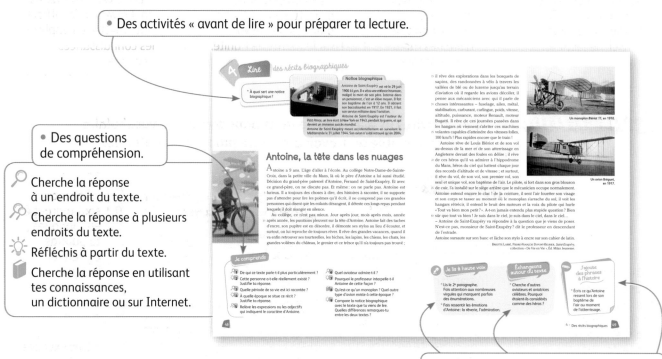

• Des activités pour lire le texte à voix haute, échanger autour du texte, écrire une phrase.

© Éditions Nathan,
25 avenue Pierre-de-Coubertin, 75013 Paris
ISBN 978-2-09-122931-7

# Pour mieux lire · Faire le point

**Deux pages pour travailler les caractéristiques du texte**

- Des activités de lecture débouchant sur des conseils pour t'aider à mieux lire.

- Des activités débouchant sur les connaissances à retenir sur le type d'écrit rencontré.

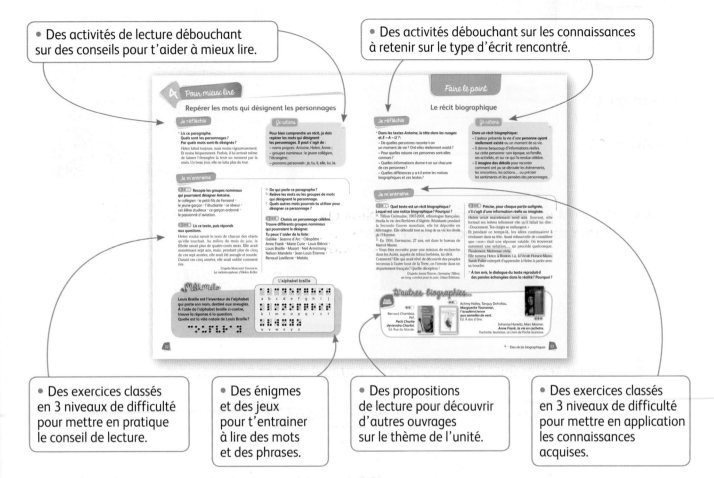

- Des exercices classés en 3 niveaux de difficulté pour mettre en pratique le conseil de lecture.

- Des énigmes et des jeux pour t'entrainer à lire des mots et des phrases.

- Des propositions de lecture pour découvrir d'autres ouvrages sur le thème de l'unité.

- Des exercices classés en 3 niveaux de difficulté pour mettre en application les connaissances acquises.

# Vocabulaire

**Des activités et des listes de mots pour acquérir le vocabulaire thématique utile au travail d'écriture proposé dans l'unité.**

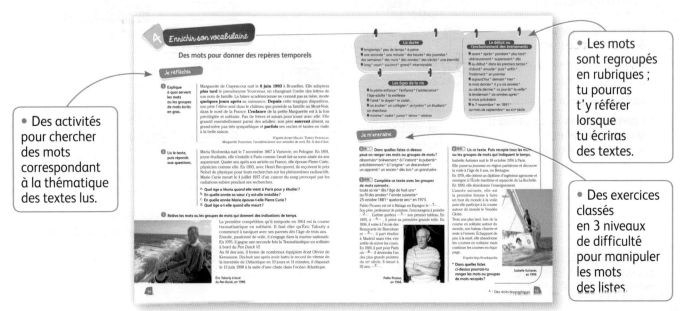

- Des activités pour chercher des mots correspondant à la thématique des textes lus.

- Les mots sont regroupés en rubriques ; tu pourras t'y référer lorsque tu écriras des textes.

- Des exercices classés en 3 niveaux de difficulté pour manipuler les mots des listes.

## Écrire

**Des situations d'écriture différenciées (3 niveaux).**

• Un guide d'écriture qui rappelle ce que tu as appris dans l'unité.

• Plusieurs situations d'écriture de difficulté croissante.

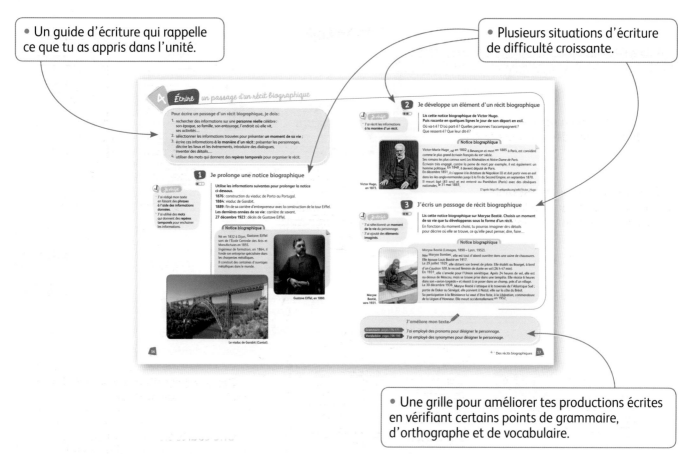

• Une grille pour améliorer tes productions écrites en vérifiant certains points de grammaire, d'orthographe et de vocabulaire.

## Oral

**Des situations d'oral pour apprendre à bien t'exprimer.**

• Des situations demandant de parler devant tes camarades.

• Des conseils pour te préparer et bien écouter les autres.

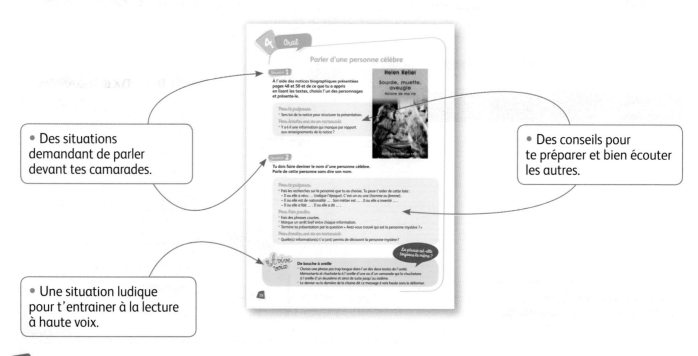

• Une situation ludique pour t'entrainer à la lecture à haute voix.

# Dans la partie ÉTUDE DE LA LANGUE, tu trouveras des unités de grammaire, d'orthographe et de vocabulaire.

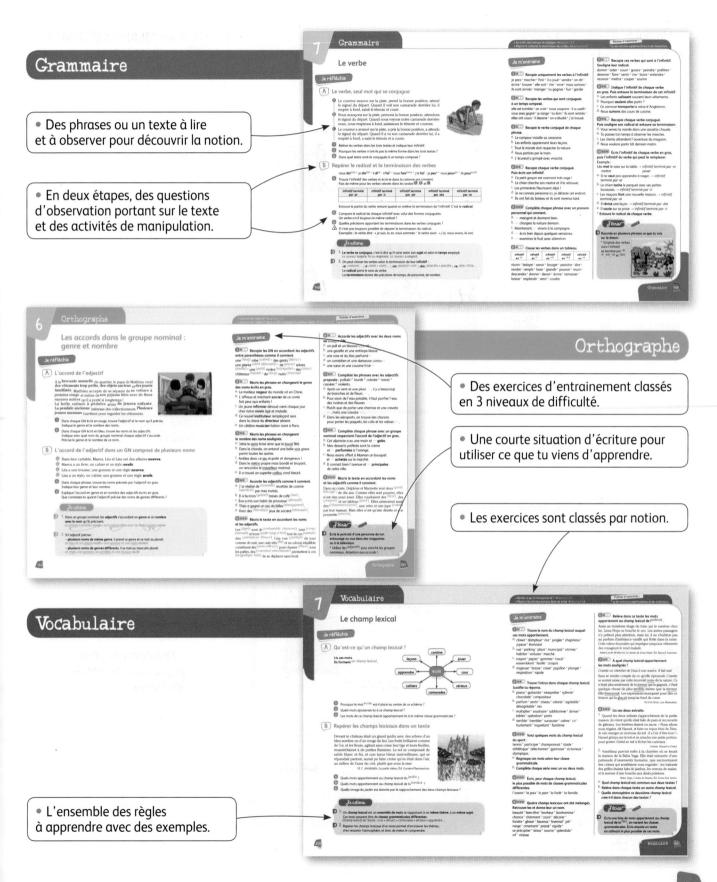

## Grammaire

- Des phrases ou un texte à lire et à observer pour découvrir la notion.

- En deux étapes, des questions d'observation portant sur le texte et des activités de manipulation.

## Orthographe

- Des exercices d'entrainement classés en 3 niveaux de difficulté.

- Une courte situation d'écriture pour utiliser ce que tu viens d'apprendre.

- Les exercices sont classés par notion.

## Vocabulaire

- L'ensemble des règles à apprendre avec des exemples.

# Sommaire

*Entrées littéraires du Programme*

| Faire le point | Vocabulaire | Écrire | Oral |
|---|---|---|---|
| | | **Écrire et parler** | |
| Les personnages insolites | Des mots pour présenter des personnages insolites | Écrire pour présenter un personnage insolite | Parler d'un personnage insolite |
| Les récits de science-fiction | Des mots pour décrire un paysage de science-fiction | Écrire un récit de science-fiction | Décrire un lieu ou un objet de science-fiction |
| Les textes documentaires géographiques | Des mots pour décrire un paysage | Écrire un texte documentaire géographique | Parler d'un paysage |
| Le récit biographique | Des mots pour donner des repères temporels | Écrire un passage d'un récit biographique | Parler d'une personne célèbre |
| Le journal intime | Des mots pour dire ce que l'on ressent | Écrire un journal intime | Parler pour émouvoir ou convaincre |
| Le conte de sagesse | Des verbes pour préciser les relations entre les personnages | Écrire un conte de sagesse | Présenter une histoire |
| Les indications scéniques ou didascalies | Des mots pour exprimer les relations entre les personnages | Écrire une scène de théâtre | Jouer une scène de théâtre |
| L'adaptation d'un roman en BD | Les mots de la bande dessinée | Écrire le scénario d'une BD à partir d'un roman | Parler d'une BD |
| Le texte poétique | Jouer avec la langue, jouer avec les mots | Écrire des poèmes | Dire un poème de manière expressive |
| Des textes pour se poser des questions | Des mots pour dire ce que l'on pense | Écrire un texte pour réfléchir | Parler pour convaincre |

\* Récits complets    \*\* Ouvrages issus de la liste du ministère de l'Éducation nationale pour le cycle 3

# Sommaire  Étude de la langue

Le nouveau *Millefeuille CM2* se fonde sur les **principes** les plus reconnus **de la didactique du français** et s'inscrit dans les recommandations du **nouveau programme** : *« Le champ du français articule des activités de lecture, d'écriture et d'oral, régulières et quantitativement importantes, complétées par des activités plus spécifiques dédiées à l'étude de la langue (grammaire, orthographe, lexique) qui permettent d'en comprendre le fonctionnement et d'en acquérir les règles. »* Les compétences visées – en relation avec celles du **socle commun** – concernent donc les domaines « Comprendre et s'exprimer à l'oral », « Lire », « Écrire », « Comprendre le fonctionnement de la langue ».

Le nouveau *Millefeuille CM2* aborde dans une **première partie** la **lecture**, le **vocabulaire thématique**, l'**écriture** et l'**oral** et dans une **deuxième partie** l'**étude de la langue**. Il convient en effet d'aborder séparément ces différents domaines aux objectifs précis tout en les mettant en relation. C'est ainsi que **les activités de lecture, d'écriture et d'oral** sont toujours mises en cohérence entre elles et en même temps **mises en relation avec l'étude de la langue**, laquelle de son côté conduit dans chaque leçon à un travail d'écriture.

## Première partie : Lecture-expression

### Une interaction entre lecture, vocabulaire et écriture

Chacune des dix unités de la partie lecture-expression a un **double objectif** : découvrir les **caractéristiques** et les **enjeux** des textes proposés, textes littéraires ou documentaires, et correspondre pour les textes littéraires à une **entrée** citée dans le programme : héros et personnages, se confronter au merveilleux à l'étrange, se découvrir, la morale en question…

Un travail essentiel sur le **lexique** en relation avec les thématiques abordées est proposé ensuite. Il permet l'acquisition d'un vocabulaire nécessaire au travail d'écriture qui suit. La lecture de textes permet par ailleurs de dégager des sortes d'invariants, des caractéristiques, que l'élève est amené à respecter dans ses activités d'**écriture**.

### Une place réelle accordée à l'oral

Le nouveau programme accorde une place importante à l'**oral** à la fois moyen d'expression et objet d'apprentissage. C'est pourquoi en ouverture de chaque unité sont menés des **échanges** à partir d'une œuvre visuelle pour permettre aux élèves d'exprimer leurs connaissances ou leurs attentes à propos de ce qui va être travaillé et annoncer les objectifs visés. Les élèves interviennent ensuite oralement au long des activités de lecture. Des **activités orales spécifiques** sont enfin proposées dans des situations variées pour apprendre à parler devant ses camarades et à les écouter.

## Deuxième partie : Étude de la langue

L'étude de la langue se veut, en accord avec le programme, *« …explicite, réflexive, mise au service des activités de compréhension de textes et d'écriture. Il s'agit d'assurer des savoirs solides en grammaire autour des notions centrales et de susciter l'intérêt des élèves pour l'étude de la langue. »* L'**approche réflexive** de l'étude de la langue, la volonté de susciter l'**intérêt des élèves** sont deux préoccupations permanentes du manuel. C'est pourquoi les élèves sont amenés, au-delà d'approches sensibles spontanées, à procéder à des synthèses sur ce qu'ils ont découvert. Pour mieux accompagner chacun, des **activités différenciées** sont proposées dans chaque domaine de l'étude de la langue.

Le nouveau *Millefeuille CM2* espère répondre ainsi aux objectifs de la deuxième année du **cycle de consolidation**.

# Des récits avec des personnages insolites

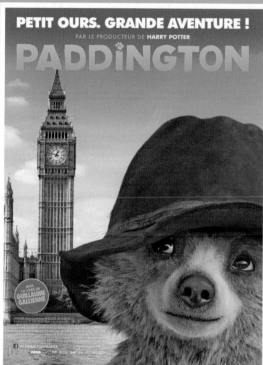

**1** Connais-tu ces personnages ?

**2** Que sais-tu d'eux ?

**3** Dirais-tu que ces personnages sont des héros ? Pourquoi ?

Dans cette unité, tu vas :

- lire des récits construits autour de personnages insolites ;
- écrire pour présenter un personnage insolite ;
- parler d'un personnage insolite.

• Connais-tu ce personnage ?

# Un bout de bois étonnant

*Maitre Cerise, un menuisier, s'apprête à travailler un morceau de bois.*

À la vue de ce bout de bois, Maitre Cerise devint tout joyeux ; et, se frottant les mains de satisfaction, il marmonna à mi-voix :

– Ce bout de bois tombe à pic : je vais m'en servir pour faire un pied de table.

Aussitôt dit, aussitôt fait. Maitre Cerise prit immédiatement sa hache la mieux
5 aiguisée pour commencer à enlever l'écorce du bois et à le dégrossir. Mais au moment où il allait donner son premier coup de hache, il resta en l'air, car il entendit une toute petite voix, qui disait sur un ton de prière :

– Ne me tape pas si fort !

Imaginez la stupeur de ce brave Maitre Cerise !

10 Il promena un regard égaré dans toute la pièce pour voir d'où pouvait bien venir cette petite voix, et il ne vit personne ! Il regarda sous le banc : personne ; il regarda dans une armoire qui restait toujours fermée : personne ; il regarda dans la caisse où s'amassaient copeaux et sciure : personne ; il ouvrit la porte de la boutique pour jeter un coup d'œil dans la rue : personne. C'était donc ?...

15 – Je vois, dit-il alors en riant et en se grattant la perruque ; cette petite voix, c'est moi qui l'ai rêvée. Remettons-nous au travail.

Et, reprenant sa hache, il asséna un coup magistral au morceau de bois.

– Aïe ! Tu m'as fait mal ! cria d'un ton plaintif la même petite voix.

## Je comprends

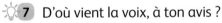

1 Qui sont les personnages de cette histoire ?

2 Où travaille Maitre Cerise ?

3 Que s'apprête-t-il à fabriquer ?

4 Quels outils utilise-t-il ? À quoi servent-ils ?

5 Cite d'autres outils du menuisier.

6 Quels mots indiquent la réaction de Maitre Cerise lorsqu'il entend la voix ?

7 D'où vient la voix, à ton avis ?

8 La voix réagit-elle toujours de la même façon au travail de Maitre Cerise ?

9 Que pourrait faire Maitre Cerise d'un morceau de bois qui parle ?

10 Quel personnage te semble insolite ?

Cette fois, Maitre Cerise resta pétrifié, les yeux hors de la tête de terreur, la
20 bouche grande ouverte et la langue pendante jusqu'au menton, comme une
gargouille de fontaine.

Dès qu'il eut retrouvé l'usage de la parole, il se mit à dire, en tremblant et
bafouillant d'épouvante :

– Mais d'où a bien pu sortir cette petite voix qui a dit « aïe » ? Il n'y a pourtant
25 personne ici… Ou alors… il y aurait quelqu'un caché dedans ? S'il y a quelqu'un
de caché dedans, tant pis pour lui ! Je vais l'arranger, moi !

Et en disant cela, il empoigna des deux mains ce pauvre morceau de bois, et
se mit à le cogner sans pitié contre les murs de la pièce où il se trouvait.

Puis il écouta. Allait-il entendre une petite voix qui se plaindrait ? Il attendit
30 deux minutes : rien ; cinq minutes : rien ; dix minutes : rien !

– Je vois, dit-il alors en s'efforçant de rire et en s'ébouriffant la perruque ; cette
petite voix qui a dit « aïe », c'est moi qui l'ai rêvée ! Remettons-nous au travail.

Et comme il avait eu – et avait encore – grand peur, il se mit à chantonner pour
se donner un peu de courage.

35 Puis il posa sa hache et prit le rabot pour raboter et finir de débarrasser de son
écorce le morceau de bois ; mais tandis qu'il le rabotait de bas en haut, de haut
en bas, il entendit la petite voix qui lui disait en riant :

– Arrête ! Eh, tu me fais des chatouilles !

CARLO COLLODI, *Pinocchio*, traduit de l'italien par Nathalie Castagné, © Éd. Gallimard Folio Junior.

 **Je lis à haute voix**

- Lis le passage des lignes
  4 à 18 en respectant
  les indications de ton
  pour le morceau de bois
  et en montrant les émotions
  de Maitre Cerise.

**Échangeons autour du texte**

- Comprends-tu
  que Maitre Cerise
  ait peur dans
  cette situation ?

 **J'ajoute des phrases à l'histoire**

- Écris une phrase ou deux
  pour exprimer la réaction
  de Maitre Cerise après
  la dernière réplique
  du morceau de bois.

• Que peuvent bien faire ces deux-là ?

# Il faut faire quelque chose !

*Max vit dans un appartement avec son vieux chat Mix, qui est aveugle. Partant au travail, il doit pendant de longues heures laisser son fidèle compagnon. Mais celui-ci n'est pas seul : il a rencontré depuis peu un ami original… une souris, Mex. Celle-ci, grimpée sur le rebord de la fenêtre, raconte à Mix ce qu'elle voit dehors.*

Mix voulut savoir comment était le ciel, et la rue, et l'herbe du jardin.

– Le ciel est clair, transparent, on ne voit pas un nuage. Dans la rue, il y a beaucoup d'autos et de bicyclettes, de gens qui se saluent et, dans l'herbe, de petites fleurs blanches qui ressemblent à de délicieux flocons de céréales
5 commencent à pousser.

Elle lui raconta aussi que les branches des marronniers étaient couvertes de bourgeons qui deviendraient bientôt des feuilles vertes et que, dans le nid de la pie, on apercevait les têtes de trois oisillons qui, dans quelques semaines, prendraient possession de l'air pour leurs premiers vols. Les heures de la matinée
10 s'écoulèrent très tranquillement, Mix, allongé à sa place favorite, et Mex, debout sur le rebord de la fenêtre, lui décrivant tout ce qui se passait.

Peu avant midi, un bruit de pas qui s'arrêtaient près de la porte fit sursauter les deux amis. Max avait sans doute oublié quelque chose, se dirent-ils tout d'abord,

## Je comprends

1 Qui sont Max, Mix et Mex ? À la lecture du texte, que sait-on de chacun d'eux ?

2 Pourquoi le chat demande-t-il à son amie de lui dire ce qu'elle voit ?

3 À quelle saison se passe cette histoire ? Justifie ta réponse.

4 Comment Max reconnait-il les pas du voleur ?

5 Relève les mots ou les expressions qui montrent l'inquiétude soudaine des deux amis.

6 Que pense la souris d'elle-même ? A-t-elle raison ? Justifie ta réponse.

7 Comment les deux amis veulent-ils empêcher la porte de s'ouvrir ?

8 D'où vient la voix mélodieuse de la femme ?

9 Pourquoi le voleur s'enfuit-il ?

10 De quel livre est extrait ce passage ? Cherche un autre livre de cet auteur dont le titre ressemble à celui-ci.

mais Mix dit que ce n'était pas les pas décidés et joyeux de Max. Ils étaient
15 différents, précautionneux, méfiants, et leur émoi grandit en entendant le
bruit métallique d'un trousseau de clés.

– Je meurs de peur ! Je suis une souris très trouillarde, la plus
trouillarde des souris, je te l'ai dit, cria Mex en cherchant refuge
entre les pattes de son ami.

20 – Qui que ce soit, il est en train d'essayer d'ouvrir la porte.
Nous devons faire quelque chose, Mex. Une fois, j'ai entendu
parler de gens qui pénètrent dans les maisons et emportent
les choses.

– On les appelle des voleurs, dit Mix.

25 – Parfaitement, c'est un voleur qui veut nous
dévaliser ! Je meurs de peur ! Qu'est-ce que nous
pouvons faire, nous, un chat aveugle et une souris
trouillarde ! dit Mex mais elle suivit son ami jusqu'à
30 la porte alors que le bruit de différentes clés essayant
d'entrer dans la serrure leur faisait éprouver un froid
très distinct de celui de l'hiver.

– On doit faire quelque chose, Mex, s'écria Mix, et
tous deux pesèrent de tout leur poids contre la porte
35 jusqu'au moment où Mex, criant toujours qu'elle avait
peur, très peur, courut jusqu'à la table du salon, poussa
la télécommande du téléviseur pour la faire tomber et,
sans cesser de manifester sa peur, commença à sauter
sur le clavier.

40 À l'instant où un « clic » indiquait que le voleur avait
trouvé la bonne clé, la voix mélodieuse d'une femme saluant
le début du printemps remplit tous les coins de la maison.

Mix cessa de pousser contre la porte en entendant les pas
s'éloigner précipitamment et appela son amie.

45 – Très bien, Mex ! très bonne idée ! On l'a bien eu.
Quand les amis s'unissent, ils ne peuvent pas être vaincus.

LUIS SEPULVEDA, *Histoire du chat et de la souris qui devinrent amis*, Éd. Métailié.

 **Je lis à haute voix**

- Lis le dialogue entre Mix
  et Mex (lignes 17 à 28).
  Il faudra montrer la peur
  de Mex.

**Échangeons autour du texte**

- À quel autre genre
  de texte cet extrait
  peut-il faire penser ?
  Pourquoi ?

**J'ajoute des phrases à l'histoire**

- Écris une phrase que Max
  pourrait dire à son chat
  à son retour du travail.
  Que pourrait lui répondre
  Mix ?

# Comprendre ce qui n'est pas directement dit dans un texte

## Je réfléchis

1. Relis les lignes 10 à 14 page 12. Dans ce paragraphe, de quelle boutique s'agit-il ? Qu'est-ce qui t'a aidé(e) à trouver la réponse ?

2. Relis les questions 3 et 7 page 14. Qu'est-ce qui t'a aidé(e) à trouver les réponses ?

## Je retiens

**Pour bien comprendre ce qui n'est pas clairement exprimé dans un texte, le lecteur doit :**
– mettre en relation les informations du texte ;
– se servir aussi de ses propres connaissances.

Je peux répondre à la question 1 parce que je repère des mots qui évoquent l'atelier d'un menuisier ; à la question 2 parce que je connais les caractéristiques du printemps et que je sais comment fonctionne une télécommande.

## Je m'entraine

**1** ●○○ Relis le texte *Il faut faire quelque chose !* pages 14-15, puis réponds aux questions.

a. À quelle ligne peut-on comprendre qu'il se passe quelque chose d'anormal ?

b. Quel est le handicap de Mix ? Quelles lignes permettent de le comprendre ?

**2** ●●○ Lis ce texte, puis réponds par VRAI ou FAUX à chaque affirmation. Justifie ta réponse.

– Quinze et trois, dix-huit. Dix-huit et neuf… zut, zut et rezut ! Maman, dix-huit et neuf ?
– Vingt-sept, répondit une voix paisible, sur fond de cliquetis de casseroles…
Mordillant méthodiquement le capuchon de son crayon à bille, Paméla termina son addition à trois chiffres avec retenues.

– Ouf, ça y était ! Bon débarras.
Elle allait enfin pouvoir lire le recueil de contes que son parrain Philibert lui avait offert pour son anniversaire…
Un museau brun et pointu apparut alors dans l'entrebâillement de la porte, tandis que Clochinette, la jeune sœur de Paméla, levait une patte suppliante : Oh, Paméla, s'il te plait, lis-le tout haut !

Jacqueline HELD, *Le chat de Simulombula*,
© CGR.

a. Paméla compte l'argent qu'elle a dans sa tirelire.

b. Paméla fait ses devoirs.

c. La scène se déroule à l'école.

d. Paméla aime lire des contes.

e. Elle les lit de façon silencieuse.

f. Les personnages ne sont pas des êtres humains.

**Quels sont ces personnages insolites de bandes dessinées ?**

○ Je suis jaune avec des taches noires, doté d'une très longue queue. Mon cri est « Houbba, Houbba ».

○ Je suis le petit chien blanc d'un célèbre reporter.

○ Je suis le chien du pénitencier où les Dalton sont enfermés. Je ne suis pas très intelligent !

○ Je suis une célèbre souris dotée de grandes oreilles rondes et portant toujours des gants blancs à quatre doigts.

# Les personnages insolites

## Je réfléchis

- **Souviens-toi du texte *Un bout de bois étonnant*, pages 12-13.**
  - D'après ce que tu as lu dans ce texte, pourquoi le morceau de bois est-il étonnant ?
- **Dans le texte *Il faut faire quelque chose !*, pages 14-15 :**
  - qui est Mix ?
  - qui est Mex ?
  - quelles sont leurs qualités ?

## Je retiens

Certains romans mettent en scène des personnages qui ne sont pas des êtres humains. Ils peuvent être des animaux ou des objets.
- L'auteur les décrit de façon détaillée en empruntant des **caractéristiques humaines** : perceptions, émotions, sentiments, intelligence, langage…
- Ces personnages se conduisent bien ou mal selon leur caractère.

## Je m'entraine

**1** ●●● **Classe les personnages dans le tableau.**

Hercule • Le Chat Botté • Flash McQueen • Baloo • Le Minotaure • Excalibur • Bagheera • Dusty

| Personnages imaginaires | Animaux | Objets |
|---|---|---|
| … | … | … |

**2** ●●● **Lis le texte, puis réponds aux questions.**

Alice… vit soudain un Lapin Blanc aux yeux roses qui passa près d'elle en courant. Alice n'y vit là rien de particulièrement remarquable, pas plus qu'elle ne s'étonna d'entendre le Lapin dire entre ses dents : « Oh ! là ! là ! Oh ! là ! là ! je vais être en retard ! »… Tout de même quand le Lapin vint à tirer une montre de son gousset, consulta cette montre et se remit à courir de plus belle, Alice se leva d'un bond.

D'après Lewis Carroll,<br>*Les Aventures d'Alice au pays des merveilles.*

a. Qui sont les personnages de cette histoire ?

b. Quelles caractéristiques le lapin partage-t-il avec les êtres humains ?

c. Pourquoi l'auteur a-t-il mis des majuscules à Lapin Blanc ?

**3** ●●● **Lequel de ces deux passages est extrait d'un roman ? Justifie ta réponse.**

A. Le goéland marin est omnivore et opportuniste. C'est un prédateur pour les œufs et les poussins des autres espèces telles que les goélands plus petits, les oiseaux de mer et les canards. Il est très agressif et peut même tuer les oiseaux adultes.

B. Durant les quelques jours suivants, Jonathan s'efforça de se comporter à l'instar des autres goélands. Il s'y efforça vraiment, criant et se battant avec ses congénères autour des quais et des bateaux de pêche, plongeant pour attraper des déchets de poissons et de croutons de pain.

Richard Bach, trad. Pierre Clostermann, *Jonathan<br>Livingstone le goéland*, © Éd. Flammarion.

## D'autres personnages insolites…

Alan Arkin, illustrations de Chhuy-Ing, **Moi, un lemming**, Castor Poche

Erin Hunter, **La guerre des clans, La quatrième apprentie**, Éd. PKJ

Timothée de Fombelle, **Tobie Lolness**, (tome 1), Éd. Gallimard Jeunesse

# Des mots pour présenter des personnages insolites

## Je réfléchis

**1** **Lis ces textes.**

**A.** Alors surgit le montreur de marionnettes, un gros homme si laid qu'il faisait peur rien qu'à le regarder. Il avait une vilaine barbe noire comme l'encre… Sa bouche était large comme un four, ses yeux semblaient deux lanternes de verres rouges avec de la lumière à l'intérieur et de ses mains, il faisait claquer un gros fouet, fait de serpents et de queues de renard entortillés ensemble.

**B.** La fée fit apparaitre un magnifique caniche qui se tenait droit sur ses pattes, tout comme un homme. Le caniche était habillé comme un cocher en livrée de gala. Il avait sur sa tête un tricorne galonné d'or, posé sur une perruque blanche bouclée ; il portait une longue veste couleur chocolat avec des boutons de diamant et deux grandes poches, des bas de soie, des petites ballerines, une culotte de velours cramoisi. Par derrière, il avait une sorte de fourreau en parapluie, en satin bleu pour y mettre sa queue quand il commençait à pleuvoir. Peu après, le caniche assis sur le siège avant d'un carrosse tiré par cent souris blanches faisait claquer son fouet de droite à gauche comme un cocher qui craint d'être en retard.

CARLO COLLODI, *Pinocchio*, © Éd. Gallimard Folio Junior.

**a. Quels sont les personnages décrits dans chacun de ces extraits ?**

**b. Relève, pour chaque personnage, les mots qui donnent des précisions sur son apparence (ses habits, ses accessoires, sa coiffure…) et sur son caractère.**

**c. Qu'est-ce qui rend ces personnages insolites ?**

**2** **Lis ce texte.**

Après avoir capturé Mex, Mix lui demanda comment elle était. Alors la souris se décrivit, elle dit que sa peau était d'une couleur marron pâle avec une rayure blanche qui allait du cou jusqu'à l'arrière-train ; elle ajouta qu'elle avait des moustaches courtes, une queue fine et le nez rose.
– Parfaitement, monsieur le chat, je suis ce qu'on appelle une jolie, une très jolie souris, douce et tiède. Je suis une souris du Mexique. Je suis très futée, la souris la plus futée que tu puisses connaitre. Je sais beaucoup de choses que je pourrais avoir le plaisir de partager avec toi si tu me laisses manger ces flocons de muesli si délicieux, drôlement délicieux, super délicieux…

LUIS SEPULVEDA, *Histoire du chat et de la souris qui devinrent amis*, Éd. Métailié.

**a. Qu'est-ce qui permet de comprendre qu'il ne s'agit pas d'animaux comme les autres ?**

**b. Relève les informations qui te permettraient de dessiner la souris.**

## L'apparence physique

des sourcils broussailleux • une barbe noire •
une large bouche • une taille démesurée •
une frimousse fraiche et enjouée •
des yeux pétillants • irrégulier • bancal •
imberbe • colossal • imposant

## Le caractère

sourcilleux • menaçant • ombrageux •
soupçonneux • belliqueux • futé • accueillant •
trouillard • enjoué • discret • audacieux •
téméraire • intrépide • valeureux • étrange •
curieux • surprenant

## Des accessoires anciens, rares ou précieux

un tricorne • une livrée • une perruque • des bas de soie •
un carrosse • un fouet • une cape • un pourpoint • un carquois •
des bottes de cavalerie • un chapeau à panache

## Je m'entraine

**3** ●●● **Choisis trois mots. Cherche leur définition dans un dictionnaire ou sur Internet.**

une brigandine • une rondache • une flamberge •
des ballerines • un capuchon • une pèlerine •
une cotte • une tunique • un corset • un couvre-chef •
une crinoline • une ombrelle

• **Dans quelle liste de mots ci-dessus les rangerais-tu ?**

**4** ●●● **Associe ces mots à la couleur qui correspond.**

a. aile de corbeau

b. bouton d'or

c. brique

d. bonbon

e. perroquet

f. céleste

g. taupe

1. jaune lumineux et chaud

2. noir à reflets bleutés

3. rouge moyen

4. gris foncé, tirant très légèrement sur le brun

5. rose vif tirant sur le magenta

6. vert vif et clair

7. bleu clair comme le bleu du ciel

• **Quelles couleurs peuvent servir à décrire les yeux ? les cheveux ? du tissu ? la carrosserie d'une voiture ?**

**5** ●●● **Complète cette description avec les mots suivants :**

plat • souterrains • aiguisées • l'ouïe fine • gris-vert •
épaté • bras longs • nyctalopes • pointues •
noir de jais • jaunes

• **Aide-toi de l'illustration.**

Les gobelins vivent généralement dans les …**1**…. Ils ont des …**2**… qui descendent plus bas que leurs genoux. Leur peau varie du …**3**… au …**4**… suivant le clan auquel ils appartiennent. Ils ont un visage …**5**… un nez …**6**…, des oreilles …**7**…, des yeux …**8**… et des petites dents …**9**….

Les gobelins savent se déplacer silencieusement, ont …**10**… et le sens de l'esquive. Sortant surtout la nuit, on dit qu'ils sont …**11**…. Ils parlent le gobelin et leurs noms sont très gutturaux, comme : Glork, Nout'grout, Buzglob…

**Pour présenter un personnage insolite, je dois :**

1. inventer un personnage qui n'est pas humain : une créature imaginaire, un animal ou un objet…

2. lui donner des caractéristiques d'un être humain : des habits, des activités, un langage, des émotions, des sentiments…

3. lui ajouter des éléments curieux ou insolites : vêtements, habitation, traits physiques ;

4. décrire ses pouvoirs : force, capacité d'audition, de vision, rapidité, modification de l'aspect.

 **1** **Je complète la description d'un personnage insolite**

▶ **Situation 1**

**Lis le début de ce conte.**
**Complète la description du Chat Botté en t'aidant de l'image :**
**son apparence physique, ses habits, ses qualités, ses pouvoirs…**

Un meunier ne laissa pour tous biens à trois enfants qu'il avait, que son moulin, son âne, et son chat. L'aîné eut le moulin, le second eut l'âne, et le plus jeune n'eut que le chat. Ce dernier ne pouvait se consoler d'avoir un si pauvre lot : « Mes frères, disait-il, pourront gagner leur vie honnêtement en se mettant ensemble ; pour moi, lorsque j'aurai mangé mon chat et que je me serai fait un manchon de sa peau, il faudra que je meure de faim. »
Mais ce n'était pas un chat comme les autres.

CHARLES PERRAULT, *Le Chat Botté.*

*Je vérifie*

● Le chat que j'ai décrit porte des **vêtements** et des **accessoires** qui le rendent insolite.

▶ **Situation 2**

**Sur le modèle de la description de Mex (*exercice 2 page 18*),**
**continue le texte suivant en décrivant Mix, son apparence physique,**
**son caractère.**

Max va emménager dans son nouvel appartement. Pas question de confier Mix à ses parents. Il l'emmènera avec lui, il a vécu de si bons moments avec lui. Il se souvient de la fois où il avait finalement recueilli le chaton qui l'avait suivi et s'était habilement faufilé dans l'entrée de son premier logement. *Il était…* Ou : *C'était…*

*Je vérifie*

● J'ai décrit l'**apparence physique** et donné des **traits de caractère humain** au chat.

**Je présente des personnages insolites**

**Situation 1**

**En t'aidant du texte et de l'image, présente les elfes, leur apparence, leurs pouvoirs.**

Les gobelins, les nains, les elfes sont des personnages imaginés par l'auteur du *Seigneur des Anneaux* et de *Bilbo, le Hobbit*, J. R. Tolkien. Ils peuvent exercer des pouvoirs magiques sur la forêt ou sur les animaux et ils sont de redoutables archers.

L'elfe Legolas (l'acteur Orlando Bloom) dans la trilogie *Le seigneur des Anneaux*, film de Peter Jackson.

 **Je vérifie**

- J'ai décrit les **elfes et leur univers** en utilisant des mots des listes page 19.

**Situation 2**

**Présente un de ces lutins. Nomme-le et donne-lui des pouvoirs. Tu peux en faire un personnage bienveillant ou malfaisant.**

Les lutins sont des créatures nocturnes de très petite taille réputées pour leur espièglerie, leurs capacités à se transformer ou à se rendre invisibles. Ils aiment vivre dans les foyers humains et faire des farces.

**Je vérifie**

- J'ai décrit un lutin. J'ai **précisé les pouvoirs** dont il dispose.
- J'ai **imaginé une action** bienfaisante ou malfaisante.

**3** **J'imagine un personnage insolite**

**Je vérifie**

- J'ai inventé un **personnage insolite** que j'ai nommé.
- J'ai commencé par sa **description générale**, puis j'ai fait une **description plus précise** de quelques éléments.
- J'ai indiqué les **pouvoirs** dont il dispose.

**Pour décrire le personnage insolite, réponds d'abord aux questions suivantes. Tu peux t'aider des mots des listes page 19.**

- Qui est-il ? Donne son nom, son âge.
- Est-ce une créature imaginaire, un animal ou un objet ?
- Quelle taille a-t-il ? Quelle est sa corpulence ? Est-il petit, grand, menu, gros… ?
- À quoi ressemble-t-il ? Décris son visage, ses vêtements…
- A-t-il des signes particuliers ? Quels accessoires possède-t-il ?
- Quels pouvoirs a-t-il ?

**J'améliore mon texte**

**Grammaire** pages 170-171 ► J'ai utilisé des noms propres et des pronoms personnels pour désigner le personnage insolite de différentes façons.

**Orthographe** pages 182-183 ► J'ai bien accordé les adjectifs avec les noms.

# Parler d'un personnage insolite

Tu présentes les informations à la radio.
Raconte à la façon d'un fait divers l'un des deux textes pages 12-13 ou 14-15.
Mets en évidence ce que les personnages ont d'insolite et d'exceptionnel.

*Pour te préparer*
- Repère comme une ou un journaliste les informations importantes (Qui ? Quand ? Quoi ? Où…).
- Présente la situation et les personnages de manière sensationnelle.

*Pour écouter une ou un camarade*
- L'information présentée correspond-elle au texte ?

Avec tes camarades, tu vas débattre de cette question :
peut-on croire à un personnage de roman s'il n'est pas un être humain ?

*Pour te préparer*
- Prends position sur la question : oui ou non.
- Illustre tes arguments par des exemples.

*Pour écouter une ou un camarade*
- Laisse parler tes camarades même si tu n'es pas d'accord avec leurs idées.

*Pour bien débattre*
- Attends ton tour pour parler.
- Expose tes idées en expliquant tes raisons « pour » ou tes raisons « contre ».

*Quelle intonation chacun a-t-il utilisée ?*

*À vive voix*

Un groupe d'élèves prononce la phrase de Maitre Cerise chacun d'une façon différente, en changeant d'intonation : songeuse, terrifiée, joueuse, terrifiante, surprise…

« Mais d'où a bien pu sortir cette petite voix qui a dit « aïe » ?
Il n'y a pourtant personne ici… Ou alors… il y aurait quelqu'un caché dedans ?
S'il y a quelqu'un de caché dedans, tant pis pour lui ! Je vais l'arranger, moi ! »

# Des récits de science-fiction

**1** Connais-tu ces personnages ?

**2** Existent-ils dans la réalité ?

**3** Comment les connais-tu ?

**Dans cette unité, tu vas :**

- lire des récits de science-fiction ;
- décrire un univers de science-fiction ;
- présenter un lieu ou un objet de science-fiction.

- Observe cette ville souterraine.
- À ton avis, pourquoi les habitants vivent-ils à cet endroit ?

# Une manifestation obscure

Suburba, 18 octobre 2096

Les grands chiffres rouges de l'horloge à cristaux liquides affichaient 16 heures 36 lorsque Élodie sortit du collège Matthis. Elle posa son cartable à côté des grilles et attendit que Myria, sa meilleure copine du moment, la rejoigne.

5 Dans les galeries de Suburba, ce n'était pas encore l'heure d'affluence et le silence de l'immense ville souterraine n'était troublé que par les discussions des élèves sur le trottoir et le léger bourdonnement des voitures électroniques. C'est ce calme qui permit à Élodie d'entendre le très faible « pop » d'un fusil à compression. Quelque chose claqua au-dessus de sa tête comme un gros pétard 10 et le photoclare de 300 000 watts qui surplombait le collège s'éteignit subitement.

Toute la zone se trouva aussitôt plongée dans la pénombre. Seule la lueur diffuse des photoclares les plus proches empêchait que l'obscurité soit totale. L'affolement gagna les élèves et dégénéra très vite en bousculade, des cris fusèrent, assortis d'appels, d'injures et de bruits de galopades. Certains se 15 réfugièrent dans le hall d'entrée du collège, mais les plus vifs détalèrent dans les galeries adjacentes. Retranchée derrière un pilier de la grille, Élodie hésita une seconde sur la marche à suivre.

Une seconde de trop…

## Je comprends

1 Selon toi, quel est l'âge d'Élodie ?

2 Dans le deuxième paragraphe, quels éléments permettent de comprendre que le roman se situe dans un avenir imaginaire ?

3 Où vit le peuple de Suburba ?

4 Quand le peuple de Suburba est-il descendu sous la Terre ? Pourquoi ?

5 À ton avis, qu'est-ce qu'un photoclare et un microcar ?

6 Pourquoi le photoclare s'est-il éteint ?

7 À ton avis, pourquoi le gouvernement de Suburba appelle-t-il les membres de l'AERES des « terroristes » ?

8 Que veulent les membres de l'AERES ?

9 Qu'est-ce que « Le Monde d'En Haut » ?

10 Après avoir lu le texte, explique son titre.

11 Que signifie le mot « colonisation » ?

Des lueurs de phares percèrent l'obscurité, une nuée de microcars
20 encercla le collège et des dizaines de gardes armés en sortirent…

Élodie se rencogna : avec l'obscurité, le garde qui venait dans sa
direction ne l'apercevrait peut-être pas. Il repoussa durement vers
la grille d'entrée des gamins qui essayaient de passer à travers les
mailles du filet et s'arrêta à quelques mètres d'elle. La fillette bloqua
25 sa respiration et s'aplatit contre le béton rugueux. Le garde inspecta
rapidement les alentours et fit mine de repartir : il ne l'avait pas vue !
Mais au même moment, une lumière jaunâtre illumina la zone du
collège : comme la dernière fois, ils venaient de remettre en marche
les photoclares du début de la Colonisation du Monde Souterrain, de
30 vieux machins qui dataient de 2028 et n'étaient plus utilisés qu'en cas
de secours…

C'était la troisième fois depuis le début de l'année scolaire
que le photoclare du collège était pris pour cible par ceux que le
gouvernement de Suburba continuait d'appeler des « terroristes ».
35 Mais tout le monde savait qu'il s'agissait des membres de l'AERES,
l'Association des Enterrés pour la Remontée En Surface. Depuis deux
ans, l'AERES se battait pour que l'on remonte vivre sur Terre au lieu
de rester dans le Monde Souterrain. Des scientifiques de l'association
s'étaient, parait-il, rendus dans le Monde d'En Haut pour y effectuer des mesures.
40 Ils assuraient que les Grandes Pollutions qui avaient ravagé la Terre en 2022 en
causant des millions de morts étaient presque toutes résorbées et que, soixante-
quatorze ans plus tard, il était désormais possible d'y revivre. On les avait
d'abord pris pour des doux rêveurs. Mais peu à peu, l'idée de remonter avait
fait son chemin et l'AERES avait regroupé de plus en plus de sympathisants. Le
45 gouvernement de Suburba avait alors publié plusieurs communiqués assurant
que, d'après toutes les études sérieuses, la Terre ne serait pas habitable en surface
avant plusieurs siècles.

XAVIER-LAURENT PETIT, *Le monde d'en haut*, Éd. Casterman Poche.

### Je lis à haute voix

- Lis les lignes 11 à 31.
  Tu devras montrer la peur.
  Tu pourras lire les phrases
  en t'arrêtant bien après chaque
  signe de ponctuation (deux-points,
  point d'exclamation, point).

### Échangeons autour du texte

- Si nous habitions
  dans une ville
  souterraine,
  qu'est-ce qui
  changerait
  dans notre vie ?

### J'ajoute des phrases à l'histoire

- Imagine que le garde
  découvre Élodie cachée.
  Invente un dialogue
  entre les deux
  personnages.

• L'être humain est-il déjà allé sur une autre
planète que la Terre ?

• Sur laquelle espère-t-il aller assez vite ?

**Mars**

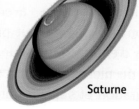

**Saturne**

# Un village sur Mars

*Une fusée conduisant un équipage sur la planète Mars s'est écrasée à l'arrivée.
Seul rescapé, Bill Jenner marche plusieurs jours et finit par atteindre une montagne.*

Pendant un instant, il eut l'impression
que cette marche sans but était
désespérée, mais il finit tout de même
par atteindre le sommet. Alors, il vit
5 en dessous de lui une dépression
entourée de collines aussi hautes, ou
même parfois plus hautes, que celle
au sommet de laquelle il se trouvait.
Niché au milieu de cette vallée, il y
10 avait un village.

Il pouvait distinguer des arbres
et une cour dallée de marbre. Une
vingtaine de maisons se serraient
autour de ce qui semblait être une place
15 centrale. La plupart de ces maisons

## Je comprends

1 Que ressent le personnage dans la première
phrase du texte et dans la dernière ?
Relève des mots qui justifient tes réponses.

2 Dans les paragraphes 2 et 3, relève
les éléments qui rendent le village
et les maisons accueillants.

3 Qu'est-ce que du marbre ?

4 Pourquoi, dans un premier temps,
Bill Jenner reste-t-il toujours à « distance
respectueuse des voutes d'entrée » ?

5 Pourquoi doit-il se pencher pour rentrer
dans les maisons ?

6 Explique l'expression « tous les sens en éveil »
(ligne 34-35).

7 Qu'est-ce qu'une auge ?

8 Explique ce qu'est une rampe circulaire.

9 Pourquoi Jenner n'explore-t-il pas
les étages ?

étaient plutôt basses, mais quatre tours de marbre partaient gracieusement à l'assaut du ciel et brillaient sous le soleil.

Glissant sur la roche lisse, il tomba. Il dégringola ainsi sur la moitié de la pente menant au village. Vues de plus près, les
20 maisons paraissaient toujours aussi neuves et luisantes. Leurs murs réfléchissaient fortement la lumière du soleil. De toutes parts fleurissaient des bosquets d'arbres verdâtres chargés de fruits pourpres…

De l'extérieur, Jenner examina les constructions, restant
25 toujours à une distance respectueuse des voutes d'entrée. Il atteignit ainsi l'extrémité de la plateforme de marbre sur laquelle le village était édifié, et il revint en arrière d'un pas décidé. Il était temps d'explorer l'intérieur des maisons.

Son choix se porta sur l'une des quatre tours. En s'en
30 approchant, il s'aperçut qu'il devrait se pencher pour y pénétrer. Les implications de cette découverte le firent hésiter un moment. Ces maisons avaient été construites pour des êtres vivants qui devaient être très différents des êtres humains.

Pourtant, il continua, se pencha et entra dans la tour, tous les
35 sens en éveil.

Il se retrouva dans une pièce sans meubles dont l'un des murs comportait plusieurs murets de marbre assez bas. Ils formaient un groupe de quatre stalles[1] larges et basses. Chaque stalle comportait une auge creusée à même le sol. La seconde salle
40 était équipée de quatre plans inclinés montant chacun vers une sorte de petite estrade. En tout, il y avait quatre pièces au rez-de-chaussée. De l'une d'elles partait une rampe circulaire montant probablement vers d'autres pièces de la tour.

Jenner n'explora pas les étages. Sa peur de rencontrer des êtres inconnus
45 faisait place à la conviction tout aussi terrifiante qu'il n'en rencontrerait pas.

Alfred E. Van Vogt, Les monstres,<br>
traduit de l'anglais par Denis Verguin, © Éd. Belfond.

1. une stalle : un emplacement ou un compartiment séparé par des cloisons.

 **Je lis à haute voix**

- Lis la fin du texte des lignes 36 à 45. Arrête-toi à chaque groupe de souffle (après « inconnus », « terrifiante ») afin d'exprimer de la peur.

**Échangeons autour du texte**

- En quoi le lieu décrit ne pourrait-il pas se trouver sur Terre ?

**J'ajoute des phrases à l'histoire**

- Un être inconnu descend de l'étage à la rencontre de Jenner. Décris ce personnage.

# Comprendre un mot inconnu

## Je réfléchis

- **Lis le texte. Que signifie le mot en gras ?**

Un garde s'approcha d'Élodie. Il renversa son cartable d'un geste brusque : ses **holodisques** de travail et ses cahiers dégringolèrent, le garde les feuilleta rapidement.

XAVIER-LAURENT PETIT, *Le monde d'en haut.*

**a.** **Recopie la définition qui convient.**
1. Jeux vidéo qui permettent à Élodie de se déplacer.
2. Arme ronde utilisée par les « terroristes ».
3. Support numérique sur lequel les leçons et les autres documents d'Élodie sont enregistrés.

**b.** **Quels mots du texte t'ont permis de le comprendre ?**

- **Définis le mot** microcar **en t'aidant de sa construction. Emploie-le ensuite dans une phrase.**

## Je retiens

Quand tu lis un texte, tu rencontres parfois des mots inconnus.
Pour les comprendre, tu peux :
– t'aider du **contexte**, c'est-à-dire des autres mots de la phrase ou du texte ;
– observer **comment le mot est formé.**

Tu peux aussi comprendre l'idée principale d'une phrase même si tu ne connais pas le sens de chaque mot.

## Je m'entraine

**1** ●○○ **Lis chaque texte, puis recopie la définition du mot en gras qui convient.**

**A.** L'équipage ne demandait qu'à rencontrer la baleine, à la **harponner**, à la hisser à bord et à la dépecer.

**Définitions**
a. Frapper avec une harpe.
b. Attraper à l'aide d'un harpon.
c. Embêter quelqu'un.

**B.** Le ver de terre a la forme d'un cylindre (un tube), il peut atteindre 30 cm de long et 9 mm de diamètre. **Géophage**, il se nourrit essentiellement de feuilles pourries, de racines et de terre.

**Définitions**
a. Qui se déplace sans bruit.
b. Qui vit la nuit.
c. Qui mange de la terre.

**2** ●●○ **Trouve un synonyme du mot en gras. Dessine cet objet comme tu l'imagines.**

La peau rugueuse et souple de cet être m'étonne. Avec l'**ultraloupe**, j'ai pu en analyser la matière.

**3** ●●● **Tu connais le mot** aéroport. **Imagine ce que peut être un** aérobus. **Invente des mots avec le préfixe** aéro- **et donne leur définition.**

**4** ●●● **Dans les mots inventés ci-dessous, on trouve le préfixe** bio- **qui signifie « vie » et le suffixe** -logie **qui signifie « science ». Retrouve pour chaque mot la définition qui convient.**
1. biomusée • 2. stellogie • 3. biogardien
a. Science des étoiles.
b. Personne chargée de surveiller la qualité de la vie.
c. Bâtiment qui présente les différentes formes de la vie.

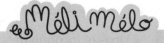 Méli Mélo

**Associe deux étiquettes pour former des mots scientifiques ou techniques qui existent.**

aéro    spéléo    inter    super
nucléaire      logie
   sonique
thermo    naute    glisseur

# Les récits de science-fiction

## Je réfléchis

- **Dans *Une manifestation obscure*, pages 24-25 :**
  – où et quand se déroule l'histoire ?
  – fais la liste des mots inventés par l'auteur.
- **Dans *Un village sur Mars*, pages 26-27 :**
  – où se déroule l'histoire ?
  – dans quel environnement se trouve Bill Jenner dans le premier paragraphe ?

## Je retiens

**Dans un récit de science-fiction :**
– l'histoire se déroule sur la Terre dans un avenir lointain, ou dans un monde extraterrestre ;
– le monde décrit est souvent inspiré de la vie réelle sur Terre ;
– l'auteur ajoute des objets imaginaires et des éléments inconnus ;
– les personnages se déplacent dans un environnement souvent hostile.

## Je m'entraine

**1** ●○○○ **Lesquels de ces passages ne correspondent pas à un récit de science-fiction ?**

a. Alors qu'il se promène dans la forêt, Liam se perd. Un arbre lui indique le chemin d'une chaumière en pâte de fruits.

b. Pour aller rapidement au pied de la fusée, Jeanne monte dans un carspeed et atteint en quelques secondes la base de l'engin. C'est alors que son miniphone retentit au creux de son oreille.

c. Que se passe-t-il sur la base de Courroux ? Alors que la fusée *Ariane 5* est lancée, des scientifiques disparaissent mystérieusement. Heureusement, l'inspecteur Lebon mène l'enquête.

d. Perdus dans une forêt de cactus de plusieurs mètres de haut, nos quatre amis avancent doucement, inquiets, s'attendant à chaque instant à rencontrer des êtres malveillants.

**2** ●●○ **Recopie les mots ou les phrases qui montrent que ce texte est extrait d'un récit de science-fiction.**

Je me souviens de ce moment-là. Comme chaque soir, j'étais assis face à mon ordinateur. On était à Paris, le 14 décembre, et il faisait très chaud. Mon thermomètre indiquait 38 °C.

Qu'attendaient-ils pour déclencher la pluie ? Il leur suffisait de lancer une fusée *Poséidon* qui déclencherait une averse en lançant quelques rayons Éta. La modification du climat par les hommes est possible depuis 2961.

## D'autres récits de science-fiction...

Éric Simard, Stéphanie Hans (illustrations), ***L'enfaon***, Éd. Mini-Syros

Kim Aldany, ***Kerri et Mégane***, (vol 1) ***Les Mange-forêts***, Éd. Nathan

Alain Grousset, ***Les Dévisse-boulons***, Éd. Gallimard Jeunesse.

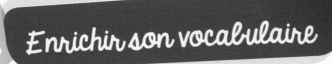
# Des mots pour décrire
# un paysage de science-fiction

## Je réfléchis

**1** **Relève, dans le texte, les mots qui désignent l'ascenseur et ses différentes parties.**

L'ascenseur ultrarapide reliait chaque étage de cette immense tour qui flottait comme en apesanteur. Lucien pénétra dans un cylindre d'acier par une étroite trappe placée au bas de la paroi réfléchissante. Ce qu'il vit était incroyable.

Des anneaux lumineux éclairaient faiblement l'intérieur. Les murs lisses et froids étaient parsemés de diffuseurs de sons ou d'odeurs. Le sol transparent était pavé d'une mosaïque changeant comme un kaléidoscope.

• **Relève ensuite les adjectifs ou les mots qui décrivent ces différentes parties.**

**2** **Recopie uniquement les mots qui caractérisent une grande taille.**

ordinaire • monumental • démesuré • gigantesque • colossal • minuscule • immense • microscopique • petit

**3** **Recopie les mots qui pourraient décrire la forme d'un bâtiment.**

souple • hexagonal • transparent • cubique • sphérique • pointu • rigide • cylindrique • pyramidal • conique

**4** **Recopie les mots qui pourraient désigner la matière d'un mur ou d'une paroi dans un univers de science-fiction.**

argile • paille • verre • pétale • page • liquide • latex • bois • cristal • acier • fruits

**5** **Recopie uniquement les phrases qui décrivent un univers de science-fiction.**

a. Le dôme était au centre d'une plateforme gardée par des cyborgs.

b. Derrière la porte, dans le hall de l'immeuble, se trouvait un escalier en colimaçon.

c. Un cyberchat vint à leur rencontre et les guida à l'intérieur du premier cube dont les parois transparentes étaient d'une couleur jaune fluorescent.

d. Le sol était tapissé de fleurs exubérantes qui palpitaient au moindre contact, se refermant vivement comme une bouche gourmande.

e. La voute de la sphère était recouverte de rayons multicolores que des libellules géantes avaient tracés.

## Les bâtiments

un dôme • une coupole •
une sphère • un cube •
une pyramide • un tunnel •
une tour • un habitacle •
un cylindre • un sas •
une plateforme

## La taille

imposant • immense •
impressionnant • colossal •
gigantesque • infini •
grandiose • minuscule •
microscopique

## La matière

verre • métal • diamant •
cristal • nickel • aluminium •
titane • silicone • latex •
caoutchouc • plastique •
béton • zirconium • kevlar

## L'aspect

transparent • flou • voilé • gazeux • opaque •
obscur • lumineux • translucide • brillant •
phosphorescent • métallique • coloré

## L'atmosphère

accueillant • étonnant • surprenant •
stupéfiant • incroyable • apocalyptique •
étrange • inquiétant • mystérieux • glacial

## Je m'entraine

**6** ●●● **Dans quelle liste ci-dessus ranges-tu ces mots ?**

limpide • un ascenseur • une passerelle • abominable •
cristallin • un volet • puissant • un kiosque •
une cloison • végétal • solide • céramique

**7** ●●● **Recopie uniquement les mots qui conviennent pour décrire ce paysage de science-fiction.**

un cône • un cube • une tour • un labyrinthe •
immense • vertical • élevé • allongé • souterrain •
aérien • irisé • transparent • sombre • lumineux •
verre • béton • bois • acier • caoutchouc

**8** ●●● **Retrouve la définition qui convient pour chaque mot.**

1. faisceau • 2. scaphandre • 3. apocalyptique •
4. luminescent • 5. artificiel

a. Équipement composé d'une combinaison étanche et d'un casque qui permet de respirer sous l'eau ou dans l'espace.

b. Qui émet de la lumière.

c. Produit par l'homme et non par la nature.

d. Qui est épouvantable et évoque la fin du monde.

e. Particules qui se propagent dans la même direction.

**9** ●●● **Récris ce texte en remplaçant les mots en rouge par les mots proposés. Accorde les adjectifs si nécessaire.**

cylindres • station • hublots • sphères •
projecteurs • sas • ascenseurs • badge

La **cabine** orbitale ressemblait à l'Atomium avec ses **boules** disposées géométriquement et reliées par des **tubes**. Des **fenêtres** laissaient entrer une lumière éblouissante envoyée par des **lampes** puissantes.

Des **escaliers** permettaient de passer rapidement d'une sphère à l'autre. On arrivait dans un **espace de petite taille**. Il fallait placer son **insigne** magnétique devant un détecteur pour actionner l'ouverture des portes.

**Pour décrire un paysage de science-fiction, je dois :**

1. imaginer un univers inconnu (une autre planète, la Terre dans l'avenir…) ;
2. présenter les personnages : où sont-ils ? Qui sont-ils ? Pourquoi sont-ils là ?
3. décrire ensuite de façon détaillée les éléments de l'environnement : les bâtiments (habitations, lieux de loisirs, équipements, services…), les moyens de transport, les appareils divers utilisés par les habitants, les végétaux et les animaux s'il y en a ;
4. attribuer à certains de ces éléments des caractéristiques techniques très avancées et qui n'existent pas encore de nos jours.

## 1 Je complète une description

**Situation 1**

Recopie chaque phrase en ajoutant des précisions aux mots en couleur pour réaliser une description d'un paysage de science-fiction. Aide-toi des listes de mots, page 31.

a. Soudain, au milieu de la **place**, un **bâtiment** sort de terre. Il s'ouvre et laisse apparaitre un **objet** qui se déplace en tournant sur lui-même.
b. Le **véhicule** nous attendait au fond d'un **hangar** rempli de **machines**.
c. La ville poussait comme un champignon. Des **tours** sortaient du cratère. Des passerelles venaient s'accrocher aux **bâtiments**. Des **antennes** se dépliaient.

**Je vérifie**

- J'ai précisé la **couleur**, les **formes**, en quoi le bâtiment est construit…

**Situation 2**

Recopie ce texte en le complétant pour en faire une description d'un paysage de science-fiction.
Aide-toi des listes de mots, page 31.

Lorsque je parvins enfin tout en haut de la colline, je restai stupéfait ! Semblant sortir de terre, une ville … surgissait. Des immeubles … dominaient la ville. Leurs parois … laissaient passer … . Sur leurs toits, se trouvaient des … . Plus petits en taille mais beaucoup plus étendus, on pouvait distinguer quelques … transparents. Certainement des … .

**Je vérifie**

- J'ai utilisé des **mots** qui permettent de décrire une ville qui n'existe pas.

**Situation 3**

Recopie ce texte en le complétant pour en faire une description d'un paysage de science-fiction.
Puis imagine ce que tu peux trouver à l'intérieur des maisons.

Toutes les maisons étaient identiques. Elles étaient suspendues à une sorte de … géant. On y entrait par … . Elles ne possédaient aucune autre ouverture, hormis de nombreux … qui sortaient comme des tentacules. Seules les couleurs variaient. Il y en avait des … avec des … et des … avec des … . On aurait dit de grosses … envahies par des … . À l'intérieur … .

**Je vérifie**

- J'ai rédigé une ou deux **phrases** pour décrire l'intérieur d'une maison.

**Je modifie une description**

Modifie chaque texte pour en faire une description d'un paysage de science-fiction.

 **Je vérifie**

- J'ai précisé la **couleur**, les **formes**, en quoi le bâtiment est construit…
- J'ai ajouté des **descriptions invraisemblables** des lieux.
- J'ai **transformé** des **objets**.

▶ **Situation 1**

Je regardais la photographie que j'avais prise quelques heures avant de monter dans le train. La famille était réunie dans la grande pièce centrale autour du vieux canapé. Sur la photo, on distinguait une fenêtre à travers laquelle on voyait le pont qui enjambait le fleuve. On apercevait aussi l'ombre massive des bâtiments qui longeaient le port et les lumières des grues qui dominaient le chantier naval.

▶ **Situation 2**

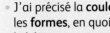 **Je vérifie**

- J'ai imaginé Paris dans le **futur**.
- J'ai choisi ce que je voulais **changer** dans la description.
- **J'ai ajouté** des informations qui montrent le changement.

La voiture roulait dans les rues désertes de Paris. Assis à l'arrière, je pouvais contempler le paysage. On passa sur le pont d'Austerlitz qui enjambait la Seine. On distinguait nettement la cathédrale Notre-Dame dont l'imposante structure de pierre se détachait du ciel azur. Je voyais ses sculptures et ses célèbres vitraux. Quelques centaines de mètres plus loin, sur la droite, on pouvait apercevoir le Louvre, le célèbre musée parisien. On longea ses longs murs couleur miel, coupés des petites tours aux toits d'ardoise qui entouraient une cour où s'élevait une petite pyramide de verre. Enfin, on arriva devant la tour Eiffel, imposante dame en dentelle de fer.

 **Je décris un univers de science-fiction**

Imagine que ta classe embarque à bord d'une fusée pour aller explorer une planète… En regardant par le hublot, tu vois ce paysage. **Tu envoies immédiatement un message à ta famille ou à tes amis pour le décrire.**

Où es-tu ? • Que vois-tu ? • À quoi le paysage ressemble-t-il ? • Quelles impressions ressens-tu ? • Quelles couleurs vois-tu ? • Quelle forme et quels aspects ont les bâtiments ? • En quoi sont-ils fabriqués ?

 **Je vérifie**

- J'ai apporté des **détails** sur quelques éléments du paysage.
- J'ai placé quelques **mots inventés**.
- J'ai raconté mes **émotions**.

**J'améliore mon texte**

**Grammaire** pages 164-165 ▶ J'ai fait les accords dans les groupes nominaux.

**Vocabulaire** pages 194-195 ▶ J'ai utilisé des mots avec des préfixes.

# Décrire un lieu ou un objet de science-fiction

## Situation 1

**Mets-toi à la place de Bill Jenner, pages 26-27, qui doit faire un compte rendu oral de ce qu'il voit à une personne sur la Terre.**

### Pour te préparer

- Relis une fois le texte.
- Commence par une vision générale du village. Indique ce que tu vois en premier (les tours, des maisons). Parle de la taille, des couleurs.
- En entrant dans le village, décris les façades.
- À l'intérieur d'une maison, décris les pièces les unes après les autres.

### Pour bien raconter

- Tu peux faire semblant d'avoir un micro ou un téléphone.
- Ne regarde pas tes camarades.
- Ajoute des expressions du type : « c'est étonnant », « c'est incroyable »…

### Pour écouter une ou un camarade

- La description correspond-elle au texte ? As-tu des éléments à ajouter ?

## Situation 2

**Tu fais un reportage sur le Salon des Innovations en 2095. Présente un des objets qui y sont exposés. Décris-le en imaginant à quoi il sert.**

### Pour te préparer

- Observe la forme de l'objet, ses différents éléments et sa matière.
- Imagine à quoi il peut servir et comment il fonctionne.
- Trouve-lui un nom.

### Pour bien raconter

- Commence par donner le nom de l'objet choisi : « Je vous présente le… »
- Présente ensuite celui-ci en suivant l'ordre de la description : sa forme, les éléments qui le composent, sa matière, son fonctionnement…
- Insiste sur ses qualités, en quoi il peut être utile.

### Pour écouter une ou un camarade

- Imagine des questions sur l'objet choisi.

*Répète au moins trois mots que tu as retenus. S'il le faut, cherche leur sens dans le dictionnaire.*

À vive voix

**Entraine-toi à dire des mots difficiles en articulant exagérément.**

statisticien • gabegie • abasourdir • zygomatique • tachistoscope • kaléidoscope • prestidigitateur • inéligibilité.

# Des textes documentaires géographiques

1 Quel titre proposerais-tu pour
cette photographie ?

2 Décris ce que tu vois en utilisant
des termes de géographie.

3 De quoi parlerait un livre qui aurait
cette image en couverture ?

**Dans cette unité, tu vas :**

- lire des textes documentaires
  géographiques ;
- écrire un texte documentaire
  sur ton village, ta ville ou ta région ;
- parler d'un paysage.

• Quand tu entends le mot « pôle », à quoi penses-tu ?

# LES DEUX BOUTS DU MONDE

Aux extrémités nord et sud de la Terre se trouvent de vastes étendues de glace : les régions polaires. Le pôle Nord est situé dans l'océan glacial arctique. La plus grande ile arctique est le Groenland. Le pôle Sud se trouve au cœur d'un continent, l'Antarctique. Plus on approche des pôles, plus les jours et les nuits durent longtemps. Il fait très froid, car les rayons du soleil sont rasants et la blancheur du paysage renvoie 90 % de la chaleur. Le blizzard est un vent glacial, qui peut atteindre 200 km/h !

**Différents pôles**
Notre planète tourne sur elle-même autour d'un axe imaginaire qui la traverse de part en part. Aux extrémités de cet axe se situent le pôle Nord et le pôle Sud géographiques. Les pôles magnétiques sont ceux vers lesquels se dirigent les aiguilles des boussoles.

*Océan Pacifique* — *Détroit de Béring* — *Alaska* — AMÉRIQUE DU NORD — *Pôle magnétique nord* — *Canada* — *Nunavut* — *Québec* — *Groenland* — *Océan Atlantique*

**Les frontières de l'Antarctique**
La zone antarctique se situe à l'intérieur d'une « ligne de convergence », bande de 30 à 50 km de large recouverte d'épaisses brumes, où les eaux froides de l'océan Austral rencontrent les eaux plus chaudes des océans Pacifique, Indien et Atlantique. Au nord de cette ligne, la faune et la flore se diversifient.

*Amérique du Sud — Mer de Weddell — Terre de la Reine-Maud — Océan Austral — Barrière de Rohne — Terre d'Ellsworth — Pôle Sud — Terre de Wilkes — Barrière de Ross — Île de Ross — Terre Adélie — Cercle polaire antarctique — Mer de Ross — Terre Victoria — Océan Pacifique — Pôle magnétique sud — Ligne de convergence*

6

« Si un jour vous êtes perdu au pôle, sans savoir lequel, il existe un moyen sûr de vous y reconnaitre. Vous croisez un ours blanc, c'est le pôle Nord... Vous rencontrez un manchot, c'est le pôle Sud... » disait le commandant Charcot, explorateur et scientifique.

*Soleil de minuit*

**Le poids de la glace**
Une couche de glace et de neige, qui atteint par endroits 4 800 m d'épaisseur, recouvre le continent Antarctique. Sous le poids de cette calotte glaciaire, la majeure partie des terres se sont enfoncées en dessous du niveau de la mer. Seuls dépassent quelques sommets montagneux, appelés « nunataks »

## Je comprends

**1** Quels éléments composent ce document ?

**2** Qu'est-ce qui caractérise les régions polaires ?

**3** Trouve-t-on des manchots au pôle Nord ?

**4** Par quoi sont produites les aurores polaires ?

**5** Où se trouve la toundra ? Comment as-tu fait pour répondre ?

**6** Pourquoi dit-on « l'océan » Arctique et « le continent » Antarctique ?

**7** Quelle est l'épaisseur de la couche de glace au pôle Sud ?

**8** Quelles plantes rencontre-t-on dans la taïga ? dans la toundra ?

**9** Cherche le nom d'explorateurs des pôles.

**Les frontières de l'Arctique**

On appelle « cercle polaire » la ligne imaginaire qui délimite la zone du soleil de minuit.

La zone arctique englobe l'océan glacial arctique et les régions du nord de l'Europe, de l'Asie et de l'Amérique du Nord. Elle se situe à l'intérieur de l'isotherme 10, une ligne fictive qui relie les points où la température du mois le plus chaud ne dépasse pas 10 °C. Cette ligne se confond avec la limite des arbres, là où les mousses et les arbustes rampants de la toundra prennent le pas sur la taïga, ou forêt boréale.

ASIE
Sibérie
Russie
Pôle Nord
Océan Glacial arctique
Cercle polaire arctique
Finlande
Islande
Norvège
Suède
EUROPE

Taïga
Toundra
Glace de mer

Glace de mer
Toundra
Taïga
Isotherme 10

**Soleil de minuit et nuit polaire**

La Terre tourne sur elle-même en 24 heures. En même temps, elle tourne autour du Soleil en une année. À cause de son inclinaison, les régions polaires se trouvent chacune à leur tour privées de soleil (c'est la longue nuit polaire) ou privées de nuit (le soleil brille à minuit), pendant une période qui dure 6 mois aux pôles géographiques.

**Les aurores polaires**

Ces extraordinaires voiles de lumière rouges, jaunes ou verts animent le ciel des régions polaires et s'observent la nuit. Ils sont produits par des particules électriques émises par le soleil, qui sont déviées vers les pôles et qui émettent des ondes lumineuses au contact de l'atmosphère. L'aurore polaire est boréale au nord et australe au sud.

*Coupe du continent antarctique*

Cathy Franco, *Les Pôles*, collection « La Grande Imagerie », Éd. Fleurus.

 **Je lis à haute voix**

- Lis un paragraphe de ton choix. Entraine-toi à prononcer les noms propres ou les mots rares.

**Échangeons autour du texte**

- Aimerais-tu randonner dans un des pôles ? Lequel ? Pourquoi ?

 **J'ajoute une phrase au documentaire**

- Écris une phrase pour dire quels animaux vivent en Antarctique. Tu peux t'aider en consultant d'autres documentaires sur cette partie du monde.

# DES VILLES GÉANTES

Aujourd'hui, 1 homme sur 2 dans le monde, soit 3,3 milliards d'êtres humains, vit en ville. En 2025, ils seront 5 milliards, 2 hommes sur 3, et beaucoup habiteront une grande ville d'un pays pauvre.

**8**

| **Les six plus grandes villes du monde** en millions d'habitants | | |
|---|---|---|
| 1 | Tokyo, Japon | 38 |
| 2 | Delhi, Inde | 25 |
| 3 | Shanghai, Chine | 23 |
| 4 | Mexico, Mexique | 21 |
| 5 | São Paulo, Brésil | 21 |
| 6 | Mumbai, Inde | 21 |

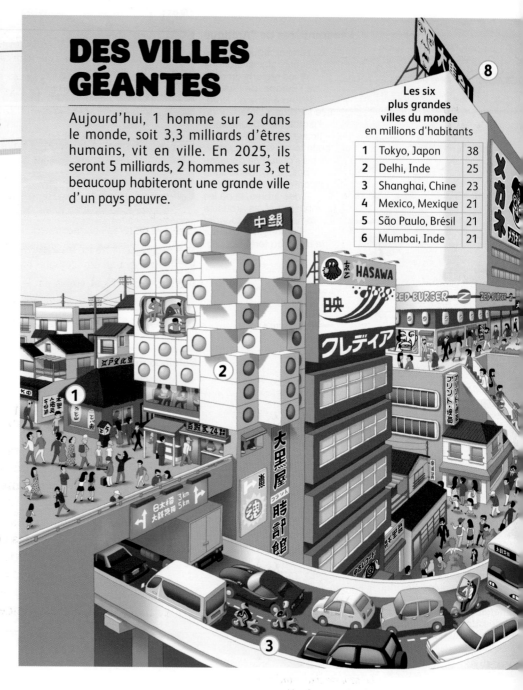

• Selon toi, quelles sont les plus grandes villes du monde ?

## Je comprends

**1** Quels sont les différents éléments qui composent ce document ?

**2** Quelle est la ville géante décrite ? Combien a-t-elle d'habitants ?

**3** Dans quel pays se situe-t-elle ?

**4** Qu'est-ce qu'une rocade ?

**5** Peux-tu citer le nom d'une mégalopole d'Europe ?

**6** Qu'est-ce qu'un bidonville ?

**7** Quel est le rôle d'un pousseur ?

**8** Comment la ville de Tokyo va-t-elle encore se développer ?

**9** Pourquoi appelle-t-on les très grands immeubles des « gratte-ciels » ?

**10** Du point de vue historique, à quoi correspond généralement le centre-ville ?

## VILLE GÉANTE

Tokyo est une mégalopole surpeuplée, à l'image du Japon. Elle s'étend sur plus de 120 km, avec une seule logique : gagner de l'espace sur l'eau, sur terre et sous terre.

① Dans la partie la plus ancienne de la ville, subsistent des **maisons basses traditionnelles** avec des cloisons en paille de riz.

② Il y a si peu de place que les chambres de certains **hôtels capsules** ressemblent à de grands tiroirs où l'on peut juste s'allonger pour dormir.

③ Les **rocades** contournent le centre de la ville pour que la circulation y soit moins dense.

④ Le centre d'affaires du quartier Shinjuku abrite le siège des grandes entreprises dans les **gratte-ciels**.

⑤ Construit très rapidement au fil de la croissance fulgurante de la ville, le **réseau d'égout** de Tokyo aurait besoin d'être reconstruit en entier.

⑥ Des **pousseurs** sont chargés de « tasser » les voyageurs pour que chaque wagon soit rempli au maximum.

⑦ Le réseau du métro est très développé à Tokyo. Le **monorail** et le **métro** suspendu sont les plus élaborés au monde.

⑧ Tout espace libre et visible par le plus grand nombre de passants est rapidement occupé par les **panneaux publicitaires**.

### Les enfants des grandes villes pauvres

À Récife, au Brésil, des milliers d'enfants vivent avec leur famille dans l'un des 600 bidonvilles, souvent sans eau ni électricité. Tous ne vont pas à l'école.

Au Caire, en Égypte, des enfants fouillent les ordures, récupèrent des déchets recyclables et les revendent à des usines.

Non scolarisés et livrés à eux-mêmes, les enfants sont les premiers à souffrir de la pauvreté dans ces grandes villes.

*Le Monde d'aujourd'hui*, collection « Dokéo 9/12 ans », Éd. Nathan.

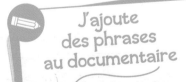

**Je lis à haute voix**

- Lis l'encadré « Les enfants des grandes villes pauvres ». Entraine-toi auparavant à prononcer les mots difficiles : Égypte, fouillent, scolarisés, recyclables…

**Échangeons autour du texte**

- Quels sont les avantages et les inconvénients d'habiter dans une mégalopole ?

**J'ajoute des phrases au documentaire**

- Écris quelques phrases pour expliquer ces groupes de mots : gratte-ciels, centre d'affaires.

# Mettre en relation des informations

## Je réfléchis

- **Observe l'illustration.
  Puis réponds aux questions.**
  - De quoi parle principalement
    cette illustration ?
  - Quels sont les pays dont
    on parle plus précisément ?
  - Qu'indiquent les nombres,
    les couleurs ?
  - Qu'est-ce qui permet
    de repérer rapidement
    les pays les moins peuplés
    et les pays les plus peuplés ?

**La population mondiale :
carte de répartition
et courbe de croissance**

## Je retiens

Dans les textes documentaires géographiques, les
légendes et les illustrations (photos, cartes, dessins,
schémas, tableaux…) se complètent.
**Pour bien lire ces documents, il faut les mettre en relation.**

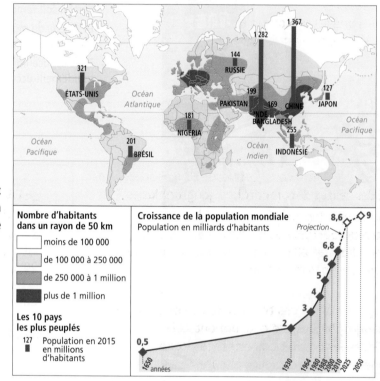

## Je m'entraine

**1** ●●●● **Réponds aux questions.**

a. Quel est l'indice indiqué pour chaque pays ?

b. Pourquoi le rectangle associé à la Chine
   est-il le plus haut ?

c. Quelle était la population mondiale en 1930 ?
   De combien a-t-elle augmenté entre 1964 et 1988 ?

d. Où la population dispose-t-elle de plus d'espace :
   au Japon ou aux États-Unis ? Justifie ta réponse.

**À quel groupe
de mots correspond
chacun de ces sigles ?
UE, ONU, EU**

L'UNION EUROPÉENNE COMPTE 508,2 MILLIONS D'HABITANTS.
L'ORGANISATION DES NATIONS UNIES PENSE QUE LA POPULATION
MONDIALE ATTEINDRA 8,5 MILLIARDS DE PERSONNES EN 2030.
SI LA FRANCE POSSÈDE 64,6 MILLIONS D'HABITANTS, LES ÉTATS-UNIS
SONT À 322,6 MILLIONS.

# Les textes documentaires géographiques

## Je réfléchis

- Dans les textes documentaires
  *Les deux bouts du monde,* pages 36-37
  et *Les villes géantes,* pages 38-39 :
  – de quoi parlent les auteurs ?
  – quels sont les différents éléments
    repérés ?
  – à quelles personnes et à quels temps
    ces textes sont-ils écrits ?

## Je retiens

Le texte documentaire géographique regroupe
des informations sur un thème relatif à l'étude de la Terre :
– des territoires : continents, pays, régions, chaines
  montagneuses, fleuves, mers, pôles…
– des phénomènes naturels ou humains : climat, désert,
  sécheresse, population, habitat.
Le titre et l'introduction donnent une indication
sur le thème.
Plusieurs illustrations (cartes, photos, dessins…)
sont expliquées par des légendes.

## Je m'entraine

**1** ●●● **Parmi ces titres, lesquels appartiennent
à des textes documentaires géographiques ?**

Au temps des rois • Les mers et les océans •
La reproduction des mammifères • La population
mondiale en 2016 • La germination des graines •
Les paysages marocains

**2** ●●○ **Voici des titres de textes documentaires
géographiques. De quoi parlent-ils ?
Classe-les en trois colonnes : territoires –
phénomènes naturels – phénomènes humains.**

L'Afrique équatoriale • L'Auvergne • Les glaciers •
La francophonie • le Toit du Monde • La pauvreté
dans le monde • Les grandes métropoles • L'Asie
du Sud-Est • Les ressources pétrolières dans le monde

**3** ●●● **Voici des intitulés d'une carte d'identité
de l'Afrique :**

Superficie • Densité • Population.

**Associe-les aux nombres qui conviennent.**

39 habitants au km² • 30 300 000 km²
1 200 000 000 habitants

**4** ●●● **À l'aide d'un dictionnaire ou d'un atlas,
établis pour l'Amérique du Nord une carte d'identité
du même type que celle de l'*exercice 3*.**

## D'autres documentaires géographiques...

●●○
*La Terre quelle
merveille !,*
Éd. Nathan.

●●○
Fabrice Hervieu-Wane,
***L'Afrique,***
© Éd. Gallimard
Jeunesse

●●●
Bernard et Renée
Kayser, illustrations
de Vincent
Desplanche et
Stéphane Girel,
*La France
expliquée
aux enfants,*
© Éd. Gallimard
Jeunesse.

# Des mots pour décrire un paysage

## Je réfléchis

**1** Associe chaque texte à son image. Relève les mots qui t'ont permis de répondre.

**a.** La rive Nord du Grand Canyon est située dans le nord de l'Arizona aux États-Unis. La gorge est bordée de parois escarpées et, depuis le plateau, on a une vue panoramique vers le sud, l'est et l'ouest. L'altitude moyenne est de 2 400 m, le climat est frais et l'air très pur.

**b.** Dans un paysage agricole de Provence, on distingue immédiatement les champs de lavande. Leurs couleurs contrastent avec les herbes jaunies par le soleil et les arbres clairsemés qui délimitent les routes et les chemins. Dans cet espace rural, on remarque quelques mas ou hameaux isolés.

**2** Associe chaque texte à l'endroit qui lui correspond :
désert chaud • ville • mer • montagne.

**a.** Au centre de la Namibie, l'érosion a sculpté les reliefs. Des serpents, des babouins et des antilopes vivent dans ces lieux. En été, la roche est trop chaude pour être escaladée.

**b.** Cette chaine s'étend sur huit pays et inclut les 100 plus hauts sommets du monde. Certains sont encore plus difficiles à atteindre que l'Everest à cause de leurs crêtes déchiquetées et de leurs pentes abruptes.

**c.** Des milliers d'iles sont dispersées le long du récif. Certaines sont couvertes d'une végétation luxuriante, d'autres, appelées cayes, ne sont que des bancs de sable blanc. À marée haute, certaines cayes disparaissent complètement.

**d.** Cette grande métropole européenne est la capitale de l'Allemagne. Divisée en de nombreux quartiers, elle présente des monuments, des musées… en son centre comme dans la périphérie.

**3** Classe les mots qui t'ont permis de répondre à l'*exercice 2* en quatre séries :
désert chaud, ville, mer, montagne.

## Le bord de mer

■ **des noms :** la mer • l'océan • la côte • le littoral • le rivage • la plage • la falaise • le récif • la baie • la houle • la marée • l'écume • une vague • une ile • le sable • un estuaire

■ **des adjectifs :** calme • plat • démonté • limpide • bleu • salé • vaste

## La campagne

■ **des noms :** le pré • le champ • la prairie • un verger • une haie • la colline • la forêt • la clairière • l'orée • le bois • les arbres • le chemin • le ruisseau • l'herbe • le village • le hameau

■ **des adjectifs :** rural • vallonné • agricole • arboré

## Le désert

■ **des noms :** le désert de sable • la dune • le désert de glace • l'oasis • le désert de roches

■ **des adjectifs :** aride • froid • glacial • chaud • brulant • désertique • inhabité

## La ville

■ **des noms :** la maison • l'immeuble • le gratte-ciel • la place • la rue • l'avenue • le trottoir • le parc • les transports urbains • le mobilier urbain • un quartier • les magasins • le centre-ville • la périphérie

■ **des adjectifs :** urbain • pavillonnaire • pollué

## La montagne

■ **des noms :** le sommet • l'aiguille • l'arête • la cime • le col • la crête • la pente • une chaine • un massif • un plateau • une vallée • une gorge • un ravin • une combe • le dénivelé • la neige • la roche • le lac

■ **des adjectifs :** enneigé • volcanique • rocheux • rocailleux • élevé • abrupte • escarpé

---

## Je m'entraine

**4** ●●○ **Associe chaque mot à sa définition :**
l'écume • l'orée • une combe • un gratte-ciel.

**a.** Une vallée étroite.

**b.** Un immeuble très haut.

**c.** La mousse qui se forme à la surface d'un liquide.

**d.** La lisière, la bordure d'un bois.

**5** ●●○ **Complète le texte avec les mots :**
quartier • colline • pentes • plateau • falaises.

La Croix-Rousse est une …**1**… de la ville de Lyon. C'est également un …**2**… situé sur cette même colline, que l'on distingue en deux éléments : les …**3**… et le …**4**…, qui culmine à 254 mètres. Certains versants, appelés « Balmes », sont de véritables …**5**… de 20 à 40 m de hauteur. Des éboulements spectaculaires ont d'ailleurs eu lieu en 1932 et 1977.

**6** ●●● **Relève les phrases qui ne peuvent pas correspondre à un paysage réel.**

**a.** Au sommet du mont Blanc, il y a une forte marée.

**b.** Les immeubles sont situés à la périphérie de la ville.

**c.** Dans cette oasis, s'étend une forêt.

**d.** Sur cette colline, on vient d'aménager un parc.

**e.** En banlieue, on voit des pavillons.

**f.** La plage est escarpée.

**g.** Au fond de la combe, on peut voir un torrent.

**h.** Le gratte-ciel est sur la place du hameau.

**7** ●●● **Écris une courte légende pour chaque image. Tu peux utiliser les mots des listes ci-dessus.**

Pour écrire un texte documentaire géographique, je dois :

1. écrire un texte d'introduction pour situer la ville, le village, la région ou le pays que je présente ;
2. organiser mon texte en paragraphes avec des sous-titres : la localisation, l'histoire, le climat, le paysage, les moyens d'accès ;
3. utiliser une ou plusieurs illustrations et les légender : cartes, photos, schémas ;
4. trouver un titre.

# J'organise un texte documentaire sur une ville

 **Situation 1**

**Les phrases de deux paragraphes d'un texte documentaire sur la ville de New York ont été mélangées. Récris les deux paragraphes comme il convient et trouve des sous-titres.**

Central Park à New York (États-Unis)

Le climat de New York est continental. Giovanni da Varrazano a découvert le site en 1524. Les hivers sont froids et neigeux avec une température moyenne de 0 °C. Pendant l'hiver 2006, il est tombé 68 centimètres de neige en une seule journée sur la ville. La ville a été colonisée par les Hollandais en 1624. Le vent glacial souffle parfois en tempête et bloque les aéroports : c'est le blizzard. Les étés sont chauds avec une moyenne de 24 °C.

 *Je vérifie*

- J'ai utilisé les **dates** pour me repérer.

**Situation 2**

**Écris un nouveau paragraphe sur la ville de New York à partir des indications suivantes.**

États-Unis • côte Est • océan Atlantique •
1 214 km² • continent américain • gratte-ciel •
The Empire State Building • Hudson

a. Situe la ville de New York.
b. Indique à quelle embouchure de fleuve elle se trouve.
c. Donne sa superficie.

La ville de New York (États-Unis)

 *Je vérifie*

- J'ai séparé mon texte en **paragraphes**.
- J'ai ajouté des **sous-titres**.

## 2 Je complète un documentaire sur La Réunion

**Je vérifie**

- J'ai tenu compte des **indications entre parenthèses**.
- J'ai fait attention de rédiger un **texte pour les deux derniers paragraphes**.

Complète le document ci-dessous à l'aide des indications entre parenthèses.

**La Réunion**

La Réunion est un département et une région d'outre-mer français.

**C'est une ile qui se trouve** (indique l'océan dans laquelle elle se trouve, et le continent auquel elle appartient).

**Ses** (indique le nombre d'habitants) **habitants s'appellent les** (indique comment ils s'appellent).

**Sa préfecture est** (indique le nom de la préfecture).

(ajoute un titre) :

**S'étend sur** (indique sa superficie).

**C'est une ile montagneuse et volcanique** (indique plusieurs sommets et leur altitude).

**Le climat** (trouve des informations sur le climat de cette ile).

**La faune et la flore** (rédige un paragraphe sur ce thème à partir d'informations que tu chercheras).

*Carte de La Réunion :*
Saint-Denis — Océan Indien — Le Port — Saint-André — Saint-Paul — Saint-Benoît — 3 070 m Piton des Neiges — 2 630 m — Le Tampon — Piton de la Fournaise — Saint-Louis — Saint-Pierre — 0 N 10 km

Altitudes en mètres
- de 0 à 500
- de 500 à 1 000
- de 1 000 à 2 000
- plus de 2 000
- ▲ Volcan

Vent *
- o Grande ville
- Littoral touristique

## 3 J'écris un documentaire sur mon village, ma ville ou ma région

**Je vérifie**

- Je vérifie que mon **introduction** répond aux questions posées, que les **textes et les illustrations** se complètent.

Écris un documentaire géographique sur ton village, ta ville ou ta région.
a. Trouve un titre.
b. Trouve des renseignements sur la superficie, le nombre d'habitants, le relief, le climat, les lieux célèbres et touristiques…
c. Trouve une carte pour le (la) situer dans le pays.
d. Trouve des images sur des endroits célèbres ou typiques.

**J'améliore mon texte** ✏️

Grammaire pages 170-171 ▶ J'ai utilisé des pronoms personnels.

Vocabulaire pages 198-199 ▶ J'ai employé des mots synonymes pour éviter les répétitions.

# Parler d'un paysage

**Choisis un de ces paysages.**
**Décris-le à tes camarades.**

Désert du Taklamatan (Chine)

*Pour te préparer*
- Observe tous les détails du paysage.
- Décris-le avec des mots du vocabulaire géographique.
- Commence en décrivant les reliefs, la végétation…

*Pour écouter celle ou celui qui parle*
- Repère les mots du vocabulaire géographique pour trouver le paysage décrit.

L'ile de la Réunion

Les monts Tatras (Pologne)

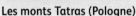

Situation **2**

**À deux. Vous devez présenter votre ville ou votre village lors d'une interview.**
**Un enfant sera l'intervieweur(euse), un autre l'interviewé(e).**

*Pour te préparer*
- **Intervieweuse ou intervieweur**
  – J'écris les questions.
  – Je pose des questions ouvertes (dont la réponse n'est pas uniquement oui ou non).
  – Je diversifie mes questions en utilisant des mots du type « comment, pourquoi, combien, en quoi »…

- **Interviewé(e)**
  – J'anticipe les questions que l'on va me poser.
  – Je prends quelques informations.

*Pour bien parler*
- **Intervieweuse ou intervieweur**
  – Je n'oublie pas les formules de politesse (bonjour, au revoir…).
  – Je regarde mon interlocuteur.

- **Interviewé(e)**
  – Je ne lis pas mes notes si j'en ai écrit.
  – Je réponds à la question posée.

*Pour écouter une ou un camarade*
- Je dois donner des informations sur le lieu décrit.

*Redis un des noms que tu as entendu.*

À vive voix

**Dis à voix haute cette liste de pays.**
Azerbaïdjan • Turkménistan • Liechtenstein • Zimbabwe • Antigua-et-Barbuda • Bosnie-Herzégovine • Ouzbékistan

# Des récits biographiques

**1** Connais-tu les personnes représentées ?

**2** Que sais-tu d'elles ? À quelles époques ont-elles vécu ?

**3** Où pourrais-tu trouver des renseignements sur leur vie et sur ce qui les a rendues célèbres ?

**Dans cette unité, tu vas :**

- lire des récits biographiques ;
- écrire un passage de biographie ;
- parler d'une personne célèbre.

- À quoi sert une notice biographique ?

**Notice biographique**

Antoine de Saint-Exupéry est né le 29 juin 1900 à Lyon. Il a vécu une enfance heureuse, malgré la mort de son père. Interne dans un pensionnat, c'est un élève moyen. Il fait son baptême de l'air à 12 ans. Il obtient son baccalauréat en 1917. En 1921, il fait son service militaire dans l'aviation.

Antoine de Saint-Exupéry est l'auteur du *Petit Prince*, un livre écrit à New York en 1943, pendant la guerre, et qui devient un immense succès mondial.

Antoine de Saint-Exupéry meurt accidentellement en survolant la Méditerranée le 31 juillet 1944. Son avion n'a été retrouvé qu'en 2004.

# Antoine, la tête dans les nuages

Antoine a 9 ans. L'âge d'aller à l'école. Au collège Notre-Dame-de-Sainte-Croix, dans la petite ville du Mans, là où le père d'Antoine a lui aussi étudié. Décision du grand-père paternel d'Antoine, Fernand de Saint-Exupéry. Et avec ce grand-père, on ne discute pas. Et même : on ne parle pas. Antoine est
5 furieux. Il a toujours des choses à dire, des histoires à raconter, il ne supporte pas d'attendre pour lire les poèmes qu'il écrit, il ne comprend pas ces grandes personnes qui disent que les enfants dérangent, il déteste ces longs repas pendant lesquels il doit manger en silence.

Au collège, ce n'est pas mieux. Jour après jour, mois après mois, année
10 après année, les punitions pleuvent sur la tête d'Antoine. Antoine fait des taches d'encre, son pupitre est en désordre, il démonte ses stylos au lieu d'écouter, et surtout, on lui reproche de toujours rêver. Il rêve des grandes vacances, quand il va enfin retrouver ses tourterelles, les biches, les lapins, les chiens, les chats, les grandes volières du château, le grenier et ce trésor qu'il n'a toujours pas trouvé ;

## Je comprends

🔍 **1** De qui ce texte parle-t-il plus particulièrement ?

💡 **2** Cette personne a-t-elle réellement existé ? Justifie ta réponse.

🔍 **3** Quelle période de sa vie est ici racontée ?

💡 **4** À quelle époque se situe ce récit ? Justifie ta réponse.

🔍 **5** Relève les expressions ou les adjectifs qui indiquent le caractère d'Antoine.

🔍 **6** Quel aviateur admire-t-il ?

💡 **7** Pourquoi le professeur interpelle-t-il Antoine de cette façon ?

📖 **8** Qu'est-ce qu'un monoplan ? Quel autre type d'avion existe à cette époque ?

💡 **9** Compare la notice biographique avec le texte que tu viens de lire. Quelles différences remarques-tu entre les deux textes ?

15 il rêve des explorations dans les bosquets de
sapins, des randonnées à vélo à travers les
vallées de blé ou de luzerne jusqu'au terrain
d'aviation où il regarde les avions décoller, il
pense aux mécaniciens avec qui il parle de
20 choses intéressantes – fuselage, ailes, métal,
stabilisation, carburant, carlingue, poids, vitesse,
altitude, puissance, moteur Renault, moteur
Bugatti. Il rêve de ces journées passées dans
les hangars où viennent s'abriter ces machines
25 volantes capables d'atteindre des vitesses folles,
100 km/h ! Plus rapides encore que le train !

Un monoplan *Blériot 11*, en 1910.

Antoine rêve de Louis Blériot et de son vol
au-dessus de la mer et de son atterrissage en
Angleterre devant des foules en délire ; il rêve
30 de ces héros qu'il va admirer à l'hippodrome
du Mans, héros du ciel qui battent chaque jour
des records d'altitude et de vitesse ; et surtout,
il rêve du vol, de son vol, son premier vol, son
seul et unique vol, son baptême de l'air. Le pilote, si fort dans son gros blouson

Un avion Bréguet,
en 1917.

35 de cuir, l'a installé sur le siège arrière que le mécanicien occupe normalement.
Antoine entend encore le clac ! de la ceinture, il sent l'air fouetter son visage
et son corps se tasser au moment où le monoplan s'arrache du sol, il voit les
hangars rétrécir, il entend le bruit des moteurs et la voix du pilote qui hurle
« Tout va bien mon petit ? ». A-t-on jamais entendu plus stupide question ? Bien
40 sûr que tout va bien ! Je suis dans le ciel, je suis dans le ciel, dans le ciel…
– Antoine de Saint-Exupéry va répondre à la question que je viens de poser.
N'est-ce pas, monsieur de Saint-Exupéry ? dit le professeur en descendant
de l'estrade.
Antoine sursaute sur son banc et lâche son stylo à encre sur son cahier de latin.

BRIGITTE LABBÉ, PIERRE-FRANÇOIS DUPONT-BEURIER, *Saint-Exupéry*,
collection « De Vie en Vie », Éd. Milan Jeunesse.

## Je lis à haute voix

- Lis le 2e paragraphe.
Fais attention aux nombreuses
virgules qui marquent parfois
des énumérations.

- Fais ressentir les émotions
d'Antoine : la rêverie, l'admiration.

## Échangeons autour du texte

- Cherche d'autres
aviateurs et aviatrices
célèbres. Pourquoi
étaient-ils considérés
comme des héros ?

## J'ajoute des phrases à l'histoire

- Écris ce qu'Antoine
ressent lors de son
baptême de
l'air au moment
de l'atterrissage.

- Quel est le handicap d'Helen Keller ?
- Grâce à qui ou à quoi l'a-t-elle dominé ?

**Notice biographique**

Helen Keller est née en février 1882. À 19 mois, une maladie la rend sourde et aveugle. Coupée du monde, elle a du mal à communiquer avec ses proches et devient agressive. Ses parents font appel à Annie Sullivan, jeune éducatrice, pour s'occuper d'elle. Avec une grande motivation et grâce à la persévérance d'Annie, Helen apprend à lire le braille, à communiquer avec la langue des signes et même à parler avec sa propre voix.

Helen devient la première personne handicapée à obtenir un diplôme à l'Université. Elle écrit des romans, des articles de journaux, des essais politiques et crée une fondation pour personnes handicapées qui existe encore dans 25 pays après son décès en juin 1968.

# E – A – U ?

Helen et Annie allèrent s'installer dans la petite maison située au fond du jardin. Helen commença par protester en hurlant et en luttant plus farouchement que jamais. Mais, petit à petit, un changement se produisit.

Helen luttait toujours, mais moins vigoureusement. Et moins fréquemment.
5 Parfois, il lui arrivait même de laisser l'étrangère la tenir un moment par la main. Un beau jour, Helen ne lutta plus du tout.

« Le premier grand pas a été franchi, écrivit Annie à l'une de ses amies. Helen a appris à obéir. »

Mais Helen ignorait toujours ce qu'étaient les mots. Annie les écrivait lettre
10 après lettre sur la main d'Helen, et celle-ci apprenait à reproduire de plus en plus de signes. À la fin du mois de mars – en moins de deux semaines – elle savait écrire vingt-et-un mots. Le lendemain, elle apprit à en épeler huit de plus. Mais elle en ignorait toujours le sens. Pour elle, il s'agissait seulement d'un jeu auquel on jouait avec ses doigts.

15 Le 5 avril 1887 débuta comme tous les autres jours. Après le petit déjeuner, Annie commença à écrire dans la main d'Helen. Mais, ce matin-là, Helen ne tenait

## Je comprends

1 De qui ce texte parle-t-il plus particulièrement ?

2 Cette personne a-t-elle réellement existé ?

3 À quelle époque (siècle) se passe ce récit ? À quelle date précise ?

4 Quel autre personnage est évoqué dans ce texte ? Quel est son rôle auprès d'Helen ?

5 Trouve des adjectifs pour qualifier Helen et Annie.

6 De quelles façons Annie et Helen communiquent-elles ?

7 Pourquoi Helen veut-elle absolument sortir le jour indiqué ?

8 Que comprend Helen grâce à l'eau et à Annie ce jour-là ?

9 Quelle méthode les personnes aveugles utilisent-elles pour lire ? Comment les personnes sourdes et muettes s'expriment-elles ?

pas en place. La fenêtre était grande ouverte, et des effluves de printemps embaumaient la pièce. Et puis Helen commençait à se lasser sérieusement de ce jeu qui ne rimait à rien !

20 Elle tira sur la jupe d'Annie en montrant la fenêtre. Le sens était parfaitement clair : sortons !

Au début, Annie essaya de continuer la leçon, mais le visage d'Helen se renfrogna et elle serra les poings… Après quoi, l'étrangère lui tendit son chapeau. Si bien qu'Helen comprit que,

25 en fin de compte, elles allaient sortir. Elle gambada et dansa autour de l'étrangère. Finies, les leçons ! Elle allait enfin en faire à sa tête ! Mais n'en faisait-elle vraiment qu'à sa tête ?

Helen et Annie se promenèrent un moment dans le jardin. Puis elles se dirigèrent vers une vieille buanderie. Helen aimait bien jouer dans

30 la fraicheur humide qui y régnait. Elle y courut. La cabane possédait une pompe. Annie Sullivan en manœuvra le levier, et un filet d'eau s'écoula bientôt du tuyau. Elle prit alors la main d'Helen, la plaça sous le jet frais. Et elle écrivit E-A-U dans la paume ruisselante d'Helen.

Helen commença à se débattre. Puis elle s'arrêta brusquement. Son visage

35 parut s'illuminer. Annie vit son expression et se dépêcha d'écrire E-A-U. E-A-U !

E-A-… Helen entreprit de l'imiter et, à chacun de ses gestes, son visage s'éclairait davantage. Elle comprenait ! Les signes que l'étrangère traçait avec ses doigts avaient bel et bien un sens ! Tout avait un nom ! Partout, dans le monde entier, quelque chose avait un nom ! Et elle les apprendrait tous !

40 – Mais oui, Helen, murmura Annie. C'est ça !

Et elle se baissa pour serrer dans ses bras la petite fille tremblante.

Mais Helen se libéra. Ce n'était pas le moment de perdre son temps avec des simagrées ! Elle se laissa tomber à quatre pattes et frappa le sol avec ses poings. Dis-moi son nom exigeait-elle. Et Annie, riant et pleurant à la fois, s'exécuta…

45 Puis, soudain, Helen s'immobilisa. Et elle se mit à se taper sur la tête. Annie éclata de rire.

– Oui, ma chérie, dit-elle. Il existe également un mot pour te désigner.

Elle se pencha et écrivit H – E – L – E – N dans la main de la petite fille.

Helen avait enfin un nom !

Helen Keller
et Annie Sullivan,
en 1900.

Margaret Davidson, *La métamorphose d'Helen Keller*,
traduit de l'anglais (américain) par Noël Chassériau, Folio Cadet.

**Je lis à haute voix**

- Lis le texte de la ligne 15 à la ligne 27. Emploie le ton qui convient pour montrer d'abord la lassitude d'Helen, puis sa joie de sortir.

**Échangeons autour du texte**

- Explique le titre du livre :
*La métamorphose d'Helen Keller.*

**J'ajoute des phrases à l'histoire**

- Écris quelques phrases pour raconter comment Annie aurait pu ensuite expliquer à Helen quel était son nom à elle.

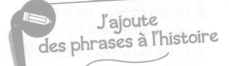

# Pour mieux lire

## Repérer les mots qui désignent les personnages

### Je réfléchis

- Lis ce paragraphe.
  **Quels sont les personnages ?**
  **Par quels mots sont-ils désignés ?**

  Helen luttait toujours, mais moins vigoureusement. Et moins fréquemment. Parfois, il lui arrivait même de laisser l'étrangère la tenir un moment par la main. Un beau jour, elle ne lutta plus du tout.

### Je retiens

Pour bien comprendre un récit, je dois repérer les mots qui désignent les personnages. Il peut s'agir de :
– noms propres : Antoine, Helen, Annie ;
– groupes nominaux : le jeune collégien, l'étrangère ;
– pronoms personnels : je, tu, il, elle, lui, la.

### Je m'entraine

**1** ●●○ **Recopie les groupes nominaux qui pourraient désigner Antoine.**
le collégien • le petit-fils de Fernand • le jeune garçon • l'étudiante • ce rêveur • cet élève studieux • ce garçon ordonné • le passionné d'aviation.

**2** ●●○ **Lis ce texte, puis réponds aux questions.**

Helen voulut savoir le nom de chacun des objets qu'elle touchait. Au milieu du mois de juin, la fillette savait plus de quatre-cents mots. Elle avait maintenant sept ans, mais, pendant plus de cinq de ces sept années, elle avait été aveugle et sourde. Durant ces cinq années, elle avait oublié comment rire.

D'après MARGARET DAVIDSON, traduit de l'anglais (américain) par N. Chasseriau, *La métamorphose d'Helen Keller*, © Éd. Gallimard Folio Cadet.

a. **De qui parle ce paragraphe ?**
b. **Relève les mots ou les groupes de mots qui désignent le personnage.**
c. **Quels autres mots pourrais-tu utiliser pour désigner ce personnage ?**

**3** ●●○ **Choisis un personnage célèbre. Trouve différents groupes nominaux qui pourraient le désigner.**
**Tu peux t'aider de la liste :**
Galilée • Jeanne d'Arc • Cléopâtre • Anne Frank • Marie Curie • Louis Blériot • Louis Braille • Mozart • Neil Armstrong • Nelson Mandela • Jean-Louis Étienne • Renaud Lavillenie • Malala.

### Méli Mélo

Louis Braille est l'inventeur de l'alphabet qui porte son nom, destiné aux aveugles.
À l'aide de l'alphabet braille ci-contre, trouve la réponse à la question.
**Quelle est la ville natale de Louis Braille ?**

**L'alphabet braille**

| a | b | c | d | e | f | g | h | i | j |
|---|---|---|---|---|---|---|---|---|---|

| k | l | m | n | o | p | q | r | s | t |
|---|---|---|---|---|---|---|---|---|---|

| u | v | w | x | y | z |
|---|---|---|---|---|---|

# Faire le point

## Le récit biographique

### Je réfléchis

- **Dans les textes** *Antoine, la tête dans les nuages* **et** *E – A – U ?* **:**

  – De quelles personnes raconte-t-on un moment de vie ? Ont-elles réellement existé ?

  – Pour quelles raisons ces personnes sont-elles connues ?

  – Quelles informations donne-t-on sur chacune de ces personnes ?

  – Quelles différences y a-t-il entre les notices biographiques et ces textes ?

### Je retiens

**Dans un récit biographique :**

– L'auteur présente la vie d'une **personne ayant réellement existé** ou un moment de sa vie.

– Il donne beaucoup d'informations réelles sur cette personne : son époque, sa famille, ses activités, et sur ce qui l'a rendue célèbre.

– Il **imagine des détails** pour raconter comment ont pu se dérouler les évènements, les rencontres, les actions… ou préciser les sentiments et les pensées des personnages.

### Je m'entraine

**1** ●●○ **Quel texte est un récit biographique ? Lequel est une notice biographique ? Pourquoi ?**

**A.** Tillion Germaine, 1907-2008, ethnologue française, étudia la vie des Berbères d'Algérie. Résistante pendant la Seconde Guerre mondiale, elle fut déportée en Allemagne. Elle défendit tout au long de sa vie les droits de l'Homme. *Récit biographique car il se parle de [...] une Notice*

**B.** En 1934, Germaine, 27 ans, est dans le bureau de Marcel Mauss.

– Vous êtes recrutée pour une mission de recherche dans les Aurès, auprès de tribus berbères, lui dit-il. Comment ? Elle qui avait rêvé de découvrir des peuples inconnus à l'autre bout de la Terre, on l'envoie dans un département français ? Quelle déception ! *un Récit biographique car le récit [...]*

D'après JANINE TEISSON, *Germaine Tillion, un long combat pour la paix*, Oskar Éditions.

*parler de le temps qui faire sa maison.*

**2** ●●○ **Précise, pour chaque partie surlignée, s'il s'agit d'une information réelle ou imaginée.**

*réelle*
Helen avait maintenant neuf ans. Souvent, elle formait ses lettres tellement vite qu'il fallait lui dire : « Doucement. Tes doigts se mélangent. »
Et pendant ce temps-là, les idées continuaient à s'entasser dans sa tête. Aussi refusa-t-elle de considérer que « non » était une réponse valable. On trouverait surement une solution…, un procédé quelconque. Finalement, Maitresse céda. *imaginée réel*
Elle ramena Helen à Boston. Là, à l'école Horace-Mann, Sarah Fuller entreprit d'apprendre à Helen à parler avec sa bouche. *imaginer réel imaginaire*

**À ton avis, le dialogue du texte reproduit-il des paroles échangées dans la réalité ? Pourquoi ?**

## D'autres biographies...

Bernard Chambaz, Pef, ***Petit Charlie deviendra Charlot***, Éd. Rue du Monde.

Achmy Halley, Tanguy Dohollau, ***Marguerite Yourcenar, l'académicienne aux semelles de vent***, Éd. À dos d'âne.

Johanna Hurwitz, Marc Mosnier, ***Anne Frank, la vie en cachette***, Hachette Jeunesse, Le Livre de Poche Jeunesse.

# Enrichir son vocabulaire

## Des mots pour donner des repères temporels

### Je réfléchis

**1** Explique à quoi servent les mots ou les groupes de mots écrits en gras.

Marguerite de Crayencour nait le **8 juin 1903** à Bruxelles. Elle adoptera **plus tard** le pseudonyme Yourcenar, en changeant l'ordre des lettres de son nom de famille. La future académicienne ne connait pas sa mère, morte **quelques jours après** sa naissance. **Depuis** cette tragique disparition, son père l'élève seul dans le château que possède sa famille au Mont-Noir, dans le nord de la France. **L'enfance** de la petite Marguerite est à la fois privilégiée et solitaire. Pas de frères et sœurs pour jouer avec elle. Elle grandit essentiellement parmi des adultes : son père **souvent** absent, sa grand-mère pas très sympathique et **parfois** ses oncles et tantes en visite à la belle saison.

D'après ACHMY HALLEY, TANGUY DOHOLLAU,
*Marguerite Yourcenar, l'académicienne aux semelles de vent*, Éd. À dos d'âne.

**2** Lis le texte, puis réponds aux questions.

Maria Slodowska nait le 7 novembre 1867 à Varsovie, en Pologne. En 1891, jeune étudiante, elle s'installe à Paris comme l'avait fait sa sœur ainée six ans auparavant. Quatre ans après son arrivée en France, elle épouse Pierre Curie, physicien comme elle. En 1903, avec Henri Becquerel, ils reçoivent le prix Nobel de physique pour leurs recherches sur les phénomènes radioactifs. Marie Curie meurt le 4 juillet 1937 d'un cancer du sang provoqué par les radiations subies pendant ses recherches.

**a.** Quel âge a Maria quand elle vient à Paris pour y étudier ?
**b.** En quelle année sa sœur s'y est-elle installée ?
**c.** En quelle année Marie épouse-t-elle Pierre Curie ?
**d.** Quel âge a-t-elle quand elle meurt ?

**3** Relève les mots ou les groupes de mots qui donnent des indications de temps.

La première compétition qu'il remporte en 1964 est la course transatlantique en solitaire. Il faut dire qu'Éric Tabarly a commencé à naviguer avec ses parents dès l'âge de trois ans. Ensuite, passionné de voile, il s'engage dans la marine nationale. En 1976, il gagne une seconde fois la Transatlantique en solitaire à bord du *Pen Duick VI*.

Au fil des ans, il forme de nombreux équipiers dont Olivier de Kersauson. Dix-huit ans après avoir battu le record de vitesse de la traversée de l'Atlantique en 10 jours et 14 minutes, il disparait le 13 juin 1998 à la suite d'une chute dans l'océan Atlantique.

Éric Tabarly à bord
du *Pen Duick*, en 1990.

## La durée

- longtemps • peu de temps • à peine
- une seconde • une minute • des heures • des journées • des semaines • des mois • des années • des siècles • une éternité
- long • court • succinct • grand • interminable

## Les âges de la vie

- la petite enfance • l'enfance • l'adolescence • l'âge adulte • la vieillesse
- l'aîné • le doyen • le cadet
- un écolier • un collégien • un lycéen • un étudiant • un chercheur
- minime • cadet • junior • sénior • vétéran

## Le début ou l'enchainement des évènements

- avant • après • pendant • plus tard • ultérieurement • auparavant • dès
- au début • dans les premiers temps • d'abord • ensuite • puis • enfin • finalement • en premier
- aujourd'hui • demain • hier • le mois dernier • il y a six années • au siècle dernier • ce jour-là • la veille • le lendemain • six années après • le mois précédent
- le 7 novembre • en 1891 • au mois de septembre • au XIXᵉ siècle

## Je m'entraine

**4** ●○○ **Dans quelles listes ci-dessus peut-on ranger ces mots ou groupes de mots ?**

désormais • brièvement • à l'instant • la puberté • précédemment • à l'origine • un descendant • un apprenti • un ancien • dès lors • un grand-père

**5** ●○○ **Complète ce texte avec les groupes de mots suivants :**

toute sa vie • dès l'âge de huit ans • au fil des années • l'année suivante • 25 octobre 1881 • quatorze ans • en 1973.

Pablo Picasso est né à Malaga en Espagne le …1… . Son père, professeur de peinture, l'encouragera à peindre …2… . L'artiste gardera …3… son premier tableau. En 1895, à …4… , il peint sa première grande toile. En 1896, il entre à l'école des Beaux-arts de Barcelone et …5…, il part étudier à Madrid mais très vite arrête de suivre les cours. En 1900, il part pour Paris où …6… il deviendra l'un des plus grands peintres du XXᵉ siècle. Il meurt à 92 ans, …7… .

Pablo Picasso, en 1946.

**6** ●●○ **Lis ce texte. Puis recopie tous les mots ou les groupes de mots qui indiquent le temps.**

Isabelle Autissier naît le 18 octobre 1956 à Paris. Elle passe sa jeunesse en région parisienne et découvre la voile à l'âge de 6 ans, en Bretagne.

En 1978, elle obtient un diplôme d'ingénieur agronome et enseigne à l'École maritime et aquacole de La Rochelle. En 1990, elle abandonne l'enseignement.

L'année suivante, elle est la première femme à faire un tour du monde à la voile puis elle participe à la course autour du monde le Vendée Globe.

Trois ans plus tard, lors de la course en solitaire autour du monde, son bateau chavire et reste à l'envers. Échappant de peu à la mort, elle abandonne les courses en solitaire mais continue les courses en équipage.

D'après http://fr.wikipedia

- **Dans quelles listes ci-dessus pourrais-tu ranger les mots ou groupes de mots recopiés ?**

Isabelle Autissier, en 1999.

# 4 *Écrire* un passage d'un récit biographique

**Pour écrire un passage d'un récit biographique, je dois :**

1. rechercher des informations sur une **personne réelle** célèbre : son époque, sa famille, son entourage, l'endroit où elle vit, ses activités…

2. sélectionner les informations trouvées pour présenter **un moment de sa vie** ;

3. écrire ces informations **à la manière d'un récit** : présenter les personnages, décrire les lieux et les évènements, introduire des dialogues, inventer des détails…

4. utiliser des mots qui donnent des **repères temporels** pour organiser le récit.

 **Je prolonge une notice biographique**

 **Je vérifie**

- J'ai rédigé mon texte en faisant des **phrases à l'aide des informations données**.
- J'ai utilisé des **mots** qui donnent des **repères temporels** pour enchainer les informations.

**Utilise les informations suivantes pour prolonger la notice ci-dessous.**

**1876** : construction du viaduc de Porto au Portugal.

**1884** : viaduc de Garabit.

**1889** : fin de sa carrière d'entrepreneur avec la construction de la tour Eiffel.

**Les dernières années de sa vie** : carrière de savant.

**27 décembre 1923** : décès de Gustave Eiffel.

**Notice biographique**

Né en 1832 à Dijon, **Gustave Eiffel** sort de l'École Centrale des Arts et Manufactures en 1855.

Ingénieur de formation, en 1864, il fonde son entreprise spécialisée dans les charpentes métalliques.

Il construit des centaines d'ouvrages métalliques dans le monde.

Gustave Eiffel, en 1880.

Le viaduc de Garabit (Cantal).

**2** **Je développe un élément d'un récit biographique**

**Lis cette notice biographique de Victor Hugo.**
**Puis raconte en quelques lignes le jour de son départ en exil.**

Où va-t-il ? D'où part-il ? Quelles personnes l'accompagnent ?
Que ressent-il ? Que leur dit-il ?

### Notice biographique

Victor Hugo,
en 1873.

**Victor-Marie Hugo**, né en **1802** à Besançon et mort en **1885** à Paris, est considéré comme le plus grand écrivain français du XIX<sup>e</sup> siècle.

Ses romans les plus connus sont *Les Misérables* et *Notre-Dame de Paris*.

Écrivain très engagé, contre la peine de mort par exemple, il est également un homme politique. **En 1848**, il devient député de Paris.

**En décembre 1851**, il s'oppose à la dictature de Napoléon III et doit partir vivre en exil dans les îles anglo-normandes jusqu'à la fin du Second Empire, en septembre 1870.

Il meurt âgé (83 ans) et est enterré au Panthéon (Paris) avec des obsèques nationales, **le 31 mai 1885**.

D'après http://fr.wikipedia.org/wiki/Victor_Hugo

**3** **J'écris un passage de récit biographique**

**Lis cette notice biographique sur Maryse Bastié. Choisis un moment de sa vie que tu développeras sous la forme d'un récit.**

En fonction du moment choisi, tu pourras imaginer des détails pour décrire où elle se trouve, ce qu'elle peut penser, dire, faire…

### Notice biographique

Maryse
Bastié,
vers 1931.

**Maryse Bastié** (Limoges, 1898 – Lyon, 1952).

Née Maryse Bombec, elle est tout d'abord ouvrière dans une usine de chaussures. Elle épouse Louis Bastié en 1917.

**Le 29 juillet 1929**, elle obtient son brevet de pilote. Elle établit au Bourget, à bord d'un *Caudron 109*, le record féminin de durée en vol (26 h 47 min).

**En 1931**, elle s'envole pour l'Union soviétique. Après 24 heures de vol, elle est au-dessus de Moscou, mais se trouve prise dans une tempête. Elle résiste 6 heures dans son « avion-torpédo » et réussit à se poser dans un champ, près d'un village.

**Le 30 décembre 1936**, Maryse Bastié s'attaque à la traversée de l'Atlantique Sud ; partie de Dakar au Sénégal, elle parvient à Natal, ville sur la côte du Brésil.

Sa participation à la Résistance lui vaut d'être faite, à la Libération, commandeure de la Légion d'Honneur. Elle meurt accidentellement en 1952.

**J'améliore mon texte** ✏️

**Grammaire** pages 170-171 ▸ J'ai employé des pronoms pour désigner le personnage.

**Vocabulaire** pages 198-199 ▸ J'ai employé des synonymes pour désigner le personnage.

# Parler d'une personne célèbre

Helen Keller

Sourde, muette, aveugle

Histoire de ma vie

PETITE BIBLIOTHÈQUE PAYOT

**Situation 1**

À l'aide des notices biographiques présentées pages 48 et 50 et de ce que tu a appris en lisant les textes, choisis l'un des personnages et présente-le.

*Pour te préparer*
- Sers-toi de la notice pour structurer ta présentation.

*Pour écouter une ou un camarade*
- Y a-t-il une information qui manque par rapport aux renseignements de la notice ?

**Situation 2**

**Tu dois faire deviner le nom d'une personne célèbre.
Parle de cette personne sans dire son nom.**

*Pour te préparer*
- Fais les recherches sur la personne que tu as choisie. Tu peux t'aider de cette liste :
  – Il ou elle a vécu … (*indique l'époque*). C'est un ou une (*homme ou femme*).
  – Il ou elle est de nationalité … . Son métier est … . Il ou elle a inventé … .
  – Il ou elle a fait … . Il ou elle a dit … .

*Pour bien parler*
- Fais des phrases courtes.
- Marque un arrêt bref entre chaque information.
- Termine ta présentation par la question « Avez-vous trouvé qui est la personne mystère ? »

*Pour écouter une ou un camarade*
- Quelle(s) information(s) t'a (ont) permis de découvrir la personne mystère ?

*La phrase est-elle toujours la même ?*

 **À vive voix**

**De bouche à oreille**
- Choisis une phrase pas trop longue dans l'un des deux textes de l'unité. Mémorise-la et chuchote-la à l'oreille d'une ou d'un camarade qui la chuchotera à l'oreille d'un deuxième et ainsi de suite jusqu'au sixième.
- Le dernier ou la dernière de la chaine dit ce message à voix haute sans le déformer.

# Des journaux intimes

1 Que signifie « intime »,
par exemple dans
« un ami intime » ?

2 Quel est le rapport entre
« jour » et « journal » ?

3 Qu'est-ce qu'un journal
intime ?

**Dans cette unité, tu vas :**

- lire des extraits de journaux intimes ;
- écrire une page de journal intime ;
- parler pour émouvoir ou convaincre.

• À ton avis, que fait ce personnage ?

# J'ai un chat ! J'AI UN CHAT !

*Taloula est une petite fille qui voudrait un chat mais son père est allergique aux animaux. Elle tient un journal intime dans lequel elle parle de ses parents, de son frère, de son rêve d'avoir un chat, d'Adèle sa copine.*

### Lundi 9 novembre

Cher journal,

C'est la rentrée des classes, enfin.

Ce matin, papa nous a demandé :

5  – Tu préfères… manger des crêpes avec tes pieds sales ou… manger des épinards au gout de poisson avec tes mains propres ?

Mon horrible frère dégoutant a dit qu'il préférait manger des crêpes avec ses pieds sales !

J'ai hérité du frère le plus répugnant du monde.

10  Ensuite, en arrivant à l'école, je me suis rendu compte que je n'avais plus de feuilles pour mon classeur. Samedi dernier, j'ai demandé à maman d'en acheter aux prochaines courses. Je lui ai redemandé dimanche, mais les magasins étaient fermés. Lundi, elle n'a pas fait de courses et mardi elle a oublié ! Et moi ?

À table, je lui ai dit :

15  – Et moi ?

Et Lucas a répondu :

– Et toi, tu fais comme tout le monde, tu en empruntes aux copains !

Mais ça, ce n'est pas possible… Plutôt mourir que d'être redevable !

## Je comprends

1  Quand se passe cette histoire ?

2  De quelle rentrée des classes peut-il s'agir ?

3  Quelle relation Taloula entretient-elle avec son frère ?

4  Pourquoi ne veut-elle pas emprunter de feuilles de classeur à ses copains ? Qu'en penses-tu ?

5  Ce qu'ont fait Adèle et Taloula te semble-t-il terrifiant ?

6  Quel nom les filles donnent-elles au chat ?

7  Que ressent Taloula quand elle comprend que le chat est à elle ? Comment le montre-t-elle dans son journal ?

8  Que fait-on dans une brocante ?

**Mercredi 25 novembre**

20      Cher journal,

Avec Adèle, on a fait un truc terrifiant ! TERRIFIANT !

C'était trop bien, mais maintenant j'ai les mains toutes moites en t'écrivant.

Adèle est venue à la maison et nous sommes descendues à la brocante juste en

bas de la rue. Et là… Il y avait un panier en osier avec des petits minous trop

25 chou ! On s'est arrêtées pour les regarder et j'ai dit :

– Ils sont beaux… je rêve d'avoir un chat comme ça !

Le monsieur a dit :

– Je t'en donne un si tu veux.

J'ai soupiré :

30 – Non merci, mes parents ne voudront jamais.

Et là, Adèle a pris le chat, a regardé le monsieur et a dit :

– Moi, mon père sera d'accord !

Et elle est partie avec le chat. Je l'ai suivie en courant :

– T'as de la chance, t'as trop de la chance !

35 Elle m'a regardée en souriant :

– C'est toi qui as de la chance. C'est TON chat. Je l'ai pris pour toi. Moi, je le

garderai juste dans ma maison. Mon père ne dira rien, il ne peut rien me refuser !

**Plus tard le soir**

     Après le gouter, on est allées donner du lait au chat. Très discrètement.

40 J'étais tellement sure d'avoir fait une bêtise que quand Adèle m'a dit :

– Comment tu vas l'appeler ?

J'ai répondu en soupirant :

– Je vais avoir de gros problèmes !

Elle m'a juste dit :

45 – C'est un super nom pour un chat !

On a bien rigolé et puis on a décidé de l'appeler comme ça :

Jevaisavoirdegrosproblèmes, le chat.

Cher journal, c'est incroyable, j'ai un chat.

J'ai un chat. J'AI UN CHAT !

Marion Achard, *Je veux un chat et des parents normaux*, © Actes Sud, 2013, 2015.

**Je lis à haute voix**

- Lis de la ligne 46 à la fin du texte en exprimant la joie de Taloula qui augmente dans les trois dernières phrases. Prononce bien « Jevaisavoirdegrosproblèmes » comme s'il s'agissait d'un seul mot.

**Échangeons autour du texte**

- Si tu n'en a pas, aimerais-tu avoir un animal ? Pourquoi ? Que pourrais-tu dire à tes parents pour les convaincre de ton choix ?

**J'ajoute une phrase à l'histoire**

- Écris une phrase dans laquelle tu décriras les « petits minous trop chou ».

- La ville de Sarajevo est la capitale de la Bosnie-Herzégovine.
- Dans quel continent se situe ce pays ?

# Le journal de Zlata

*Zlata est une jeune fille de onze ans qui vit à Sarajevo, en Bosnie-Herzégovine. Elle raconte sa vie quotidienne dans son journal de 1991 à 1993. En voici quelques extraits.*

### Lundi 2 septembre 1991

Derrière moi, un long été chaud, des journées de vacances sans penser à rien, et devant moi une nouvelle année scolaire. Je passe en sixième. Je suis impatiente de revoir mes camarades de classe, de les retrouver.

5  **Vendredi 27 septembre 1991**

Je suis rentrée de l'école passablement fatiguée. Une dure semaine. Demain, c'est samedi, et je vais pouvoir dormir autant que je veux. VIVE LE SAMEDI ! Demain soir, par contre, je suis « prise ». Car demain, c'est l'anniversaire d'Ivana Varunek. J'ai reçu l'« invitation » aujourd'hui. Pour savoir comment c'était, suite
10  au prochain numéro…

**Dimanche 29 septembre 1991**

Il est 11 heures. L'anniversaire d'Ivana en fait, c'est aujourd'hui, mais elle l'a fêté hier. C'était super. On a mangé des petits croissants, des chips, des sandwichs, et le plus important – le gâteau. Il n'y avait pas que des filles, des garçons aussi
15  étaient invités. On a fait un concours de danse, et j'ai gagné.

## Je comprends

1  Que sais-tu de Zlata ?

2  Qui est Mimmy ?

3  Ivana est-elle une fille ou un garçon ? Justifie ta réponse.

4  À quoi correspondent les dates au-dessus des paragraphes ?

5  Quels sont les sujets abordés par Zlata dans son journal ?

6  Pourquoi certains mots sont-ils en capitales d'imprimerie ?

7  Fais la liste des différents sentiments exprimés par Zlata.

8  Lundi 30 mars, à qui Zlata parle-t-elle quand elle écrit « tu sais à quoi j'ai pensé… » ou « j'ai peur de te confier… » ?

9  Lundi 30 mars, Zlata évoque Anne Frank. Cherche des informations à son sujet.

10  La guerre que redoute Zlata a-t-elle eu lieu ?

**Mardi 3 décembre 1991**

Aujourd'hui, c'est le grand jour : c'est mon anniversaire. Bon anniversaire, Zlata !!! Hélas, je suis malade. J'ai une inflammation des sinus, et du pus qui me coule dans la gorge. En fait, je n'ai pas mal, mais je
20 suis quand même obligée de prendre des antibiotiques – du Penbritine – et de me mettre des gouttes écœurantes dans le nez. Qui me brulent horriblement. Il fallait que ça arrive justement le jour de mon anniversaire.

Bon d'accord je vais guérir, et on fêtera ça plus tard, je veux dire avec mes copines, car les « grands » (les amis et la famille) viennent quand
25 même me souhaiter mon anniversaire aujourd'hui. Et moi qui suis en chemise de nuit !

**Lundi 30 mars 1992**

Dis donc, mon Journal, tu sais à quoi j'ai pensé ? Anne Frank avait bien appelé son journal Kitty, pourquoi je ne te trouverais pas un nom ?
30 Voyons voir…

Je cherche, je cherche… J'ai choisi ! Tu vas t'appeler… MIMMY. Allez, on commence.

Dear Mimmy,

À l'école, c'est bientôt la fin du trimestre. Tout le monde se prépare pour
35 les interros. Demain, parait-il, on devrait aller à un concert à Skenderija. Notre prof responsable nous a conseillé de ne pas y aller car il y aurait déjà dix mille personnes – pardon, dix mille enfants – et l'on risquait d'être pris en otages ou de recevoir des bombes (?. !). Maman a dit non. Alors, je n'irai pas…        Zlata

**Dimanche 5 avril 1992**

40 J'essaie de me concentrer sur mes devoirs (un livre à lire), mais je n'y arrive absolument pas. Il se passe quelque chose en ville. On entend tirer des collines. Disons simplement que l'on sent que quelque chose va se passer, se passe déjà, un horrible malheur. À la télé, on voit des gens devant l'Assemblée nationale. À la radio, on passe en permanence la chanson *Sarajevo mon amour*. Tout ça, c'est
45 bien beau, mais j'ai tout le temps comme des crampes d'estomac et je n'arrive plus à me concentrer sur mon travail.

Mimmy, j'ai peur de la GUERRE.        Zlata

ZLATA FILIPOVIC, *Le journal de Zlata*, © Éd. Fixot et Robert Laffont.

### Je lis à haute voix

- Lis la journée du 5 avril. Il faut qu'on perçoive la peur de Zlata dans ta lecture. Lis lentement, articule bien en insistant sur les mots qui te semblent importants

### Échangeons autour du texte

- Aimerais-tu écrire un journal intime ? Pour quelles raisons ?

### J'ajoute un paragraphe au journal intime

- Raconte la suite de la journée du 3 décembre, quand les amis et la famille de Zlata sont venus lui souhaiter son anniversaire.

## Pour mieux lire

# Comprendre les différents emplois du présent

## Je réfléchis

- **Lis ces phrases et réponds aux questions.**
  a. Je préfère manger des crêpes, dit Lucas.
  b. J'ai onze ans. J'habite à Sarajevo.
  c. Demain, c'est l'anniversaire d'Ivana.

  **La phrase a exprime-t-elle une préférence de Lucas au moment où il parle ?**
  **Quels mots peux-tu introduire dans la phrase b :**
  en ce moment, hier, demain ou actuellement ?
  **Dans la phrase c, à quel moment le présent correspond-il ?**

- **Mets les verbes au passé simple dans le texte suivant.**
  À ce moment-là, Antoine rêve et regarde les nuages. Soudain, le maitre arrive derrière lui et s'écrit : « Alors, Antoine, à quoi penses-tu ? » Antoine sursaute sur son banc.

- **Quand cette phrase est-elle vraie ?**
  La Terre tourne autour du Soleil.

## Je retiens

**Pour comprendre un texte écrit au présent, je dois savoir que :**

– dans les dialogues, les journaux intimes ou les lettres, **le présent** correspond au **moment où l'on parle**, où l'on écrit ou à un moment proche.

– dans les récits, on peut **raconter les faits au présent**, même s'il s'agit de faits passés ou imaginaires. On parle du **présent de narration**.

– le présent peut aussi indiquer **des faits** qui sont **toujours vrais**.

## Je m'entraine

**1** ●○○ **Classe les verbes écrits en gras en trois colonnes dans un tableau.**

A. Antoine **fait** des taches d'encre, son pupitre est en désordre, il **démonte** ses stylos au lieu d'écouter. Il **rêve** des grandes vacances…
B. Demain mercredi, c'est mon premier cours de judo. J'**ai** un peu le trac, car je ne **connais** ni le professeur, ni les autres enfants.
C. On **apprend** plus de ses défaites que de ses victoires.

| Moment où l'on parle | Présent de narration | Les faits sont toujours vrais |
|---|---|---|
| … | … | … |

**2** ●○○ **Relève les verbes au présent. Puis classe-les dans les colonnes d'un tableau comme dans l'*exercice 1*.**

*Ce soir-là, Pierre rentre de l'école. Il vient de se disputer avec son copain Antoine. Il ouvre son journal et écrit :*

**Vendredi 26 novembre**

Antoine m'énerve trop ! Il veut encore que je lui donne des billes, mais la dernière fois il me les a perdues contre Chaïma. J'attends demain pour lui dire que je ne suis plus son copain. « La vengeance est un plat qui se mange froid », comme dirait papi Christian.

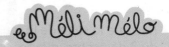 **Méli Mélo**

**Retrouve l'astre auquel chaque jour de la semaine est associé.**

lundi • mardi • mercredi • jeudi • vendredi • samedi • dimanche
Mars • Venus • Jupiter • Saturne • Soleil • Lune • Mercure

# Le journal intime

## Je réfléchis

- **Dans les textes des pages 60-61 et 62-63 :**
  – Pour qui Taloula et Zlata écrivent-elles ?
  – Sait-on à quelles dates elles écrivent ?
    Écrivent-elles chaque jour ?
  – Quel est le pronom personnel le plus employé
    dans leurs journaux ? Pourquoi ?
  – De quoi Taloula et Zlata parlent-elles ?

## Je retiens

**Un journal intime est un texte que quelqu'un écrit pour lui-même.**

– Le narrateur y raconte ce qui lui a semblé
  important dans sa journée.
– Il écrit ce qu'il pense, ce qu'il ressent.
– Le texte est rédigé à la 1re personne du singulier.
– Le narrateur indique, au début de chaque partie
  du journal, la date du jour où il écrit.

## Je m'entraine

**1** ●●● **Lequel de ces textes est un extrait
de journal intime ? Justifie ta réponse.**

**A. 17 juin 1982.**
Je t'ai déjà confié beaucoup de choses. Je ne pouvais
pas rester dans cette maison. Quand tu recevras cette
lettre je serai déjà parti pour l'Irlande.

**B. Le 11 novembre 1918**, à 11 heures du matin, les
cloches de l'église annoncent enfin à tous la fin de
la guerre. Pour les soldats, ce sont les clairons qui
clament la grande nouvelle.

**C. Samedi 16 mai.**
Bonjour, je m'appelle Paul. J'ai quatorze ans et
je rentre en 3e. Aujourd'hui, j'ai une immense envie
de jouer au *Sims 3* mais mon père a pris l'ordi. Il ne
veut en aucun cas me le passer, donc j'écris dans ce
journal.

*c'est le texte ★C car il est
très intimes il est dit « donc j'écris dans ce journal »*

**D. Lundi 4 septembre.**
Lina attendait devant la grille de l'hôpital. Hésitante,
elle ne parvenait pas à se décider à entrer. Au bout
d'un moment, elle respira profondément et avança.

**2** ●●● **Retrouve les phrases qui pourraient être
écrites dans un journal intime.**

a. Dimanche 4 octobre 2012. Je te retrouve enfin, toi,
mon cher cahier.

b. Je suis trop content, écrit Gabriel, on vient de fêter
mon anniversaire.

c. Maman explique alors à Gabriel qu'à son âge elle
avait uniquement un cadeau, et rarement ce qu'elle
souhaitait.

d. Tout le monde s'est mis à chanter « joyeux anniversaire » ; j'étais très ému, mais je n'ai rien montré.

## D'autres journaux intimes...

●●● Jo Hoestlant,
***Le journal
de Miss Pétoche***,
Éd. Bayard.

 Jeff Kinney,
***Journal d'un dégonflé***,
Éd. du Seuil.

●●● Paule du Bouchet,
***Le Journal d'Adèle***,
Éd. Gallimard Jeunesse.

# *Enrichir son vocabulaire*

## Des mots pour dire ce que l'on ressent

**Je réfléchis**

**1** **Quels sentiments les mots ou groupes de mots en couleur évoquent-ils ?**

> À la fin des vacances, les parents me déposent chez Mamie et Papi et j'y reste un peu toute seule. **J'adore** : quand on est que tous les trois, Mamie se laisse à jouer au poker et elle est mauvaise perdante comme c'est pas permis. Avec Papi on se moque d'elle gentiment et ça finit toujours par de **grands éclats de rire**.
> C'est **super** de retrouver Papa et Maman après quelques jours sans eux, c'est comme si **on s'aimait plus fort** de s'être un peu séparés.
>
> Cécile Roumiguière, *Le Journal d'une crevette*,
> Version numérique sur Amazon et iBook Store.

**2** **Quels sentiments ou émotions sont évoqués dans ces phrases ?**
**Relève les mots qui les expriment.**

a. Elle n'a jamais eu d'ami aussi doux et gentil que celui-là.

b. Ce dicton m'est venu à l'esprit par un de ces jours de légère mélancolie où je m'ennuyais.

c. Comme chaque fois qu'il est très heureux, Momo sent une sorte de grosse chaleur l'envahir.

d. Hier soir, j'ai vu un film qui m'a donné envie de pleurer.

**3** **Sentiment ou sensation physique ?**
**Classe les phrases suivantes en deux colonnes selon ce qu'elles expriment.**

a. J'adore tout ce qui est sucré.

b. J'aime énormément mon petit frère, même s'il m'embête parfois.

c. J'ai toujours beaucoup d'appréhension quand la maitresse
me demande d'aller au tableau, car je n'ai pas confiance en moi.

d. J'admire ce paysage grandiose.

e. Je déteste toucher les surfaces rugueuses.

f. Je regrette de ne pas pouvoir aller plus souvent chez mes grands-parents.

**4** **Associe un verbe ou une expression à chaque émotion ou à chaque sentiment.**

*Exemple : la tristesse : avoir de la peine, pleurer…*

a. la honte : …          c. la colère : …

b. le dégout : …          d. la surprise : …

## L'amour/la haine

- aimer • adorer • s'attacher à
- l'affection • l'attirance • la sympathie
- tendre • amical • gentil
- détester • haïr • en vouloir à
- le dégout • la colère • la rancune
- cruel • odieux • distant • faché

## L'espoir/la crainte

- espérer • souhaiter • attendre
- l'assurance • la tranquillité • la sérénité
- confiant • détendu • rassuré
- craindre • appréhender • redouter
- l'inquiétude • la panique • l'appréhension • la frayeur
- inquiet • soucieux • effrayé

## La joie/ la tristesse

- rire • sourire • jubiler
- la satisfaction • l'allégresse • le bonheur
- content • gai • comblé • ravi
- pleurer • sangloter • souffrir • gémir
- la peine • la mélancolie • le chagrin • le cafard
- malheureux • découragé • désolé

## Je m'entraine

**5** ●●● **Associe chaque mot à son contraire.**

| a. chaleureux | 1. heureux |
| b. triste | 2. rire |
| c. pleurer | 3. froid |
| d. tranquille | 4. méfiance |
| e. confiance | 5. inquiet |

**6** ●●● **Trouve l'intrus dans chaque série.**

a. rassuré • tranquille • serein • paniqué • détendu • confiant

b. l'affection • l'amitié • la tendresse • estimer • l'attirance • la gentillesse

c. le rire • jubiler • la satisfaction • le désespoir • le bonheur • ravi

**7** ●●● **Dans quelles listes ci-dessus pourrais-tu ranger les expressions suivantes ?**

se tordre de rire • avoir le cœur serré • avoir un faible pour • prendre en grippe • voir la vie en rose • avoir les idées noires • être vert de peur • avoir le béguin • avoir les jambes qui flageolent • être aux anges • avoir un coup de foudre • perdre son sang-froid

**8** ●●● **Complète les phrases avec ces mots :** aime • crains • content • sympathique • redoute • déteste.

a. J'… beaucoup mon amie Myriam, car elle est … .

b. Aujourd'hui, à la cantine, il y avait des lentilles. Je … ça !

c. Je … les veilles de rentrée. Je … de ne pas me réveiller à l'heure.

d. Le jour de la rentrée, j'étais très … de retrouver mes copains.

**9** ●●● **Remplace chaque mot écrit en gras par un mot synonyme qui indique un sentiment ou une émotion plus intense, puis plus faible.**

Cet été, nous sommes allés chez mon oncle en vacances. J'**aime** aller chez lui. Il habite près de la mer et on va tous les jours à la plage. En plus, je retrouve ma cousine Pétra que j'**aime bien**. Je trouve que mon oncle est **gentil**. Il ne manque pas une occasion de nous **faire plaisir**. Un jour, il a organisé une excursion en bateau. Papa n'était pas **rassuré** car il **a peur** de l'eau. Alors que mon frère et moi, on **aime** ça ! Finalement, tout le monde a été **heureux** pendant ces vacances.

Pour écrire un journal intime, je dois :

1. indiquer le jour où j'écris ;
2. raconter les évènements que je juge intéressants et dont je veux me souvenir ;
3. dire ce que je pense ou ce que je ressens ;
4. rédiger mon texte comme si je me confiais à l'ami en qui j'ai le plus confiance ;
5. raconter à la 1re personne du singulier.

## 1 Je développe un journal intime

**Récris cet extrait de journal intime à la 1re personne du singulier et en tenant compte des indications entre crochets.**
**Puis écris quelques phrases pour le terminer.**

Mardi 18 février 17 h

Cher (Chère) [donne un nom au journal], (Mimi) *-chère*
[Commence par une onomatopée.] *Ohlala ! ! !*
Aujourd'hui c'est l'horreur, la maman d'Amélia l'a emmenée chez le coiffeur. Elle était plutôt contente. Mais la coiffeuse a coloré sa [ajoute un adjectif] chevelure blonde en [ajoute une couleur et un adjectif]. Elle était vraiment [ajoute un adjectif que tu sépareras en syllabes par des traits d'union, exemple *ma-gni-fi-que*].
Heureusement, Benoit le responsable est arrivé [décris-le]. Il l'a rassurée. Après un bon shampoing…

 **Je vérifie**

- J'ai **daté** mon journal.
- J'ai bien **pris en compte les indications** données.

## 2 Je récris un texte sous la forme d'un journal intime

▶ **Situation 1**

**Récris ce texte sous la forme d'un journal intime.**
**Utilise la 1re personne du singulier et précise ce que Lucas a pu ressentir à la mort de son hamster.**

Lucas a 10 ans. Il est plutôt grand.
Il a des cheveux blonds bouclés.
Il a les yeux bleus.
Son hamster est mort, il est très triste.
Lucas lui avait donné un nom. Il lui parlait souvent et lui confiait des secrets. Il le sortait en le plaçant dans sa poche. Il voudrait bien un nouvel animal de compagnie.

 **Je vérifie**

- J'ai pris en compte les indications données.
- J'ai **mis en valeur** des mots (couleur, tristesse…).

La grand-mère de Lilou a raconté la journée du 13 aout dans son journal. Écris ce que Lilou a pu confier de son côté à son journal en racontant cette même journée.

> Mercredi 13 aout
> Saint-Malo, 28 °C toute la journée. La nuit, la température ne baisse pas, c'est la canicule.
> C'est formidable, nos cinq petits-enfants sont arrivés pour deux semaines sans leurs parents. Dès ce soir, Lilou a voulu sortir au cinéma avec son frère, sa sœur et ses cousins pour aller voir *Vidocq, les mémoires d'un voleur*. Papi et moi avons trouvé que Nicolas est trop petit. Lilou, très gentille mais parfois un peu impatiente, a insisté. Papi s'est fâché. Lilou est montée bouder dans une chambre. Finalement, j'ai tout de même réussi à trouver un compromis : Papi emmènera les enfants, il ira voir le dernier Disney avec Nicolas et les autres pourront regarder tranquillement *Vidocq*. Allez, mon cher journal, maintenant je vais aider Papi à préparer les spaghettis pour tout ce petit monde.

*Je vérifie*

- J'ai utilisé le texte de **départ** en me mettant à la place de Lilou.
- J'ai imaginé et **décrit** les sentiments et les émotions qu'elle a pu éprouver.

##  3 J'écris un extrait de journal intime

*Je vérifie*

- J'ai décrit les **différents sentiments** de Badia.

**Badia et sa famille déménagent. Écris le journal de Badia en t'aidant des indications en italique. Tu peux choisir un ou plusieurs jours.**

**1er jour** • Elle voit pour la dernière fois ses amis à l'école.
> *Raconte l'attitude des camarades, ce qu'elle ressent…*

**2e jour** • Elle part en voiture. Elle aide ses parents à porter les derniers cartons dans le coffre. Elle arrive dans son nouvel appartement qu'elle découvre.
> *Décris cet appartement, sa chambre, ce qu'elle ressent…*

**3e jour** • Elle déballe des cartons. Elle sort dans son nouveau quartier.
> *Écris ce qu'elle voit : des magasins, des espaces verts, des immeubles…*

**4e jour** • Elle arrive dans sa nouvelle école, dans sa nouvelle classe.
> *Écris ce qu'elle ressent. Décris son école, sa classe, la réaction des autres enfants…*

**5e jour** • Elle se fait des nouveaux amis.
> *Indique comment ils s'appellent et à quoi ils jouent, ce qu'ils se disent…*

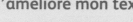
J'améliore mon texte

| | |
|---|---|
| Grammaire pages 146-147 | J'ai utilisé différents types des phrases. |
| Grammaire pages 148-149 | J'ai utilisé la 1re personne du singulier. |
| Grammaire pages 150-153 | J'ai utilisé le présent de narration. |

# Parler pour émouvoir ou convaincre

**Situation 1**

**Raconte la journée du mercredi 25 novembre comme si tu étais le chat qu'Adèle vient d'adopter pour Taloula.**

*Pour te préparer*
- Relis le texte en identifiant bien où le chat se trouve.
- Imagine ce qu'il a pu voir, ce qu'il aurait pu faire, penser et ressentir dans les différentes situations : quand il voit Adèle et Taloula, quand il est dans les bras d'Adèle…

*Pour bien raconter*
- Commence par donner la date : « Mercredi 25 novembre… »

**Situation 2**

**Raconte le dernier film que tu as vu et aimé en essayant de convaincre tes camarades d'aller le voir.**

*Pour te préparer*
- Fais la liste des raisons pour lesquelles tu as aimé ce film (l'histoire, les personnages, les acteurs…).

*Pour bien raconter*
- Commence par donner le titre du film : « Je vous présente… ».
- Présente-le en le résumant rapidement, mais sans dire la fin.
- Insiste ensuite sur ce que tu as ressenti et explique pourquoi. « C'était GÉNIAL parce que… »

*Pour écouter une ou un camarade*
- Pose des questions sur son film.

> Quels sentiments ton ou ta camarade a-t-il (elle) exprimés ?

**Entraine-toi à dire ces mots en respectant les informations graphiques.**

**Écoute-moi !**     mon frère **M'ÉNERVE !!!!!!**

*je l'aime bien*     OH Que je suis **contente !**

# Des contes de sagesse

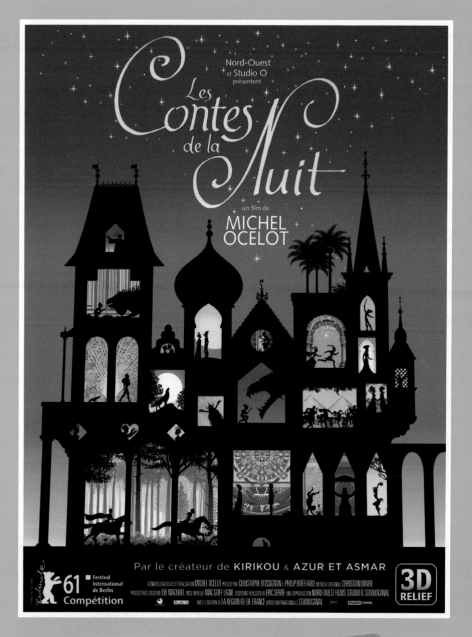

1 Relève sur l'affiche ce qui correspond aux mots « contes » et « nuit ».

2 Donne quelques titres de contes que tu as déjà lus ou entendus.

3 À ton avis, qu'est-ce qu'un conte de sagesse ?

**Dans cette unité, tu vas :**

- lire des contes de sagesse ;
- écrire un conte de sagesse ;
- parler pour présenter une histoire.

• Quel rapport de sens trouves-tu entre les mots ci-contre ?

Étalon
CHEVAL
Monture
GALOPER

# L'importance des petites choses

Le départ venait d'être donné. Les étalons arabes, fiers et fougueux, galopaient dans la poussière. Comme chaque vendredi après-midi, le roi était là pour voir courir ses propres chevaux. Ce jour-là, il en avait trois qui participaient à la course. Il avait pris place au centre de la tribune officielle et les accompagnait de son
5  regard perçant. Assis à la meilleure place, il demeurait impassible, tandis qu'en contrebas, un homme, debout parmi la foule, s'agitait en criant pour encourager un des étalons. Les gens le regardaient. Et certains spectateurs s'imaginaient qu'il était propriétaire du cheval menant la course. Un vieil homme qui se trouvait près de lui l'interrogea.
10  – Belle monture ! dit-il. Vous en êtes le propriétaire ?
– Non, répondit l'autre. Seule la bride de cuir est à moi.

Quelques instants avant la remise du trophée, le roi voulut savoir si le cheval gagnant appartenait bien à l'homme qui s'agitait durant la course. Il apprit que celui-ci n'en était pas le propriétaire et que seule la bride de cuir était à lui.
15  Devant ce qu'il considéra comme une idiotie, le souverain haussa les épaules et préféra garder le silence.

En regagnant son palais, il passa aux abords d'un village en flammes. Il restait impuissant face au sinistre spectacle, quand il aperçut un modeste

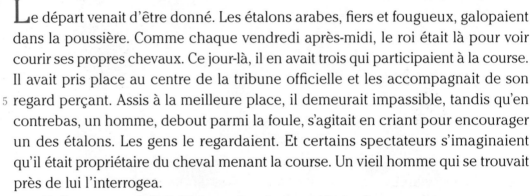

## Je comprends

🔦 **1** Où se trouve le roi au début de l'histoire ? Pourquoi ?

🔍 **2** Que pense le roi de l'homme qui encourage le cheval ? Relève les mots du texte qui t'ont permis de répondre.

🔦 **3** À quoi sert la bride de cuir ?

🔍 **4** Quand il voit le village en flammes, le roi croit-il pouvoir arrêter l'incendie ? Quel mot te permet de répondre ?

🔦 **5** Pourquoi le roi aide-t-il les villageois ?

🔍 **6** Fais la liste de toutes les personnes qui ont aidé à éteindre le feu.

🔦 **7** Quelle est la leçon de sagesse que le roi veut transmettre à son fils ?

📖 **8** Ce conte vient de Jordanie. Où se trouve ce pays ?

moineau qui luttait contre le feu en faisant
20 d'incessants va-et-vient entre une citerne
d'eau et l'incendie.

– Que fais-tu, moineau ?

– Je remplis mon bec d'eau et la déverse
dans le feu pour l'éteindre.

25 – Comment peux-tu être assez fou
pour croire que quelques gouttes d'eau
pourront venir à bout de telles flammes ?

– Je me contente de faire ma part,
ô Majesté. Que serait l'océan immense
30 sans la goutte d'eau ? Que serait le
bonheur sans les petites joies ? Que serait
le tout sans l'infime[1] ?

L'oiseau retourna à la citerne et poursuivit
ses va-et-vient. Alors, le monarque se joignit
35 aux villageois, prit un seau, le remplit d'eau
et participa à la lutte contre le feu. Les hommes
de sa suite et ceux de sa garde en firent autant.
Des caravaniers qui passaient par là vinrent les aider. Au bout
de quelques heures, l'incendie fut vaincu. Tout le monde sauta de joie
40 et applaudit. Dès le lendemain, la reconstruction du village fut entreprise.
Les briques de terre crue passèrent de main en main et bientôt de nouvelles
maisons sortirent de terre.

Cette expérience fit évoluer le roi. Des années plus tard, sur son lit de mort, il
dit à son fils avant d'expirer :

45 – Le cheval n'aurait pas gagné sans la bride de cuir. L'incendie n'aurait pas été
vaincu sans l'aide du moineau.

Le prince le crut fou. Il avait tort, car les paroles de son père étaient pleines
de sagesse.

JEAN MUZI, conte jordanien dans *54 contes des sagesses du monde*,
Éd. Flammarion Jeunesse.

---
**1.** infime : tout petit.

### Je lis à haute voix

- Lis les lignes 1 à 19.
Fais ressentir l'opposition
entre le comportement
des spectateurs et celui
du vieil homme.

### Échangeons autour du texte

- Peut-on réussir seul
ou a-t-on toujours
besoin de quelqu'un
d'autre ?

### J'ajoute une phrase à l'histoire

- Ajoute une phrase à
ce que le roi dit à son fils
pour que celui-ci
comprenne la leçon
de sagesse.

# Le poil de la moustache du tigre

*De retour de guerre, le mari de Yun Ok ne veut plus travailler ni parler à personne. Pour pouvoir le soigner, Yun Ok demande un remède à un guérisseur. Celui-ci accepte de l'aider à condition qu'elle lui apporte un poil de moustache d'un tigre vivant.*

Une nuit, pendant que son mari dormait profondément, elle quitta la maison avec un bol rempli de riz et de viande en sauce. Elle prit la direction de la montagne, là où le tigre vivait. Elle déposa le bol le long du sentier, suffisamment loin de la tanière, puis elle appela l'animal pour qu'il vienne manger. Mais le tigre
5 ne daigna pas se déplacer.

La nuit suivante, Yun Ok retourna dans la montagne et cette fois, elle se rapprocha de la tanière. À nouveau, elle déposa sur le sentier un bol de nourriture, encore plus parfumé.

Et ainsi toutes les nuits, pendant un mois, Yun Ok se rendit dans la montagne
10 tout en se rapprochant de l'antre du tigre. Chaque fois avec une offrande de nourriture raffinée. À la longue, le tigre s'était habitué à voir cette femme dans les parages.

Une nuit, Yun Ok osa franchir le seuil de la tanière. Le fauve était là mais il la laissa faire sans rugir. Le lendemain, lorsque Yun Ok revint à la nuit tombée, le
15 tigre l'attendait devant son antre. Tous deux se regardèrent longuement à la faveur du clair de lune, sans bouger.

La nuit suivante, la femme et l'animal se tinrent tout près l'un de l'autre. Et pour la première fois, Yun Ok se mit à parler au tigre d'une voix si douce que même la lune se pencha pour l'écouter.

20 Des nuits plus tard, le tigre accepta de manger la nourriture que Yun Ok lui avait apportée tout en ne la quittant pas des yeux.

## Je comprends

**1** Pourquoi le mari de Yun Ok ne veut-il plus travailler ni parler à personne pas même à sa femme ?

**2** Pourquoi Yun Ok a-t-elle besoin d'un poil de la moustache d'un tigre ?

**3** Par quel autre nom le guérisseur est-il désigné dans le texte ? Que signifie ce terme ?

**4** Pourquoi est-ce difficile de se procurer le poil de la moustache d'un tigre vivant ?

**5** Combien de temps Yun Ok passe-t-elle à apprivoiser le tigre ?

**6** Relève trois actions de Yun Ok qui montrent qu'elle apprivoise progressivement le tigre.

**7** Le guérisseur s'est-il servi du poil de la moustache du tigre ?

**8** Quelle leçon de vie le guérisseur veut-il donner à la femme à la fin du conte ?

**9** Dans quel pays ou dans quelle partie du monde se passe cette histoire ?

Lorsque Yun Ok y retourna le lendemain soir, elle trouva le fauve qui l'attendait sur le chemin. Ensemble, ils rejoignirent la tanière, et sitôt son repas terminé, l'animal laissa la femme lui caresser les joues sans crainte. Puis
25 la tête, et le dos…

Six mois avaient maintenant passé depuis la première apparition de Yun Ok dans la montagne.

Cette nuit-là, après avoir longuement câliné l'animal, la femme lui confia ceci :

« Cher tigre, maintenant je connais bien ta générosité, aussi ne te mets pas en
30 colère. Je dois absolument arracher un poil de ta magnifique moustache. Ce n'est rien pour toi mais pour moi, c'est beaucoup. »

Et Yun Ok joignit le geste à la parole. Le tigre laissa faire son amie sans broncher. Toute heureuse, la jeune femme partit en courant sur le chemin tenant bien serré entre ses doigts son précieux butin.

35 Le lendemain à la première heure, elle se rendit à la sortie de la ville, chez le guérisseur. Dès qu'il eut ouvert sa porte, elle lui tendit triomphalement le poil de la moustache de tigre en s'écriant :

« Tenez, j'ai réussi ! Concoctez-moi tout de suite le remède que vous m'avez promis. »

40 Le vieil herboriste examina attentivement le poil à la lueur d'une bougie.

« Par ma barbe, c'est bien du poil de tigre ! »

Sans hésiter, il le brula à la flamme de la bougie.

« Mais vous êtes fou ! hurla Yun Ok. Tout ça pour ça ! »

– Calmez-vous et racontez-moi plutôt comment vous vous y êtes prise
45 pour obtenir ce poil de moustache de tigre. »

La jeune femme raconta comment nuit après nuit elle avait patiemment apprivoisé l'animal puis gagné sa confiance et son amour.

« Mais tout ça pour rien ! ajouta-t-elle en larmes. Maintenant le poil a brulé et mon espoir est parti en fumée.

50 – Vous n'avez rien perdu bien au contraire. Ce poil de moustache est désormais inutile car, si vous avez réussi à vous faire aimer d'un animal aussi féroce que ce tigre, je suis bien certain que vous saurez vous débrouiller avec votre mari. »

Muriel Bloch, *Le poil de la moustache du tigre*,
Éd. Albin Michel Jeunesse

 **Je lis à haute voix**

• Lis le passage qui décrit le moment où Yun Ok parvient à rencontrer le tigre dans sa tanière (lignes 13 à 21). Fais ressentir à la fois la peur et la douceur liées à ce moment.

**Échangeons autour du texte**

• De quelles qualités Yun Ok a-t-elle fait preuve pour obtenir le poil de la moustache du tigre ?

**J'ajoute une phrase à l'histoire**

• Écris les premières paroles que Yun Ok a pu dire au tigre.

# Bien comprendre l'utilisation de l'imparfait et du passé simple

## Je réfléchis

• **Lis le texte.**

Un jour, la femme décida d'aller trouver un guérisseur. En effet, son mari n'allait pas bien du tout et ne parlait plus à personne. Le guérisseur demanda à la femme de lui apporter un poil de la moustache d'un tigre. La femme savait qu'un tigre habitait dans la forêt. Le matin suivant, elle partit à la rencontre du fauve.

a. **Lis uniquement les phrases dont le verbe est surligné en jaune. Comprends-tu ce qui se passe ? Fais de même avec les phrases dont le verbe est surligné en vert.**

b. **À quels temps sont conjugués les verbes surlignés en jaune ? et ceux surlignés en vert ?**

## Je retiens

Dans un récit, le **passé simple** indique ce que font les personnages, leurs actions successives. Ce sont les **évènements** du récit.
L'**imparfait** sert à décrire les **lieux** ou les **personnages**. Il explique pourquoi ceux-ci agissent et donne des précisions, des explications.

## Je m'entraine

**1** ●●● **Recopie les passages qui indiquent les évènements. À quels temps sont les verbes ? À quoi servent les autres phrases du texte ?**

Un roi avait trois fils. Le plus jeune était maigre, fragile et souvent malade. Aussi le roi avait-il tendance à le négliger et à consulter plutôt ses deux autres fils, lors de problèmes délicats à résoudre. Le cadet des trois frères était extrêmement modeste, contrairement aux deux autres. Un jour, le roi attrapa une maladie qu'aucun médecin ne sut soigner. Tout le palais se désolait de cette situation tragique, quand une servante déclara qu'il existait une solution. On la fit venir au chevet du roi.

D'après *La Politesse*, in J. MARIN COLES et L. MARIN ROSS, *L'Alphabet de la Sagesse*, Éd. Albin Michel Jeunesse.

**2** ●●● **À quel temps mettrais-tu les verbes en gras : imparfait ou passé simple ? Justifie tes réponses.**

Autrefois, **exist**... une ville dont tous les habitants **ét**... aveugles. Un jour, un prince étranger qui **travers**... le pays **s'établ**... avec sa cour au pied des remparts. Les habitants **entend**... bientôt parler d'un animal extraordinaire que le prince **mont**... . Il **s'agi**... d'un éléphant. Or il **n'exist**... pas d'éléphant dans leur pays. Ils **décid**... d'envoyer six d'entre eux toucher l'animal, afin de pouvoir le décrire à tous les autres.

D'après *Les six aveugles et l'éléphant*, in J. MARIN COLES et L. MARIN ROSS, *L'Alphabet de la Sagesse*, Éd. Albin Michel Jeunesse.

**Les proverbes sont mélangés. Retrouve-les et récris-les comme il convient.**

qui veut noyer son chien s'y pique

qui vole un œuf, les souris dansent

qui s'y frotte l'accuse de la rage

le chat parti n'amasse pas mousse

pierre qui roule vole un bœuf

# Le conte de sagesse

- Dans *L'importance des petites choses*, pages 72-73 et *Le poil de la moustache du tigre*, pages 74-75 :
  - quelles sont les étapes de ces contes ?
  - quel est le problème posé au personnage principal ?
  - quelle solution trouve-t-il ?
  - quels personnages aident le roi et Yun Ok ?
  - quelle leçon chaque conte donne-t-il au lecteur ?

Le conte de sagesse est généralement construit comme la plupart des contes avec :
– une situation initiale ;
– l'arrivée d'un problème ;
– un personnage qui réussit à trouver une solution.
En plus du héros, des personnages interviennent qui l'aident ou s'opposent à lui.
À travers l'histoire, le conte de sagesse donne une leçon de vie. Une **morale** nous fait réfléchir. Il faut parfois la deviner à travers le récit.

**1** ●○○ **Voici le résumé d'un conte. S'agit-il d'un conte de sagesse ? Justifie ta réponse.**

Un meunier rêvait chaque nuit qu'il trouverait un trésor sous un pont menant au palais du roi. Un jour, il se décide à aller y creuser. Le voyant faire, les gardes du palais l'arrêtent. Après avoir interrogé le meunier, le capitaine lui dit : « N'es-tu pas fou de croire à ces rêves ? C'est comme si moi je rêvais que je dois aller dans ton moulin pour creuser et trouver un trésor ! » Et il relâche l'homme.

De retour chez lui, celui-ci se souvient des paroles du capitaine. Il se met alors à creuser le sol de son moulin et déterre un coffre. Il l'ouvre, et y trouve un parchemin sur lequel est écrit : « Ce qu'il y a de plus précieux est à l'intérieur de toi. » Le meunier comprend alors que c'est dans son cœur qu'il trouvera la vraie richesse : le bonheur.

**2** ●●○ **Lesquelles de ces phrases terminent un conte de sagesse ? Justifie tes réponses.**

a. Ils se marièrent et eurent beaucoup d'enfants.
b. Sire, il faut regarder au-delà des mésaventures de la vie, et même si elles nous désolent sur le moment, garder confiance, car tout arrive pour le mieux.
c. Depuis ce jour, le dragon n'approche plus du village.
d. Mieux vaut le silence aux paroles inutiles, pensèrent les cygnes en s'éloignant tristement.
e. Ne fais pas aux autres ce que tu n'aimerais pas que l'on te fasse.
f. C'est depuis ce temps que les girafes ont un cou si long.

**3** ●●○ **Exprime avec tes mots la leçon de vie que donne l'*exercice 1*.**

## D'autres contes de sagesse...

●●○ Michel Piquemal, *Les Philo-fables pour vivre ensemble*, Éd. Albin Michel Jeunesse.

●●○ Giorda, *Les Trois Arbres de la vie*, Éd. Albin Michel Jeunesse.

●●● Jihad Darwiche, *Sagesses et Malices de Nasreddine, le fou qui était sage*, vol. 2, Éd. Albin Michel Jeunesse.

# Des verbes pour préciser les relations entre les personnages

## Je réfléchis

**1** Dans cet extrait, relève les verbes qui indiquent comment les gens se comportent et comment le fils réagit.

Le fils de Nasreddine avait treize ans. Il ne se croyait pas beau. Il était même tellement complexé qu'il refusait de sortir de la maison. « Les gens vont se moquer de moi », disait-il sans arrêt. Son père lui répétait toujours qu'il ne faut pas écouter ce que disent les gens parce qu'ils critiquent souvent à tort et à travers, mais le fils ne voulait rien entendre.

JIHAD DARWICHE, *Sagesses et Malices de Nasreddine, le fou qui était sage*,
© Éd. Albin Michel Jeunesse.

**2** Dans cet extrait, relève les verbes qui indiquent comment les personnages se comportent les uns avec les autres.

Le cavalier salua le paysan et lui dit qu'il souhaitait acheter une pastèque. Le vieil homme choisit la meilleure, l'ouvrit et coupa plusieurs tranches.

– J'apprécie votre politesse, dit-il au prince en les lui tendant, et je n'accepterai pas d'être payé.

Le jeune homme savoura les tranches de pastèque. Puis il but l'eau fraiche offerte par le paysan, le remercia et s'en fut. Il poursuivit sa route durant quelques jours avant d'arriver en vue de la maison du djinn[1]. Les aboiements féroces des deux chiens firent sortir ce dernier. Le prince le salua, le complimenta sur son verger et lui expliqua le but de sa visite.

JOHANNA MARIN COLES et LYDIA MARIN ROSS, *L'Alphabet de la Sagesse*, « La Politesse »,
© éd. Albin Michel Jeunesse, 1999.

**1.** djinn : être surnaturel ayant des pouvoirs magiques.

**3** Dans les phrases suivantes, relève les verbes qui indiquent ce que les personnages pensent les uns des autres.

**Le fils de Nasreddine et les gens de la ville**

**a.** Le fils de Nasreddine craint le jugement et les moqueries des gens de la ville.
Il a peur des autres.

**b.** Le fils de Nasreddine se moque de ce que pensent les gens de la ville.
Ceux-ci l'admirent et l'envient.

**Le cavalier et les personnes qu'il rencontre**

**c.** Le cavalier respecte le djinn.

**d.** Le paysan redoute la réaction du cavalier et se méfie de lui.

## Entretenir de bonnes relations

- **Avoir confiance :** croire • suivre • consulter • se confier • compter sur • partager
- **Aimer :** apprécier • estimer • adorer • s'attacher • rechercher
- **Aider :** se soucier • s'inquiéter • prendre soin de • encourager • soutenir • défendre
- **Respecter :** honorer • saluer • admirer • vénérer • être poli • remercier • complimenter
- **Accepter :** accueillir • comprendre • tolérer • admettre • être d'accord

## Avoir de mauvaises relations

- **Se méfier :** soupçonner • douter • surveiller • être sur ses gardes • craindre • redouter
- **Détester :** haïr • maudire • exécrer • injurier
- **Critiquer :** se moquer • dénigrer • blâmer • condamner • railler • se disputer
- **Mépriser :** injurier • dédaigner • regarder de haut • rabaisser
- **Rejeter :** repousser • exclure • refuser • chasser

## Je m'entraine

**4** ●●● **Trouve, dans les listes ci-dessus, le plus possible de paires de mots contraires.**

*Exemple :* aimer / détester.

**5** ●●● **Associe chaque verbe à sa définition.**

**Verbes :** consulter • dénigrer • complimenter.

**Définitions :** – adresser des félicitations à quelqu'un.
– demander l'avis de quelqu'un.
– parler de quelqu'un pour le rabaisser.

**6** ●●● **Dans quelles listes ci-dessus ajouterais-tu les verbes suivants ?**

conseiller • chérir • soutenir • ridiculiser

**7** ●●● **Trouve l'adjectif et le nom qui correspondent à chacun des verbes proposés.**

*Exemple :* envier : (être) envieux / l'envie

comprendre • jalouser • se méfier • dédaigner • se moquer • s'inquiéter • estimer • exclure

**8** ●●● **Récris ce texte en transformant les mauvaises relations entre les personnages en relations amicales. Tu peux t'aider des listes de mots ci-dessus.**

Autrefois, dans un immense empire, vivait un puissant souverain que tout le monde détestait. Ce souverain ne faisait confiance à personne : il était soupçonneux envers ses sujets et se méfiait même de ses ministres. Il se mettait facilement en colère. Ses sujets vivaient dans la peur. Tous les paysans le redoutaient et les seigneurs le méprisaient.

**9** ●●● **Complète ce texte avec des verbes des listes ci-dessus.**

Quand j'ai eu le bras cassé, mes camarades de classe m'...**1**... à enfiler mon manteau et à écrire les devoirs sur mon agenda. Ils ...**2**... de moi.

Pourtant, avant cet accident, il nous arrivait de nous ...**3**..., et même je ...**4**... certains d'entre eux. Mais aujourd'hui, je les ...**5**... beaucoup : ils ont été patients, même pendant ces jours où j'étais grognon et où je les ...**6**... . Aujourd'hui, je les ...**7**... .

**10** ●●● **Admettre peut vouloir dire :**

1. autoriser quelqu'un •
2. estimer qu'une chose est vraie.

- **Écris deux phrases pour utiliser les deux sens de ce verbe.**

**Pour écrire un conte de sagesse, je dois :**

1. choisir une morale ;
2. inventer une histoire en relation avec cette morale ;
3. prévoir les différentes étapes du conte ;
4. indiquer le problème qui se pose ;
5. présenter le héros et les principaux personnages, préciser leurs relations ;
6. décrire ce que fait le héros pour résoudre le problème ;
7. préciser comment l'histoire se termine et quelle leçon le héros a apprise.

## 1  J'écris la fin d'un conte de sagesse

**Situation 1**  J'écris la morale.

**Écris en une phrase la morale de ce petit conte.**

Un singe se promène le long d'une rivière lorsqu'il remarque dans l'eau un poisson. Comme il n'a jamais vu de poisson, il se dit :
« Cette pauvre créature est en train de se noyer, il faut que je la sauve. »
Ignorant mais habile, il attrape le poisson et le dépose sur la berge. Hors de l'eau, le poisson ne tarde pas à suffoquer et à mourir.
Et le singe se lamente : « Si j'avais agi plus tôt, j'aurais pu le sauver. »

**Je vérifie**
- La morale que j'ai écrite est un **conseil** en relation avec la dernière ligne du conte.

**Situation 2**  Je précise comment se termine l'histoire.

**Écris ce que va faire le serpent et ce qu'il a appris grâce au sage.**

Un serpent terrorisait les habitants d'un village. Il les mordait quand ils passaient sur la route du marché. Un jour, il rencontra un sage qui lui apprit à ne plus mordre.
Mais alors, les villageois le maltraitèrent.
Le serpent alla se plaindre au sage. Celui-ci lui rappela que s'il lui avait demandé de ne plus mordre, il ne lui avait pas interdit de siffler !

D'après JOHANNA MARIN COLES et LYDIA MARIN ROSS, *L'Alphabet de la Sagesse*,
« Le Singe et le Serpent », © Éd. Albin Michel Jeunesse.

**Je vérifie**
- J'ai bien montré ce que le serpent a appris et ce qu'il a fait.

## 2  Je décris les relations entre les personnages

**Lis ce résumé de conte de sagesse, puis réponds aux questions.**

À la mort du roi, ses trois fils ne s'entendent pas et choisissent de vivre chacun de son côté. Quand arrive un ennemi voulant conquérir leurs terres, chacun perd la bataille. Ils finissent par comprendre qu'il leur faut s'unir et que les différends qui les opposent ne sont pas importants.

a. **Donne un nom aux trois fils et décris leurs relations à la mort de leur père. Explique pourquoi ils ne s'entendent pas.**

b. **Décris leurs relations quand ils sont à nouveau unis à la fin de l'histoire. Raconte ce qu'ils font.**

**Je vérifie**
- J'ai utilisé des mots précisant les **relations entre les personnages**.

**3** **J'écris un conte de sagesse**

●●● ▶ **Situation 1** J'écris un conte de sagesse à partir d'une fable.

**Récris cette fable sous la forme d'un conte.**

**Le Lion et le Rat**

Entre les pattes d'un Lion,
Un Rat sortit de terre assez à l'étourdie :
Le Roi des animaux, en cette occasion,
Montra ce qu'il était, et lui donna la vie.
  Ce bienfait ne fut pas perdu.
  Quelqu'un aurait-il jamais cru
  Qu'un Lion d'un Rat eût affaire ?
Cependant il advint qu'au sortir des forêts
  Ce Lion fut pris dans des rets,
Dont ses rugissements ne le purent défaire.
Sire Rat accourut, et fit tant par ses dents
Qu'une maille rongée emporta tout l'ouvrage.
  Patience et longueur de temps
  Font plus que force ni que rage.

Jean de La Fontaine, *Fables*, Livre II, fable XI.

**a.** Décris les personnages et raconte leurs aventures.

**b.** Termine ton histoire en précisant la morale qu'elle donne.

▶ **Situation 2** J'écris un conte de sagesse à partir d'une morale.

**1** **Choisis une de ces morales. Imagine une histoire pour l'illustrer.**
**1.** La colère est mauvaise conseillère. **2.** La véritable amitié se voit dans le malheur. **3.** On gagne toujours à être poli. **4.** Le mensonge se découvre toujours.

• **Termine ton histoire en précisant la morale qu'elle donne.**

**2** **Choisis des personnages : le héros et les autres personnages. Ils peuvent être des animaux ou des hommes.**

• **Réfléchis à la situation du héros au début de l'histoire et au problème qui se pose à lui.**

• **Écris ce que font les différents personnages. Décris leurs relations.**

• **Écris la fin de l'histoire : fais apparaitre la solution au problème et la leçon contenue dans la morale.**

 **Je vérifie**

• J'ai donné **quelques détails sur chaque personnage.** J'ai récrit la **morale** avec mes propres mots.

**Je vérifie**

• J'ai **précisé les actions** des personnages et leurs relations.
• Mon histoire est **en relation avec la morale choisie.**

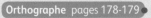 **J'améliore mon texte**

**Orthographe** pages 178-179 ● J'ai fait les accords sujet/verbe.

**Orthographe** pages 182-183 ● J'ai fait les accords adjectif/nom.

**Vocabulaire** pages 200-201 ● J'ai utilisé des mots formant des champs lexicaux.

# Présenter une histoire

**Situation 1**

**Tu es le roi du conte *L'importance des petites choses*, pages 72-73.
Raconte à ton premier ministre ce qui s'est passé dans le village.**

*Pour te préparer*
- Relis ce passage de l'histoire.
- Prévois quelques dialogues qui donneront du rythme à ton histoire. Tu peux utiliser des mots du texte ou d'autres mots.
- Pense à une phrase pour finir ton récit.

*Pour écouter une ou un camarade*
- Retrouves-tu la succession des moments de l'histoire ?
- Peux-tu redire la phrase qui termine le récit ?

**Situation 2**

**Tu es, à la télévision, présentatrice ou présentateur d'une courte émission culturelle. Tu invites les téléspectateurs à lire des contes de sagesse.
Tu expliques ce qu'est ce type de conte et tu donnes un exemple.**

*Pour te préparer*
- Reporte-toi à la page 77, Faire le point, pour préciser ce qu'est un conte de sagesse.
- Pour illustrer ton propos, présente l'un des deux contes, ou les deux.
  Prépares-en un résumé et choisis quelques lignes à lire.
- Indique le titre des contes, du recueil, le nom de l'auteur.

*Pour bien parler*
- Utilise deux façons de t'exprimer, selon que tu expliques ce qu'est un conte de sagesse ou que tu donnes un exemple.
- Adresse-toi au public de la télévision en le regardant.
- Tu dois donner envie aux téléspectateurs de lire les contes.

*Pour bien écouter ta ou ton camarade*
- Que penses-tu de la définition du conte de sagesse qu'elle/il a donnée ?
- La présentation de l'exemple t'a-t-elle convaincu(e) ?

> *À la fin, redites la phrase sans hésiter.*

**À vive voix**

**Longtemps, elle réfléchit au moyen de récupérer ce poil de la moustache d'un tigre.**

Pour dire cette phrase, chaque élève en prononce un mot. Quand vous arrivez à la fin, reprenez la phrase en remplaçant le premier mot (longtemps) par un claquement de mains. À chaque reprise de la phrase, remplacez aussi par un claquement de main le deuxième mot (celle), puis le troisième (réfléchit), etc.

# Le théâtre et la vie

**1** Que font les personnes sur la photo ?

**2** Où se trouvent-elles ?

**3** As-tu déjà assisté à des représentations théâtrales ?
Dans quels lieux ?

**Dans cette unité, tu vas :**

- lire des scènes de théâtre qui font réfléchir sur nos relations avec les autres ;
- écrire une scène de théâtre à partir d'un moment vécu ;
- jouer une scène de théâtre.

- D'après toi, que s'est-il passé entre les personnages ?
- Quels sentiments éprouve la fillette qui est seule ?

# Sans-amie

MIRA : Sans-amie, sans-amie non ce n'est pas possible,
juste parce qu'un jour, à la récré de midi, j'ai juste dit,
juste
ce que je pensais
5 le contraire des autres filles, et alors...
Je peux pas rester toute seule
tout à coup, comme ça
avec personne qui me voit,
personne qui me parle
10 ça me fait tout vide
ça se peut pas...
Un mot de traviole et j'ai plus d'amie ?
Un autre avis et ma vie s'écroule ?...

*Recroquevillée dans un coin de la cabane,*
15 *Mira frissonne. Il fait plus froid.*

MIRA : Pourqqqquoi ?
Pourqqqquoi ?
Pourqqqquoi ?
Brr, rien qu'arrive à me réchauffer.
20 C'est l'hiver, déjà ?

## Je comprends

1. Qui est Mira ?
2. Où se trouve-t-elle ?
3. Quel problème a-t-elle ?
4. Quels sont les autres personnages de cette scène ?
5. Qu'est-ce qu'un chœur dans une pièce de théâtre ?
6. Qu'essayent de faire les personnages inhabituels du chœur ? Justifie ta réponse.
7. Comment sais-tu quel personnage parle ?
8. Quel gouter aime Mira ?
9. Sur quel ton Mira répond-elle aux bocaux ? Pourquoi, selon toi ?
10. Que décide Mira à la fin de la scène ?

LE CHŒUR DES BOCAUX : Mange un petit truc.

MIRA : Quoi ?

LE CHŒUR DES BOCAUX : Regarde dans moi.
                              Et dans moi !
25                               Et dans moi !
                              Des cornichons à la confiture, ton gouter préféré !

MIRA : Mmh, c'est trop bon
        NON, ça se fait pas !
        Je veux être comme tout le monde, moi
30        *(Aux bocaux)* et je peux tous vous vider
        Tous vous casser même à coups de pierres
        Pour leur montrer que je suis comme les autres
        Que je pense comme elles et qu'il faut qu'elles
        me reprennent !

35 *Les bocaux apeurés reculent et referment leur bouche de verre.*

UN BOCAL, *bas.* – Mais pourquoi ?

UN AUTRE BOCAL, *bas.* – Laisse-la.

UN TROISIÈME BOCAL, *bas.* – Elle a trop de chagrin.

MIRA : DE QUOI ? !

40 LE CHŒUR DES BOCAUX, *bas.* – Rien, rien.

MIRA : De toute façon, vous parlez pas.

UN BOCAL, *bas.* – Mais…

UN AUTRE BOCAL, *bas.* – Chhh !

MIRA : Faut que j'arrête de tout inventer
45        faut que je sois comme elles
        faut que je sois NORMALE
        normale, normale, normale, une fille normale, oké ?
        D'accord avec ce qu'elles disent, les autres filles
        d'accord, toujours d'accord, même si c'est pas vrai
50        d'accord, oui, oui
        Chht. Dis plus rien. Dis oui, dis pareil.

KAREN SERRES, *Chips personnel !,* Éd. Espaces 34.

 **Je lis à haute voix**

- Choisis un des passages que dit Mira. Lis-le en montrant ses sentiments (colère, chagrin, incompréhension…).

**Échangeons autour du texte**

- Vaut-il mieux dire ce que l'on pense en risquant de se faire rejeter ou bien mentir pour être accepté ?

**J'ajoute des répliques à la pièce**

- Écris les paroles échangées entre Mira et ses amies, qui ont provoqué leur dispute.

> • Qui vois-tu sur cette photographie ?
>   Que font les personnages ?

JEAN-CLAUDE GRUMBERG, *Le Petit Violon*,
mise en scène d'Antoine Chalard (festival d'Avignon).

# Le Petit Violon

### SCÈNE 1

*La roulotte de Léo le camelot.*

*La roulotte est fermée. Le camelot est assis sur les marches, il est vieux, il a des cheveux tout blancs.*

5 *Il se tient vouté et joue sur un tout petit violon. Il s'arrête, regarde l'assistance et dit…*

**LÉO**

Bonjour, je suis Léo le camelot, aujourd'hui je n'ai plus rien à vendre, je suis seul, vieux et triste.

10 *Il joue cette fois un air plus enjoué.*

Mais hier j'étais jeune.

*Il ôte sa perruque blanche et se redresse.*

Jeune, plein de forces, avec beaucoup de marchandises et très peu de clients.

*Il ouvre l'arrière de sa roulotte, son étalage apparait débordant de marchandises.*

15 *Bonimentant avec entrain.*

Tout pour la maison, tout pour le ménage, tout pour la femme, les enfants, tout pour la table, tout pour l'école, tout pour le jeu, donnez-moi non pas cent, non pas cinquante, non pas quarante, non pas trente, non pas vingt, donnez-moi, tenez, dix francs, dix francs tout ronds et vous emporterez cette

20 pile d'assiettes et sa soupière, ces cuillères et ces couteaux avec fourchette, louche et écumoire, ou alors ce magnifique ours en peluche qui joue du tambour et qui danse, et tout ça avec en prime, gratis, offert par la maison, le secret du bonheur, oui, j'ai bien dit, à tout acheteur j'offre le secret du bonheur. Comment, mon garçon ? Le petit violon ? Ah non, non, désolé, le

25 petit violon n'est pas à vendre.

**LE GÉANT** *(qui a posé la question)*

Alors donnez-moi juste le secret du bonheur.

**LÉO**

Tout de suite, mon brave, le secret du bonheur c'est comme si vous l'aviez,
30 tenez, avec ce magnifique lot d'assiettes plates et creuses, avec deux soupières,
une série de bols et des saucières venant directement de Limoges, le tout pour
dix francs.

**LE GÉANT**

Non non, juste le secret, je suis seul au monde, une seule assiette me suffit,
35 d'ailleurs je n'ai pas d'appétit, je n'ai pas besoin de tant d'assiettes, je préfère
acheter le petit violon plus cher, tenez, voilà vingt francs pour le petit violon.

**LÉO**

Impossible, je t'ai déjà dit, le petit violon n'est pas à vendre, c'est justement lui
qui me console quand j'ai le cœur gros.

40 **LE GÉANT**

Tu as le cœur gros, toi qui possèdes le secret du bonheur ?

**LÉO**

Tiens, voilà tes cinquante assiettes, et maintenant en prime je vais te dire
le secret du bonheur, mais tout bas à l'oreille, il ne faut pas que les autres
45 entendent.

*Il essaie de lui parler à l'oreille.*
*Le géant, pile d'assiettes dans les bras, tend son oreille.*
*Léo chuchote quelque chose.*

**LE GÉANT** *(très loin de la bouche de Léo, demande)*
50 Quoi ?

**LÉO** *(hurle)*
IL NE FAUT PAS RESTER SEUL !

**LE GÉANT**

C'est ça le secret du bonheur ?

55 **LÉO**

Exactement. Et maintenant que tu as les assiettes,
le secret, il ne te reste plus qu'à fonder une grande famille.

**LE GÉANT**

Hélas, je suis trop grand, je suis le plus grand géant du monde et le plus triste
60 aussi.

**LÉO**

C'est parce que tu es seul.

**LE GÉANT**

Qu'est-ce que je vais faire de toutes ces assiettes ?

65 **LÉO** *(lui montre comment jongler avec)*
Regarde.
*Il jongle*
*Le géant essaie de faire pareil, les assiettes tombent et se cassent.*

*Il se met à pleurer.*

*Autour de lui on rit, on se disperse.*

70 *Alors le bonimenteur joue un air gai sur son petit violon puis constate…*

Tu as fait fuir mes clients.

*Il joue encore, pousse un soupir et cesse de jouer.*

MARC CHAGALL,
*Le Violoniste bleu,*
huile sur toile, 1947.

LE GÉANT

Là, tu as le cœur gros ?

75 LÉO

Oui et non. Je m'ennuie.

LE GÉANT

Pourquoi ?

LÉO

80 Parce que moi aussi je suis seul au monde.

LE GÉANT

Tu n'as pas d'ami ?

LÉO

Je change de ville tous les jours.

85 LE GÉANT

Moi aussi. Je suis géant dans un cirque, le cirque Univers.

LÉO

Je le connais, je le vois souvent sur les foires.

LE GÉANT

90 Et qu'est-ce qu'il te faudrait pour que tu ne sois plus seul ?

LÉO

Un enfant.

## Je comprends

1 Qu'est-ce qu'un camelot ?

2 En lisant ce que dit le camelot (lignes 16 à 25), comment comprends-tu le mot « bonimentant » ?

3 Que veut vendre Léo ? Comment fait-il pour vendre ?

4 Que donne Léo en cadeau si les clients achètent ?

5 Pourquoi Léo et le géant sont-ils seuls dans la vie ?

6 Que voudrait acheter le géant ?

7 Pourquoi Léo ne veut-il pas vendre son violon ?

8 Que demande ensuite le géant à Léo ?

9 Quel est le secret du bonheur que possède Léo ?

10 Pourquoi les clients fuient-ils ?

11 Que propose le géant à Léo à la fin de la scène ?

**LE GÉANT**

Un enfant ? Pourquoi ne pas t'en acheter un ?

95 **LÉO**

Les enfants ne s'achètent pas, il faut les faire.

**LE GÉANT**

Pourquoi ne pas en faire un ?

**LÉO**

100 Mon brave géant, apprends que pour faire un enfant il faut être deux.

**LE GÉANT**

Deux ? On est deux.

**LÉO**

Non, non, non, non, il faut un homme et une femme, un monsieur, une
105 dame, une maman, un papa.

**LE GÉANT**

Pourquoi ?

**LÉO**

C'est comme ça.
110 *Silence.*

**LE GÉANT**

Écoute, comme tu m'as donné le secret du bonheur, moi aussi je veux
t'aider. Viens ce soir au cirque Univers, il y a là bas une petite fille
bien malheureuse qui doit jouer sur un petit violon comme le tien,
115 mais elle n'y arrive pas et monsieur Univers la bat à tour de bras, il ne
lui donne rien à manger parce qu'elle ne lui rapporte aucun argent.
Demande-lui qu'il te la donne contre une soupière et des cuillères,
comme ça tu ne seras plus seul, tu auras un enfant, et comme tu as
l'air bon la petite fille ne sera plus malheureuse et moi non plus. Rien
120 que de la voir si triste, je pleure.
*Il repleure.*

**LÉO**

Ne pleure plus, géant au grand cœur, je serai ce soir au cirque Univers.

JEAN-CLAUDE GRUMBERG, *Le Petit Violon*, © Éd. Actes Sud / Heyoka / CDNEJ Sartrouville, 1999.

  **Je lis à haute voix**

- Lis le début de la scène jusqu'à
  la ligne 25.
  Change de ton selon que Léo
  est jeune ou vieux.

**Échangeons autour du texte**

- Peut-on être heureux
  quand on est seul ?

 **J'ajoute une réplique à la pièce**

- Écris la question
  que le géant a posée
  au camelot au début
  de la scène (ligne 24).

# Suivre l'enchainement des répliques

## Je réfléchis

- **Que remarques-tu dans ces répliques qui se suivent ?**

  **Léo** – Un enfant.

  **Le Géant** – Un enfant ? Pourquoi ne pas t'en acheter un ?

  **Léo** – Les enfants ne s'achètent pas, il faut les faire.

- **À partir de ces débuts de répliques, peux-tu dire si Léo et le géant s'opposent ou sont d'accord ?**

  **Le Géant** – Non, non, juste le secret...

  **Léo** – Impossible, je t'ai déjà dit...

- **À qui parle Léo quand il dit :**

  « Bonjour, je suis Léo le camelot, aujourd'hui je n'ai plus rien à vendre, je suis seul, vieux et triste. » ?

## Je retiens

- **Un échange de paroles entre les personnages d'une pièce s'appelle un dialogue.**
- **La partie du dialogue dite par un personnage est une réplique.**

  Les personnages se répondent d'une réplique à l'autre en reprenant l'idée de la réplique précédente, parfois avec les mêmes mots ; en disant leur accord ou en s'opposant.

- **Un personnage peut aussi s'adresser au public ou à lui-même.**

## Je m'entraine

**1** ●● **Relève les répliques qui montrent l'accord et celles qui montrent l'opposition.**

a. Parfaitement, mon cher Watson !

b. Vraiment pas, je ne peux pas croire ça.

c. Tout à fait, cela n'a pas d'importance.

**2** ●● **Relève dans chaque réplique ce qui s'adresse aux spectateurs.**

**Le client** (*semblant embarrassé*) : Monsieur, je voudrais vous demander.... Personne ne peut nous entendre ?

**Le vendeur** (*à part*) : Encore un curieux, il ne va rien acheter ! (*haut*) Eh non, il n'y a que mon chien.

**Le client** (*à part*) : Tu te moqueras moins tout à l'heure. (*haut*) Pouvez-vous m'ouvrir la vitrine que je voie cette montre s'il vous plait ?

**3** ●● **Relève les mots qui sont repris d'une réplique à l'autre dans ce passage.**

**DEUX :** Pour moi, c'est de la publicité.

**UN :** Vous croyez ? Alors, c'est de la publicité mal faite, parce qu'on ne sait pas pour quel produit c'est de la publicité.

**DEUX :** Et puis si c'est de la publicité, raison de plus pour donner des coups de pied dedans.

**UN :** Ah oui ! Ah oui, alors !

**DEUX :** Remarquez, c'est peut-être ça qu'elle veut, qu'on ait envie de lui donner des coups de pied dedans. C'est peut-être de la publicité pour une marque de ballons de football.

**UN :** Eh ben ! des ballons de football comme ça, faudrait me payer cher pour que j'en achète un ! Un ballon qui se dégonfle tout le temps.

Roland Dubillard, *Les diablogues et autres inventions à deux voix*, © Éd. Gallimard.

 *Méli Mélo*

**Lis ces boniments et trouve quel produit est vanté parmi ceux qui sont dessinés.**

a. Avec elles, vous verrez la vie en bleu !

b. C'est jaune, c'est moche, ça ne va avec rien, mais ça peut vous sauver la vie !

c. Qui d'autre que vous pourrait la porter ? Elle est faite pour vous !

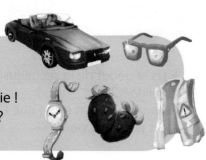

# Les indications scéniques ou didascalies

## Je réfléchis

- **Souviens-toi des textes que tu as lus pages 84-85 et pages 86-87. Que nous indiquent les écrits en italique ?**

1. *Il ôte sa perruque blanche et se redresse.*
2. LÉO *(lui montre comment jongler avec)* : Regarde.
   *Il jongle.*
3. *Recroquevillée dans un coin de la cabane, Mira frissonne.*
4. Un Autre Bocal, *bas.* – Chhh !
5. LE GÉANT *(très loin de la bouche de Léo, demande)* : Quoi ?

## Je retiens

- **Les didascalies** complètent les répliques d'un texte théâtral pour permettre la mise en scène. Elles ne font pas partie des dialogues et ne sont pas prononcées.
- Elles donnent des **indications aux acteurs sur les attitudes, la voix, le décor**…
- Elles sont écrites en **italique**.

## Je m'entraine

**1** ●○○ **Récris cette scène en replaçant les didascalies au bon endroit :**

*(lui montre comment jongler avec)* • *Il jongle.* • *Le géant essaie de faire pareil, les assiettes tombent et se cassent. Il se met à pleurer.*

LE GÉANT – Qu'est-ce que je vais faire de toutes ces assiettes ?

LÉO – Regarde.

**2** ●●○ **Imagine que la pièce *Sans-amie* commence par la scène des bocaux.**
**Écris des didascalies pour préciser la mise en scène : lieu, décor, place des personnages.**

MIRA … : Pourqqqquoi ?
Pourqqqquoi ?
Brr, rien qu'arrive à me réchauffer.
C'est l'hiver, déjà ?

LE CHŒUR DES BOCAUX … Mange un petit truc.

**3** ●●● **Ajoute des didascalies pour préciser ce qui est demandé.**

(**décor**) …
Arthur (…**voix**…) : Qu'est-ce que tu fais ? On va être en retard !
(**placement des personnages**) …
Juliette : Attends, je mets mes rollers.
Arthur : Mais… je croyais que Maman t'avait interdit…
Juliette : Si tu ne lui dis pas, elle n'en saura rien.
Arthur (…**voix**…) : Bon, moi je ne t'attends pas, j'ai envie de voir mes copains avant d'entrer en classe.
(**action**) … .
Arthur : Et voilà ! Tu vois ce qui t'arrive ? Quand on ne sait pas faire des rollers, on les met pas pour aller à l'école !
Juliette (…**voix**…) : Il faut bien que j'apprenne ! Aide-moi plutôt à tout remettre dans mon cartable !
Arthur (…**voix**…) : Voilà ! Tu as gagné ! Madame Dubois a fermé la grille de la cour, c'est toi qui sonnes et qui lui expliques, ça t'apprendra !

## D'autres pièces de théâtre…

Dominique Richard, ***Le Journal de grosse patate***, Éditions Théâtrales.

Suzanne Lebeau, ***Salvador. La montagne, l'enfant et la mangue***, Éditions Théâtrales.

Emmanuel Darley, ***Mon ami le banc***, Éd. Actes Sud.

# Des mots pour exprimer les relations entre les personnages

**1** **Lis cette scène, puis réponds aux questions.**

*Camille laisse tomber une photo de son cahier de textes.*

MAX : Tu veux bien me la montrer ?

CAMILLE : Pas question !

MAX : Tu peux me faire confiance. Je ne dirai rien à personne.

CAMILLE : Pourquoi je devrais te croire ?

MAX : J'ai été hyper sympa avec toi depuis le début de l'année. Je t'ai toujours défendue quand les autres se moquaient de toi.

CAMILLE : C'est vrai, mais…

MAX : Allez, montre ! Je suis ton copain ! Tu sais, quand je suis arrivé ici, c'était difficile pour moi aussi.

**a.** Que ressent Camille vis-à-vis de Max ? Quels mots permettent de répondre ?

**b.** Quelle est l'attitude de Max envers sa voisine de classe ?

**2** **Indique l'attitude de Max et de Camille devant chaque réplique. Aide-toi de la liste de mots :**
soupçonneuse • insistant • discrètement • fermement • réconfortée • compréhensif • rassurant.

*Camille laisse tomber une photo de son cahier de textes.*

MAX (…) : Tu veux bien me la montrer ?

CAMILLE (…) : Pas question !

MAX (…) : Tu peux me faire confiance. je ne dirai rien à personne.

CAMILLE (…) : Pourquoi je devrais te croire ?

MAX (…) : J'ai été hyper sympa avec toi depuis le début de l'année. Je t'ai toujours défendue quand les autres se moquaient de toi.

CAMILLE (…) : C'est vrai, mais…

MAX (…) : Allez, montre ! Je suis ton copain ! Tu sais, quand je suis arrivé ici, c'était difficile pour moi aussi.

**3** **Classe ces répliques en deux catégories :**
• celles qui expriment une relation d'aide ;
• celles qui expriment un conflit.

**a.** Je n'ai pas besoin de toi ! Je suis assez grande pour me débrouiller toute seule. Tu crois toujours que je ne sais pas m'organiser !

**b.** Arrête de nous suivre partout comme ça ! Tu vas encore tout raconter à Maman.

**c.** C'est pas grave, on va le réparer.

**d.** Si tu veux être dans notre équipe, il faut arrêter de pleurnicher !

**e** Je sais que tu as beaucoup de travail. Dis-moi ce que je peux faire…

**f.** Encore un effort, tu vas réussir, tu y es presque…

**g.** C'est même pas vrai ! Tu me l'as pas rendu !

**h.** Une semaine ça passe vite. Tu vas bien t'amuser en classe de neige, ne t'inquiète pas.

**i.** Ne reste pas toute seule, viens jouer avec nous.

## Relation d'aide

■ encourageant • consolateur • apitoyé • attentif • rassurant • compréhensif • réconfortant
■ le réconfort • la pitié • la compréhension • le conseil • l'écoute
■ encourager • comprendre • s'émouvoir • consoler • s'apitoyer • conseiller • réconforter

## Relation de rejet

■ moqueur • ironique • dédaigneux • méprisant • suspicieux • incrédule • soupçonneux
■ la moquerie • l'ironie • le dédain • le mépris
■ se moquer • repousser • mépriser • mettre à l'écart • dédaigner

## Je m'entraine

**4** ●○○○ **Retrouve, dans les listes ci-dessus, les mots qui correspondent aux définitions.**
a. Qui éprouve de la pitié : être …
b. Avoir des égards : être …
c. Avoir des soupçons : être …
d. Être indifférent, dédaigner : être …

**5** ●○○○ **Dans les listes de mots ci-dessus, regroupe les mots appartenant à la famille des mots suivants :**
a. comprendre
b. le réconfort
c. le dédain
d. le mépris.

**6** ●●○○ **Dans quelle liste ajouterais-tu les verbes suivants ?**
a. provoquer
b. réconcilier
c. s'opposer
d. s'affronter
e. apaiser
f. approuver
g. soutenir
h. rassurer

**7** ●●●○ **Trouve l'intrus dans chaque série.**
a. émouvoir • troubler • bouger • bouleverser
b. s'apitoyer • se lamenter • se réjouir • s'attendrir
c. encourager • risquer • inciter • stimuler
d. suspicieux • soupçonneux • confiant • méfiant
e. dédaigner • mépriser • admirer • rejeter

**8** ●●●○ **Complète les séries de mots proposés.**
a. encourager • entraider • rendre service • …
b. l'affrontement • la contestation • la querelle • …
c. réconforter • rassurer • soulager • …
d. rire • ridiculiser • persifler • …

**9** ●●●● **Quel mot des listes ci-dessus peut-on associer à chacune de ces didascalies ?**
*Exemple : • d'un air attendri → s'émouvoir*
a. le prenant dans ses bras → …
b. le regardant avec étonnement → …
c. faisant un geste pour l'éloigner → …
d. lui parlant avec tendresse → …
e. en lui tendant un mouchoir → …

**10** ●●●● **Écris les didascalies indiquant le ton sur lequel les personnages parlent.**
a. (…) Je les ai bien eus ! Ils me croient partis !
b. (…) C'est impossible ! Comment a-t-il fait ?
c. (…) Pauvres petits, venez vous réchauffer !
d. (…) Tu y es presque, continue comme cela !

**Pour écrire un texte de théâtre, je dois :**

1. prévoir des personnages humains ou inattendus (des objets par exemple ou des animaux ) ;
2. inventer une situation qui pose un problème au(x) personnage(s) ;
3. apporter des indications scéniques pour préciser les sentiments, les déplacements, le lieu, le décor, les accessoires… ;
4. faire parler les personnages sous forme de dialogue et de monologue et trouver comment enchainer les répliques.

## 1 J'écris un dialogue

**Situation 1**

Écris les répliques de Charles en reprenant des mots de la réplique à laquelle il répond. Lis aussi la réplique qui suit pour avoir d'autres indices.

**Maman :** J'ai parlé avec la maman de Justine tout à l'heure. Tu ne m'as pas dit qu'il y a une sortie scolaire demain ? Montre-moi ton cahier de liaison !
**Charles :** …
**Maman :** Eh bien ? Oui ! Ton cahier de liaison ! La maitresse a surement mis un message à faire signer ?
**Charles :** …
**Maman :** Si je l'avais signé la semaine dernière, je m'en souviendrais ! J'aurais mis un post-it sur le réfrigérateur !
**Charles :** …
**Maman :** Comment ça, il y est ?

- J'ai écrit les **répliques** de Charles **à la suite** de son nom.
- J'ai **repris des mots** de la réplique précédente.

**Situation 2**

**1** Récris ce début de scène en remettant les répliques en ordre. Aide-toi des mots qui sont repris d'une réplique à la suivante.

**Jules :** Voilà mon texte ! Hou là là ! C'est plus long que les récitations !
**Emma :** Tout ça ma pauvre ! Tu n'as pas de chance !
**Lison :** Tout ça ! J'y arriverai jamais ! Déjà que les récitations…
**La maitresse :** Maintenant que vous savez quel personnage vous jouez, il ne vous reste plus qu'à apprendre vos rôles ! Oscar ! Distribue les textes s'il te plait.
**Oscar :** Fais voir ! C'est pas une question de chance ! On va t'aider.

- J'ai tenu compte de la réplique **qui précède** et de celle qui suit.
- Un **mot de la réplique d'avant** est repris à chaque fois qu'un personnage parle.

**2** Continue cette saynète en inventant les répliques qui suivent ce dialogue.

- J'ai pensé à **aller à la ligne** à chaque réplique.
- J'ai pensé à **reprendre des mots** de la réplique précédente.

## 2 · J'écris un monologue

**Je vérifie**

- J'ai écrit le monologue en utilisant « **je** ».
- J'ai parlé des **sentiments** de Max.
- J'ai raconté **une ou plusieurs situations** qui ont été difficiles pour lui à son arrivée dans la classe.
- J'ai écrit deux **didascalies**.

**Situation 1**

Dans l'*exercice 1 page 92*, Max dit : « …Tu sais, quand je suis arrivé ici, c'était difficile pour moi aussi. »

Imagine qu'il continue cette réplique et qu'il raconte ce qu'il s'est passé quand il est arrivé dans cette nouvelle école. Donne une indication (didascalie) pour montrer qu'il parle maintenant au spectateur.
Écris ce qu'il raconte.
Termine par une didascalie pour indiquer qu'il sort de son monologue et dialogue à nouveau avec Camille.

**Je vérifie**

- J'ai écrit le monologue en utilisant « **je** ». J'ai écrit les **questions** que Camille se pose. J'ai écrit des phrases avec « **Si** ».

**Situation 2**

Dans l'*exercice 1 page 92*, Max demande à Camille de lui montrer une photo.

Continue le texte en écrivant un monologue dans lequel Camille réfléchit aux raisons de faire ou non confiance à Max.

## 3 · J'écris une scène

**Je vérifie**

- J'ai **nommé** les personnages.
- J'ai **présenté le problème** dans les premières répliques.
- J'ai **enchaîné** les répliques en reprenant parfois des mots de la réplique précédente.
- J'ai utilisé des **didascalies**.

Lors d'un jeu d'orientation dans le parc près de leur école, Quentin et Élise font équipe. Ils doivent se servir d'un plan, d'une boussole et d'une liste d'indications pour trouver les balises réparties dans le parc.
Écris la scène en imaginant un problème qui se pose aux personnages.
**Aide-toi des consignes suivantes :**
– Introduis des éléments inattendus (un oiseau, un arbre…).
– Présente le problème qui se pose dans la première réplique.
– Apporte quelques indications scéniques.

---

**J'améliore mon texte** ✏️

Grammaire *pages 148-149* ● J'ai fait varier le verbe selon la personne.
Orthographe *pages 178-179* ● J'ai marqué les accords dans le texte.

# Jouer une scène de théâtre

**Situation 1**

Avec des camarades, vous allez jouer un extrait de *Sans-amie*, pages 84-85 ou du *Petit Violon*, pages 86-89. Il faudra prévoir la mise en scène : placement des personnages, déplacements et accessoires, action.

### Pour vous préparer

- Lisez bien le passage choisi.
- Imaginez les caractéristiques de votre personnage : caractère, apparence.
- Choisissez une intonation et des gestes en relation avec ces caractéristiques.
- Prévoyez éventuellement les accessoires dont vous aurez besoin.

### Pour écouter une ou un camarade

- Comprends-tu la situation ?
- Comprends-tu les caractéristiques de chaque personnage ?
- Entends-tu bien toutes les répliques ?

**Situation 2**

À deux. Au marché, vous êtes des camelots et vous vantez les mérites d'un objet du quotidien pour le vendre.
Qui sera le/la plus habile bonimenteur(euse) ?
Vos camarades écrivent un nom d'objet sur un papier et vous tirez au sort une seule de ces propositions.

### Pour vous préparer

- Faites l'inventaire des qualités de l'objet.
- Préparez des arguments pour donner envie de l'acheter.

### Pour bien parler

- Créez une relation avec les spectateurs (les acheteurs) en les interpelant.

### Pour écouter une ou un camarade

- Quel est le ou la meilleur(e) ? Donne des arguments.

**À vive voix**

> Quelle émotion ta ou ton camarade a-t-elle (il) exprimée ?

**Dis ces phrases extraites des deux scènes de théâtre de ton manuel en faisant ressentir les différentes émotions qu'elles expriment.**

C'est ça le secret du bonheur ? • Moi aussi, je suis seul au monde. •
Je veux être comme tout le monde, moi. •
Jeune, plein de forces, avec beaucoup de marchandises et très peu de clients.

# Du roman à la BD

Mais il n'avait pas fait cinq cents mètres qu'il rencontra un Renard clopinant sur trois pieds et un Chat aveugle. Ils allaient, s'aidant l'un l'autre, comme deux bons compagnons d'infortune. Le Renard boiteux s'appuyait sur le Chat aveugle qui se laissait guider par son camarade..
—Bonjour Pinocchio
—Comment sais-tu mon nom ?

**1** À ton avis, que fait l'homme à sa table de travail ?

**2** Quelle histoire veut-il raconter ?

**3** Comment est-il passé de la vignette 1 à la vignette 3 ?

## Dans cette unité, tu vas :

- lire le début d'un roman et son adaptation en bande dessinée ;
- écrire un scénario de BD ;
- parler d'une BD.

8

• À quelle histoire ce personnage te fait-il penser ?

# Dans le terrier du lapin

Alice commençait à se sentir très lasse de rester à côté de sa sœur, sur le talus, et de n'avoir rien à faire : une fois ou deux, elle avait jeté un coup d'œil sur le livre que sa sœur lisait, mais il ne contenait ni images ni conversations, « et, se disait Alice, à quoi peut bien servir un livre où il n'y a ni images ni conversations ? »

5 Elle se demandait (dans la mesure où elle était capable de réfléchir, car elle se sentait tout endormie et toute stupide à cause de la chaleur) si le plaisir de tresser une guirlande de pâquerettes vaudrait la peine de se lever et d'aller cueillir les pâquerettes, lorsque, brusquement, un Lapin Blanc aux yeux roses passa en courant tout près d'elle.

10 Ceci n'avait rien de particulièrement remarquable ; et Alice ne trouva pas non plus tellement bizarre d'entendre le Lapin se dire à mi-voix : « Oh, mon Dieu ! Oh mon Dieu ! Je vais être en retard ! » (Lorsqu'elle y réfléchit par la suite, il lui vint à l'esprit qu'elle aurait dû s'en étonner, mais, sur le moment, cela lui sembla tout naturel.) Cependant, lorsque le lapin tira bel et bien une montre de la poche

15 de son gilet, regarda l'heure, et se mit à courir de plus belle, Alice se dressa d'un bond car, tout à coup, l'idée lui était venue qu'elle n'avait jamais vu de lapin pourvu d'une poche de gilet, ni d'une montre à tirer de cette poche. Dévorée de curiosité, elle traversa le champ en courant à sa poursuite, et eut la chance d'arriver juste à temps pour le voir s'enfoncer comme une flèche dans un énorme

20 terrier placé sous la haie.

## Je comprends

**1** Quels sont les personnages de ce passage de l'histoire ?

**2** Où se déroule l'histoire ?

**3** Pourquoi Alice court-elle après le lapin ?

**4** Entre-t-elle vraiment dans un terrier ? Quels mots indiquent la réponse ?

**5** Relève les éléments étranges de ce texte.

**6** Que ressent Alice quand elle tombe ?

**7** Dans quel pays pense-t-elle arriver ?

**8** Qui intervient dans les passages entre parenthèses ?

**9** Alice a-t-elle peur en tombant dans le puits ? Justifie ta réponse.

**10** Quels sont le nom de l'auteur, la langue originale du texte, le nom du traducteur ?

Un instant plus tard, elle y pénétrait à son tour, sans se demander une seule fois comment diable elle pourrait bien en sortir.

Pendant un certain temps, elle marcha droit devant elle dans le terrier comme dans un tunnel ; puis le sol s'abaissa brusquement, si
25 brusquement qu'Alice, avant d'avoir pu songer à s'arrêter, s'aperçut qu'elle tombait dans un puits très profond.

Soit que le puits fût très profond, soit que la fillette tombât très lentement, elle s'aperçut qu'elle avait le temps, tout en descendant, de regarder autour d'elle et de se demander ce qui allait se passer. D'abord,
30 elle essaya de regarder en bas pour voir où elle allait arriver, mais il faisait trop noir pour qu'elle pût rien distinguer. Ensuite, elle examina les parois du puits, et remarqua qu'elles étaient garnies de placards et d'étagères ; par endroits, des cartes de géographie et des tableaux se trouvaient accrochés à des pitons. En passant, elle prit un pot sur une étagère ; il portait une étiquette
35 sur laquelle on lisait : CONFITURE D'ORANGE, mais, à la grande déception d'Alice, il était vide.

« Ma foi ! songea-t-elle, après une chute pareille, ça me sera bien égal, quand je serai à la maison, de dégringoler dans l'escalier ! Ce qu'on va me trouver courageuse ! Ma parole, même si je tombais du haut du toit, je n'en parlerais à
40 personne ! » (Supposition des plus vraisemblables, en effet.)

Plus bas, encore plus bas, toujours plus bas. Est-ce que cette chute ne finirait jamais ?... « Je me demande si je vais traverser la terre d'un bout à l'autre ! Ça sera rudement drôle d'arriver au milieu de ces gens qui marchent la tête en bas ! On les appelle les Antipattes, je crois…(cette fois, elle fut tout heureuse de ce qu'il n'y
45 eût personne pour écouter, car il lui sembla que ce n'était pas du tout le mot qu'il fallait)… « Seulement, je serai obligée de leur demander quel est le nom du pays. « S'il vous plait, madame, suis-je en Nouvelle-Zélande ou en Australie ? » (et elle essaya de faire la révérence tout en parlant… Quelle idée de faire la révérence pendant qu'on tombe dans le vide ! Croyez-vous que vous en seriez capable ?)
50 « Et la dame pensera que je suis une petite fille ignorante ! Non, il vaudra mieux ne rien demander. »

Lewis Carroll, Les Aventures d'Alice au pays des merveilles, ch. 1,<br>
traduit de l'anglais par Jacques Pappy, © Pauvert, département librairie Arthème Fayard.

 **Je lis à haute voix**

- Lis les lignes 41 à 51. Prends une voix différente selon qu'il s'agit des paroles d'Alice ou du narrateur.

**Échangeons autour du texte**

- Selon toi, ce texte est-il extrait d'un roman policier, d'un journal, d'un conte ou d'un documentaire ? Justifie ta réponse.

**J'ajoute une phrase à l'histoire**

- Qu'est-ce qu'Alice aurait pu dire au lapin si elle l'avait rattrapé ?

# En suivant monsieur Lapin…

David Chauvel et Xavier Collette, *Alice au pays des Merveilles*, © Éditons Glénat.

**1** Le roman pages 98-99 et la BD pages 100-102 racontent-ils la même histoire ?

**2** Quelle(s) partie(s) du texte ne retrouve-t-on pas dans les trois pages de BD ?

**3** Vois-tu des différences entre la description des lieux dans le texte et les dessins de la BD ?

**4** À quelles lignes du texte commence et se termine la planche 3, page 102 ?

**5** Que signifient les petites bulles de la première vignette, planche 1, page 100 et ci-contre ?

**6** Les paroles dites par Alice et le lapin dans les bulles de la BD sont-elles celles du texte ?

**7** Quelle vignette montre qu'Alice est surprise par l'arrivée du lapin ? Quels procédés sont utilisés pour le faire comprendre ?

**8** Comment l'auteur de la BD montre-t-il qu'Alice pénètre dans le terrier pour suivre le lapin ?

### Je lis à haute voix

- Relis le passage du texte illustré par les vignettes 1 à 7, planches 1 et 2 (pages 100-101).

### Échangeons autour du texte

- Pour toi, est-ce important qu'un livre comporte des images ? Pourquoi ?

 ### J'ajoute une phrase à l'histoire

- Vignette 3, planche 1 : remplace la ponctuation présente dans la bulle par des paroles qu'Alice pourrait dire à ce moment-là.

# Comprendre comment l'image raconte

## Je réfléchis

- **Regarde les vignettes de la planche 1, page 100.**
  - Quelle vignette correspond à un plan large ? à un plan moyen ? à un gros plan ?
  - Trouve d'autres vignettes dans les pages 101 et 102 dessinées selon ces différents plans.
- **Dans la planche 1, vignettes 1 à 4 :**
  - Quelle vignette traduit un étonnement ?
  - Laquelle montre un paysage ?
  - Que représentent les trois premières vignettes ? De qui se rapproche-t-on ?
- **Dans quelles vignettes de la planche 2, page 101, Alice est-elle vue de dessus ?** Cela donne-t-il de l'importance au personnage ou lui donne-t-il une impression de fragilité ?

## Je retiens

**Dans une BD, chaque scène est dessinée selon :**
- **un plan** : plan large, plan moyen ou gros plan.
- **un angle de vue :**
  - → l'angle de vue **normal** : l'angle de vision est au niveau du personnage, de l'objet…
  - → l'angle de vue **en plongée** : la scène est vue d'en haut et crée une impression de fragilité ;
  - → l'angle de vue **en contre-plongée** : la scène est vue de dessous et crée une impression de puissance.

**L'effet de zoom** permet de passer d'une vignette à une autre en se rapprochant d'un élément pour le mettre en valeur.

## Je m'entraine

**1** ●●● **Indique le plan qui correspond à chaque dessin : plan large, plan moyen ou gros plan.**

**2** ●●○ **Trouve dans la planche 2 page 101 deux vignettes qui s'enchainent par un effet de zoom. Parmi ces deux vignettes, laquelle présente un gros plan ?**

**3** ●●● **Décris l'atmosphère de chaque vignette. Puis indique l'angle de vue utilisé pour chacune : normal, en plongée ou en contre-plongée.**

Méli Mélo

Un mot peut en contenir d'autres. Par exemple, dans le mot *maisonnette*, tu peux trouver les mots *mais, son, nette, sonnette, mai, ma, maison, on, ne*.

Trouve les mots cachés dans les mots suivants.
MERVEILLEUSE • SITUATION • COURAGE • DÉCOUVERTE • INSUPPORTABLE

# L'adaptation d'un roman en BD

## Je réfléchis

- Retrouves-tu les textes des bulles dans l'extrait du texte, pages 98-99 ?
- Dans la BD, comment sont traduites les phrases « puis le sol s'abaissa brusquement, si brusquement », « la fillette tomba très lentement » ?
- Compare l'ordre des paroles des deux premières vignettes de la planche 2, page 101 et le texte. Que constates-tu ?
  – Dans la première vignette de la planche 2, comment le dessin exprime-t-il l'importance de la montre ?

## Je retiens

Dans une BD écrite à partir d'un roman :
- la plus grande partie du texte est traduite par l'image ; une autre partie du texte se retrouve dans les bulles et peut être remplacée par des onomatopées ;
- certaines informations du roman disparaissent, d'autres sont ajoutées ;
- les vignettes ne suivent pas toujours l'ordre de l'écriture du roman ;
- le choix des plans attire l'attention sur certains éléments ; celui de l'angle de vue donne de la puissance ou de la fragilité au sujet.

## Je m'entraine

**Lis ce texte, puis fais les exercices ci-contre.**

Maman s'inquiète : ce matin, Tom n'est vraiment pas dans son assiette. Il a les cheveux hirsutes, collés par la sueur, et regarde son bol de chocolat avec un air soupçonneux. « Mais enfin, Tom, tu vas le boire ce chocolat ? » s'impatiente maman.
À sa grande surprise, Tom fond en larmes : « C'est comme dans mon rêve, j'avançais dans une rivière couleur chocolat et je sentais sous mes pieds une horrible boue liquide. Je me suis réveillé en découvrant que j'étais encerclé par les crocodiles. »

**1** ●●● Imagine que tu souhaites transformer ce texte en BD. Relève les mots que tu conserverais pour les placer dans les bulles de la BD.

**2** ●●● Quelle phrase pourrais-tu remplacer par des onomatopées ?

**3** ●●● Quel plan choisirais-tu pour montrer le personnage de Tom devant son bol de chocolat : un gros plan, un plan moyen ou un plan large ?

**4** ●●● Sous quel angle de vue dessinerais-tu la mère qui s'impatiente : normal, en plongée ou en contre-plongée ?

## D'autres adaptations de romans en BD...

●●● Loïc Dauvillier, Olivier Deloye, d'après *Oliver Twist* de Ch. Dickens, Éd. Delcourt.

●●● David Chauvel, Fred Simon, d'après *L'Île au trésor* de R. L. Stevenson, Éd. Delcourt.

●●● Michel Plessix, d'après *Le Vent dans les saules* de K. Grahame, Éd. Delcourt.

# Les mots de la BD

**1** Comment s'appellent les éléments numérotés ?

un cartouche • une onomatopée • une bulle • un signe graphique

**2** Qu'expriment les onomatopée dans les vignettes ci-contre ?

**3** Associe chaque angle de vue à sa vignette puis à sa définition. Quelle impression crée chacun de ces angles de vue ?

Angle de vue : **1.** normal • **2.** en plongée • **3.** en contre-plongée

**Définition :** **a.** On voit la scène comme si on était au-dessus d'elle.
**b.** On voit la scène comme si on était en dessous d'elle.
**c.** On voit la scène comme si on était au même niveau.

## L'organisation de l'histoire

■ **L'écriture** : un synopsis •
un scénario
■ **Des procédés** : le découpage •
la mise en pages
■ **Des éléments** :
une case ou une vignette •
le cadre • une bande •
une planche • une séquence

## La partie texte

■ **Le contenant** :
une bulle ou un ballon ou
un phylactère • un cartouche
■ **Le contenu** : le texte •
les onomatopées
■ **Un procédé** :
le lettrage (tracé des lettres
par le dessinateur)

## Le dessin

■ **Des procédés** : le crayonné •
l'encrage • la mise en couleur
ou la colorisation
■ **Des plans** : le plan large •
le plan moyen • le plan américain •
le gros plan • le très gros plan
■ **Des angles de vue** : de face •
de dos • de profil • en plongée
(vue de dessus) • en contre-plongée
(vue de dessous)

## Je m'entraine

**4** ●●● À quel mot des listes ci-dessus
correspond chaque définition ?

A. Action de prévoir les vignettes nécessaires
   pour raconter l'histoire en BD.

B. Encadré situé dans la vignette pour donner
   des indications supplémentaires.

C. Mot dont le son imite le bruit que fait un objet,
   un mouvement…

**5** ●●● Indique, pour chaque
vignette, l'angle de vue
du personnage.

**6** ●●● Observe les vignettes de la planche 2
page 101. À quelle vignette correspond chaque
description ?

a. plan moyen / vue en contre-plongée /
   présence d'une onomatopée

b. gros plan / vue en plongée /
   présence d'une onomatopée

c. plan moyen / vue de profil /
   présence d'une onomatopée

d. plan moyen / vue de dos /
   présence de paroles dans la bulle

e. plan rapproché / vue en contre-plongée /
   présence d'une onomatopée

**7** ●●● Récris le texte suivant en remplaçant
les mots ou les groupes de mots écrits en gras
par des mots des listes ci-dessus.

Pour réaliser mon histoire en BD, j'ai dessiné **des carrés**
sur mes feuilles. Cela me fera deux **pages** de dessins.
J'aime bien la série **d'images** où l'on voit le personnage
**de dessus**, suivi **d'un dessin très gros** de son chapeau.
On sent bien qu'il va lui arriver quelque chose.

**8** ●●● Nomme les étapes. Indique l'ordre
de leur réalisation.

**Pour écrire le scénario d'une BD à partir d'un roman, je dois :**

1. découper le récit en un certain nombre de vignettes.

**Pour chaque vignette, je dois :**

2. prévoir le descriptif de la scène à dessiner avec le plan choisi (plan large, plan moyen, gros plan...) ;
3. préciser comment les personnages sont vus (angle de vue) ;
4. écrire les paroles des bulles.

## Dans le terrier du lapin (suite)

...Quand brusquement, bing, bing ! elle atterrit sur un lit de feuilles mortes et sa chute prit fin.

Alice ne s'était pas fait le moindre mal et fut sur pieds en un moment ; elle leva les yeux mais tout était tout noir au-dessus de sa tête. Devant
5 elle, s'étendait un autre couloir où elle vit le lapin blanc en train de courir à toute vitesse. Il n'y avait pas un instant à perdre : voilà notre Alice partie, rapide comme le vent. Elle eut juste le temps d'entendre le lapin dire, en tournant un coin : « Par mes oreilles et mes moustaches, comme il se fait tard ! » Elle tourna le coin à son tour, très peu de temps après
10 lui, mais, quand elle l'eut tourné, le lapin avait disparu. Elle se trouvait à présent dans une longue salle basse, éclairée par une rangée de lampes accrochées au plafond.

Il y avait plusieurs portes autour de la salle mais elles étaient toutes fermées à clé ; quand Alice eut marché d'abord dans un sens, puis dans l'autre
15 en essayant de les ouvrir, elle s'en alla tristement vers le milieu de la pièce en se demandant comment elle pourrait bien faire pour en sortir.

Brusquement, elle se trouva près d'une petite table à trois pieds, entièrement faite de verre massif, sur laquelle il y avait une clé d'or et Alice pensa aussitôt que cette clé pouvait fort bien ouvrir l'une des portes
20 de la salle.

LEWIS CARROLL,
*Les Aventures d'Alice aux pays des merveilles.*

**1** ## Je complète le scénario d'une BD

**Lis le texte** *Dans le terrier du lapin* **(suite) jusqu'à « pour en sortir ».**
**Imagine comment tu l'adapterais en BD en 4 vignettes.**
**Complète le scénario ci-dessous.**

**Vignette 1 :** Alice est par terre sur un tas de feuilles. Au loin, on voit le lapin qui court.

**Vignette 2 :** Alice poursuit le lapin. Elle crie : « Attendez-moi. »
Le lapin dit : « Par mes oreilles et mes moustaches, comme il se fait tard ! »

 *Je vérifie*

• J'ai découpé le texte en **4 vignettes**. Elles s'enchainent bien et racontent la même histoire que le texte.

## **2** Je réalise le scénario d'une BD

**Pour chaque vignette :**

- j'ai choisi le **plan** et l'**angle de vue** en fonction de l'impression que je voulais donner à la scène.
- j'ai écrit les **paroles** des personnages.

Lis le texte *Dans le terrier du lapin* (suite) en entier.
Complète le scénario ci-dessous en indiquant, pour chaque vignette :
– le plan,
– l'angle de vue des personnages,
– les paroles.
**Vignette 1 :** Alice est par terre sur un tas de feuilles. Au loin, on voit le lapin qui court.
**Vignette 2 :** Alice poursuit le lapin.
**Vignette 3 :** Le lapin dit : « Par mes oreilles et mes moustaches, comme il se fait tard ! »
**Vignette 4 :** Alice se trouve devant plusieurs portes toutes fermées.
**Vignette 5 :** Alice essaie d'ouvrir les portes.

## **3** J'écris un nouveau scénario de BD

**À partir de la suite de l'histoire proposée ci-dessous et en t'aidant de la BD, imagine le scénario d'une BD en quatre vignettes.**

Hélas ! soit que les serrures fussent trop larges, soit que la clé fût trop petite, aucune porte ne voulut s'ouvrir.

Néanmoins, la deuxième fois qu'Alice fit le tour de la pièce, elle découvrit un rideau bas qu'elle n'avait pas encore remarqué.

Derrière ce rideau se trouvait une petite porte haute de quarante centimètres environ : elle essaya d'introduire la petite clé d'or dans la serrure, et elle fut ravie de constater qu'elle s'y adaptait parfaitement !

- Mon scénario comporte **quatre vignettes**. Une vignette montre Alice en train d'utiliser la clé d'or. La dernière renseigne sur les émotions d'Alice en découvrant que la clé s'adapte à la serrure.

- **Le décor et l'attitude du personnage sont précisés** pour chaque vignette. J'ai indiqué le type de **plan** et l'**angle de vue** de chaque vignette.
J'ai écrit les **paroles** d'Alice ou des **onomatopées** pour traduire ses émotions.

**J'améliore mon texte**

**Grammaire** pages 144-145 ▶ J'ai apporté des précisions par des compléments de phrase pour permettre de représenter des lieux et des personnages.

# Parler d'une BD

**Choisis une vignette des planches, pages 100 à 102.
Décris-la pour la faire trouver à tes camarades.**

### Pour te préparer
- Quels sont les éléments dessinés ?
- Sous quel angle de vue les voit-on ?
- Quel est le plan utilisé ?
- Y a-t-il des bulles avec des paroles, une onomatopée ?

### Pour bien raconter
- Ne lis pas les paroles s'il y en a.
- Utilise les termes de « plan » et d'« angle de vue » dans ta description.

### Pour écouter les autres
- Relève le vocabulaire de la BD utilisé par ta ou ton camarade
  pour trouver la vignette.

**Tu vas enregistrer la bande son d'une partie de la BD, pages 100 à 102.**

### Pour te préparer
- Lis bien les paroles d'Alice et du lapin.
- Change de ton selon les situations dans lesquelles ils se trouvent :
  – ton très calme au début ;
  – un peu plus fort quand Alice appelle le lapin.
  Exprime la surprise d'Alice quand elle tombe dans le trou.
- Entraine-toi à dire les onomatopées en prenant bien en compte la ponctuation.
- Ajoute des bruitages.

### Pour bien parler
- Mets-toi debout. Change de position comme ton personnage : accroupi, à genoux…
- Exprime nettement les émotions.

### Pour écouter tes camarades
- Demande-toi si le ton employé correspond aux émotions représentées.

> As-tu fait des pauses ?

 **À vive voix**

**Entraine-toi à dire rapidement :**
En Sicile, Cécile a les cils plus lisses que les lys d'Alice.

# Les mots du poète

1 En t'aidant du dessin, donne une définition du mol *poémier.*

2 Lis les mots du *poémier.* Certains évoquent-ils quelque chose pour toi ?

3 Aimes-tu lire ou écouter des poèmes ? Lesquels ?

Mymi Doinet, « Le poémier », dans Jacques Charpentreau,
*Mon premier livre des devinettes*, coll. « Enfance heureuse », Éd. Ouvrières.

**Dans cette unité, tu vas :**

- lire des poèmes ;
- écrire des poèmes ;
- dire un poème de manière expressive.

• Trouves-tu que certains mots sont plus poétiques que d'autres ?
Pourquoi ? Donne des exemples.

## À l'écoute

Ce que veulent dire les mots
On ne le sait pas quand ils viennent ;
Il faut qu'ils se parlent, se trouvent,
Qu'ils se découvrent, qu'ils apprennent.
5 Ce que veulent dire les mots,
Ils ne le savent pas eux-mêmes,
Mais les voilà qui se regroupent,
Qui s'interpellent, se répondent,
Et si l'on sait tendre l'oreille,
10 On entend parler le poème.

JACQUES CHARPENTREAU, *Mon premier livre de devinettes*,
coll. Enfance Heureuse. © Éditions ouvrières.

## Bien placés, bien choisis…

Bien placés bien choisis
quelques mots font une poésie
les mots il suffit qu'on les aime
pour écrire un poème
5 on sait pas toujours ce qu'on dit
lorsque nait la poésie
faut ensuite rechercher le thème
pour intituler le poème
mais d'autres fois on pleure on rit
10 en écrivant la poésie
ça a toujours kékchose d'extrême
un poème

RAYMOND QUENEAU, *L'Instant fatal*,
© Éd. Gallimard.

### Je comprends

**À l'écoute**
1 D'après ce poème, les mots ont-ils toujours un sens précis ?
2 À quelles conditions les mots trouvent-ils un sens dans un poème ?
3 Relève ce qui, dans ce poème, présente les mots comme des êtres vivants.

**Bien placés, bien choisis…**
4 Dans ce poème, relève ce qui fait penser au langage parlé.
5 Comment comprends-tu les deux derniers vers ?

6 Quels points communs peut-on trouver aux deux poèmes de cette page ?

**Les couleurs de l'invisible**
7 Normalement, peut-il exister un rapport entre « couleurs » et « invisible » ?
8 Relève les mots du poème qui évoquent la couleur et ceux qui évoquent l'invisible.
9 Quelles sont les couleurs de l'arc-en-ciel ?
10 À ton avis, pourquoi les songes du poète sont-ils de plusieurs couleurs, comme l'arc-en-ciel ?

# Les couleurs de l'invisible

Je vous dirai la couleur
des choses invisibles
la couleur qu'on entend
la couleur qu'on respire

5 La guirlande bleue du violon
et la pourpre des guitares
le vert profond du vent
dans le soir
et l'or fragile
10 d'une caresse

Je vous dirai la voix perdue
dans l'indigo des solitudes
et le calme orangé
près des yeux doux qu'on aime

15 Je vous dirai l'arc-en-ciel
qui nait en vous
de la patience et de l'oubli
de la défaite du silence
et du geste réconcilié

20 car comme vous j'aime et je vis
dans l'arc-en-ciel de mes songes.

JEAN-PIERRE SIMÉON, *La nuit respire*, Éd. Cheyne.

 ## Je lis à haute voix

- Choisis quatre vers au maximum dans chacun de ces trois poèmes. Lis ces vers en adoptant un ton différent pour chaque extrait.

## Échangeons autour du texte

- Lequel de ces trois poèmes préfères-tu ? Pourquoi ?

 ## J'ajoute une strophe au poème

- Récris l'avant-dernière strophe du poème *Les couleurs de l'invisible*. Indique une couleur pour chacun de ces groupes nominaux : de la patience, de l'oubli, de la défaite, du silence et du geste réconcilié.

- As-tu déjà lu des textes de ce poète, Jacques Prévert ? Lesquels ?

# L'école des beaux-arts

Dans une boite de paille tressée
Le père choisit une petite boule de papier
Et il la jette
Dans la cuvette
5     Devant ses enfants intrigués
Surgit alors
Multicolore
La grande fleur japonaise
Le nénufar instantané
10    Et les enfants se taisent
Émerveillés
Jamais plus tard dans leur souvenir
Cette fleur ne pourra se faner
Cette fleur subite
15    Faite pour eux
À la minute
Devant eux.

# Bain de soleil

La salle de bains est fermée à clef
le soleil entre par la fenêtre
et il se baigne dans la baignoire
et il se frotte avec le savon
et le savon pleure
il a du soleil dans l'œil.

## Je comprends

### L'école des beaux-arts

1. Dans ce poème, que fait le père ?
2. Quelle est la réaction des enfants ?
3. Pourquoi la fleur ne se fanera-t-elle jamais dans le souvenir des enfants ?

### Bain de soleil

4. En quoi les deux derniers vers sont-ils surprenants ?
5. Après avoir lu le poème, explique en quoi le titre est un jeu de mots.

### Chanson du vitrier

6. Qu'est-ce qu'un vitrier ?
7. Combien de phrases comptes-tu dans ce poème ?
8. En définitive, qu'est-ce qui est présenté comme beau dans ce poème ?

### Chanson pour les enfants l'hiver

9. Pourquoi le bonhomme disparait-il à la fin ?
10. Deux poèmes portent le titre « Chanson ». Lequel des deux te parait ressembler le plus à une chanson ? Pourquoi ?

# Chanson du vitrier

Comme c'est beau
ce qu'on peut voir comme ça
à travers le sable à travers le verre
à travers les carreaux
5  tenez regardez par exemple
comme c'est beau
ce bucheron
là-bas au loin
qui abat un arbre
10  pour faire des planches
pour le menuisier
qui doit faire un grand lit
pour la petite marchande de fleurs
qui va se marier
15  avec l'allumeur de réverbères
qui allume tous les soirs les lumières
pour que le cordonnier puisse voir clair
en réparant les souliers du cireur
qui brosse ceux du rémouleur
20  qui affute les ciseaux du coiffeur
qui coupe le ch'veu au marchand d'oiseaux
qui donne ses oiseaux à tout le monde
pour que tout le monde soit de bonne humeur.

# Chanson pour les enfants l'hiver

Dans la nuit de l'hiver
Dans la nuit de l'hiver
galope un grand homme blanc
galope un grand homme blanc
5  C'est un bonhomme de neige
avec une pipe en bois
un grand bonhomme de neige
poursuivi par le froid

Il arrive au village
10  Il arrive au village
voyant de la lumière
le voilà rassuré

Dans une petite maison
il entre sans frapper
15  Dans une petite maison
il entre sans frapper
et pour se réchauffer
et pour se réchauffer
s'assoit sur le poêle rouge
20  et d'un coup disparait
ne laissant que sa pipe
au milieu d'une flaque d'eau
ne laissant que sa pipe
et puis son vieux chapeau…

JACQUES PRÉVERT, *Poèmes et Chansons*,
© Éd. Gallimard.

## Je lis à haute voix

- Lis le poème *L'école des beaux-arts*. Accompagne ta lecture de gestes correspondant à ce que tu lis.

## Échangeons autour des textes

- Lequel des poèmes de Jacques Prévert aimerais-tu le mieux adapter en bande dessinée ?

## J'ajoute quelques vers au poème

- Écris quelques vers supplémentaires à la fin du poème *Bain de soleil*. Invente une réaction du savon et du soleil. Écris des vers courts, comme Jacques Prévert.

# Repérer les phrases pour lire un poème sans ponctuation

## Je réfléchis

- **Lis ce poème, puis relève tous les signes de ponctuation.**

  **Automne**

  Odeur des pluies de mon enfance
  Derniers soleils de la saison !
  À sept ans comme il faisait bon
  Après d'ennuyeuses vacances,
  Se retrouver dans sa maison !

  RENÉ-GUY CADOU,
  *Hélène ou le Règne
  végétal,* © Éd. Seghers.

  a. **À quels signes dois-tu marquer un arrêt bien net ?
  À quel signe dois-tu t'arrêter moins longtemps ?**

- **Relis le poème *Bain de soleil,* page 114.**

  a. **Combien de vers et combien de phrases comptes-tu ?**

  b. **Quelle ponctuation mettrais-tu dans ces vers ?**

## Je retiens

- **Pour bien lire un poème,** il faut repérer les phrases. Habituellement, la **ponctuation** les indique. Elle marque aussi quelle **intonation** il faut prendre.

- **Dans la poésie moderne,** la ponctuation est souvent absente. Une phrase ne correspond pas toujours à un vers. Il faut donc bien **repérer les phrases en tenant compte du sens.**

## Je m'entraine

**1** ⬤◯◯ **Relis les trois premières strophes du poème *Chanson pour les enfants l'hiver,* page 115.**

a. **À quels endroits pourrait-on mettre un point ? Où pourrait-on mettre une virgule ?**

b. **Chaque vers correspond-il à une phrase ?**

**2** ⬤◯◯ **Lis ces vers en t'aidant de la ponctuation. Précise auparavant quels arrêts tu feras et quel ton tu adopteras.**

**Entre l'arbre et l'écorce**
Le bourgeon m'a posé
un baiser sur le nez
aussi fin
qu'un friselis de plumage.
Mais comme il avait léché
pour son petit déjeuner
une tartine de pain
avec de la confiture
ben ! je suis resté collé !

C'est dur d'aimer la nature !

CHRISTIAN POSLANIEC, *Comme une pivoine,*
collection « Pays d'enfance », Éd. du Jasmin.

**Reconstitue quatre vers d'un poème écrit par Maurice Carême en remettant ces groupes de mots dans le bon ordre. Commence par « J'écris ».**

Et mes lèvres • J'écris • des champs • une grenouille • se mouillent • au milieu • le mot • Rire • étang • J'entends

# Le texte poétique

- **Souviens-toi des poèmes que tu as lus, pages 112 à 115.**
  - De quoi parlent les poètes dans leurs textes ?
  - Relève des répétitions de mots et des répétitions de sons.
  - Comment appelle-t-on les sons qui se répètent à la fin des vers ? En trouves-tu dans ces textes ?
  - Dans quel poème les vers sont-ils de longueur régulière ?

**Le poète cherche à communiquer ses émotions, à dire ce qu'il pense, à évoquer ce qu'il voit… Pour cela, il se sert du langage d'une façon particulière :**
- **il joue avec les sonorités des mots, à l'intérieur ou à la fin des vers (rimes) ;**
- **il associe des mots de manière inhabituelle** (*galope un bonhomme de neige, le soleil se baigne dans la baignoire*…).

**Il dispose le plus souvent son texte en vers de longueurs régulières ou pas, groupés parfois en strophes.**

**1** ●●● **Lis ce début de poème, puis réponds aux questions.**

C'est mon po – c'est mon po – mon poème
Que je veux – que je veux – éditer
Ah je l'ai – ah je l'ai – ah je l'aime
Mon popo – mon popo – mon pommier
Oui mon po – oui mon po – mon poème
C'est à pro – à propos – d'un pommier
Car je l'ai – car je l'ai – car je l'aime
Mon popo – mon popo – mon pommier

D'après RAYMOND QUENEAU, *Le chien à la mandoline*, © Éd. Gallimard.

a. Combien de syllabes compte chaque vers ?

b. Relève les rimes et les sonorités qui se répètent.

c. Quels signes de ponctuation pourrais-tu placer ?

**2** ●●● **Explique en quoi ce texte est un poème.**

**Déménager**

Quitter un appartement. Vider les lieux. Décamper.
Faire place nette. Débarrasser le plancher.
Inventorier ranger classer trier
Éliminer jeter fourguer
Casser
Bruler
Descendre desceller déclouer décoller dévisser
Décrocher
Débrancher détacher couper trier démonter plier couper

GEORGES PEREC, *Espèces d'espaces*,
in *Poèmes et poèmes*, © Éd. Castor Poche.

### D'autres poèmes...

●●● Alain Serres, Aurélia Fronty, **Je rêve le monde, assis sur un vieux crocodile : 50 poèmes d'aujourd'hui pour repenser demain,** Éd. Rue Du Monde.

●● George Jean, **Nouveaux trésors de la poésie pour enfants.** Anthologie, Éd. LGF.

●●● Jean-François Martin, **Jean Tardieu,** Éd. Mango Jeunesse.

# Jouer avec la langue, jouer avec les mots

## Je réfléchis

**1** Relève les mots qui sont répétés dans cet extrait de poème.

**Notre maison**

Ma maison a un jardin
Qui me fait signe d'entrer

Ma maison a une allée
Qui conduit mes pas

Ma maison a une porte
Qui ouvre mon cœur

Ma maison a une cheminée
Qui chuchote mes rêves…

CLAUDE HALLER, *Poèmes du petit matin*,
© Le livre de Poche Jeunesse, 1994, 2003.

**2** Lis ce poème. À quels endroits entends-tu des répétitions de sons ?

**Les mots de couleur**

L'herbe a des mots tout verts
qui chuchotent dans l'air.

Le vent a des mots bleus
qui sont parfois houleux.

Le soleil à l'aurore
a des mots rouge et or.

Et les mots se répondent
en repeignant le monde.

Guenrikh Sapguir, *Si je donne ma langue au chat est-ce qu'il me la rendra ?*, © Éd. Bayard Jeunesse.

**3** Relève, dans l'extrait de poème, toutes les répétitions : mots, sons…

Iles
Iles
Iles où l'on ne prendra jamais terre
Iles où l'on ne descendra jamais
Iles couvertes de végétations
Iles tapies comme des jaguars…

BLAISE CENDRARS, *Tout autour d'aujourd'hui*, © 1947, 1969, 2001, 2005, Éd. Denoël.

**4** Lis ces extraits de poèmes. Dans quels vers remarques-tu des associations de mots inattendues ? Explique ce qui te semble inattendu ou inhabituel.

**A. Le temps a laissé son manteau**
Le temps a laissé son manteau
De vent, de froidure et de pluie,
Et s'est vêtu de broderie,
De soleil luisant, clair et beau…

CHARLES D'ORLÉANS, *Rondeaux*.

**B. Le vent**
Le vent rafle, le long de l'eau,
Les feuilles mortes des bouleaux,
Le vent sauvage de novembre ;
Le vent mord, dans les branches,
Des nids d'oiseaux ; le vent râpe du fer
Et peigne, au loin, les avalanches…

ÉMILE VERHAEREN, *Les Villages illusoires*,
© Éd. Mercure de France.

## Utiliser des répétitions

| La répétition de mots | La répétition de sons |
|---|---|
| Dors petite **rose** | **à l'intérieur des vers :** |
| Aux joues **roses**, dors. | Le jeune **rat** rit |
| Des carabes d'or | du gros **rat** rusé |
| Bercent ton lit **rose**. | qui rongea les **rê**ts du **ri**dicule **roi** de Potimaron |
| **Arbre, arbre, arbre** | **à la rime :** |
| **Arbre** qui veille sur notre jardin | Mais souriez, car vous au**ssi**, |
| **Arbre**, géant bienveillant | Vous aurez, des sou**cis**. |

## Associer les mots de manière inhabituelle

Dans la nuit de l'hiver **galope un grand homme** blanc.
Le **soleil se baigne** dans la baignoire, **se frotte** avec le savon.
**La guirlande** bleue **du violon.**
La **couleur** qu'on **entend**, la **couleur** qu'on **respire**.

## Je m'entraine

**5** ●●● **Associe chaque mot de la colonne de gauche au mot de la colonne de droite avec lequel il peut rimer.**

1. hasard
2. ermite
3. pâtisserie
4. laisser
5. sceptre

a. lécher
b. lézard
c. spectre
d. termite
e. tapisserie

**6** ●●● **Replace les mots manquants pour faire rimer les vers deux par deux :**
voiles • innocence • énigmatique • œufs • venir.

**Pour un art poétique**
Prenez un mot prenez en deux
faites les cuir' comme des ...
prenez un petit bout de sens
puis un grand morceau d'...
faites chauffer à petit feu
au petit feu de la technique
versez la sauce ...
saupoudrez de quelques étoiles
poivrez et puis mettez les ...

où voulez-vous en ... ?
À écrire

    Vraiment ? à écrire ??

Raymond Queneau, « Pour un art poétique »,
in *Le Chien à la mandoline*, © Éd. Gallimard.

**7** ●●● **Choisis des mots dans cette liste pour créer des rapprochements de sonorités.**
boa • rapace • sonnette • menace • confiture •
singe • cabas • nénufar • tasse • parfum • frêle •
frisson • triste • babouche • sucré • bottine •
friselis • ruisseau • baobab • soupir • sage •
Sahara • sable • rafale • glissade • jasmin

**8** ●●● **Complète ces vers avec des verbes et des adjectifs de ton choix. Tu peux faire des associations qui surprennent le lecteur. Aide-toi des listes suivantes.**

**Verbes :** chatouiller • bâiller • danser • rêver •
parler • manger • se baigner • chanter
**Adjectifs :** endormi • chagriné • froissé • frissonnant •
bavard • malicieux • frileux • mousseux • mordoré

Une bulle de savon *(verbe)* le nuage *(adjectif)*
La lune *(verbe)* dans le ciel *(adjectif)*
Une libellule *(verbe)* avec le roseau *(adjectif)*
L'arc-en-ciel *(verbe)* dans le ruisseau *(adjectif)*

# 9 Écrire un poème

**Pour écrire un poème, je dois :**

1. choisir de qui ou de quoi je veux parler : d'une chose, d'une personne, d'un évènement…

2. noter tous les mots qui me viennent à l'esprit quand je pense à ce que j'ai choisi ;

3. jouer avec les mots ou le langage en utilisant des répétitions, des associations de mots inattendues, des rapprochements de sonorités…

4. respecter la ponctuation ou choisir de ne pas l'indiquer.

## 1 Je complète un poème

 **Je vérifie**

- J'ai utilisé des mots désignant **des éléments de la nature et des couleurs**.
- J'ai complété chaque vers **en respectant la forme proposée**.

### Situation 1

Complète le texte ci-contre pour écrire un poème à la manière de Guenrikh Sapguir, page 118.

Choisis d'autres couleurs que tu associeras à des éléments de la nature.

L'herbe a des mots tout verts
qui chuchotent dans l'air.

Le vent a des mots bleus
qui sont parfois houleux.

… a des mots …
Qui …

… a des mots …
Qui …

### Situation 2

Lis ce début d'un poème de Jean Brianes.
Écris, sur ce modèle, quelques vers en utilisant des mots de ton choix.

J'écrirai des poèmes pour dire
que le feu brule
et que le chien s'endort
Je dirai qu'il fait beau
que la joie est dans le silence autour
de nous
le bonheur à portée de la main
il ne faut pas avoir peur des mots…

J'écrirai des poèmes pour dire
que …
et que …
Je dirai …
que …

…
il ne faut pas avoir peur des mots.

JEAN BRIANES, Éd. Le Signal d'alarme, DR.

 **Je vérifie**

- J'ai respecté la **construction des vers**.

## 2 J'écris un poème selon une forme précise

### Situation 1

Écris un poème de 6 ou 8 vers : le premier vers est composé d'un mot, le deuxième de deux mots, le troisième de trois mots et ainsi de suite.

*Exemple* : Chat
        Un chat
        Un vieux chat
        Un vieux chat persan
        Un vieux chat persan ronronne
        Un vieux chat persan ronronne paisiblement.

 **Je vérifie**

- **J'ai ajouté un mot** à chaque vers.

**Je vérifie**

• **Les verbes** de ma liste **vont bien ensemble.**

▶ **Situation 2**

Écris un poème-liste sur le modèle de *Déménager* de Georges Perec, page 117. Choisis un verbe dans la liste suivante. Puis cherche d'autres verbes qui vont avec celui que tu as choisi. Dispose ensuite en poème.

construire • jardiner • partir • cuisiner • nettoyer

## 3 J'écris un poème à partir d'un mot ou d'une image

▶ **Situation 1**

Écris un poème à partir du mot météo.

1 Dresse une liste de mots ou de groupes de mots qui évoquent la météo. Voici un début de liste :

l'averse • la pluie • la giboulée • le brouillard • la brume…

**Je vérifie**

• **Les phrases** que j'ai construites ont **un lien avec le mot météo.**

2 Dispose les mots de façon à créer un poème rythmé.
Insère dans ton poème des répétitions de sons ou de mots, des associations de mots inattendues.

*Exemple :*
Verglas, verglas
Carapace de verglas
Sur la glace
Qui crisse
Je glisse
Et trace une rosace

▶ **Situation 2**

1 Choisis une des images. Note à quoi elle te fait penser et ce que tu ressens en l'observant.

2 Écris ensuite un poème en utilisant un ou plusieurs jeux de langage : répétition de mots, répétition de sons, rimes, association de mots inattendue…

**Je vérifie**

• Je n'ai pas décrit l'image mais j'ai présenté **une émotion ou un sentiment** à partir d'elle.

**J'améliore mon texte**

**Orthographe** pages 186-187 ▶ J'ai fait attention aux accords.

**Vocabulaire** pages 200-201 ▶ J'ai utilisé des mots appartenant à un même champ lexical.

# Dire un poème de manière expressive

**Situation 1**

Avec quelques camarades, lisez le poème *Les couleurs de l'invisible*, page 113.
Vous terminerez en disant en chœur les deux derniers vers.

*Pour vous préparer*
- Repérez les endroits où il faut marquer un arrêt.
- Répartissez-vous les vers que chacun(e) lira en fonction de ces arrêts.

*Pour bien dire le poème*
- Regardez votre public.
- Prenez le temps de dire chaque vers.
- Marquez un arrêt court entre chaque strophe.

*Pour écouter l'intervention de vos camarades*
- Avez-vous bien entendu les mots du poème ?
- Avez-vous ressenti la musique des vers, leur rythme ?

**Situation 2**

Vous organisez un spectacle poétique. Vous direz certains poèmes
du manuel ou d'autres poèmes trouvés en médiathèque ou sur Internet.
Vous pouvez aussi utiliser les poèmes que vous aurez écrits.

*Pour vous préparer*
- Répartissez-vous les poèmes à lire.
- Déterminez l'ordre dans lequel vous les présenterez.
- Trouvez des manières originales de les dire.

*Pour bien dire les poèmes*
- Regardez votre public.
- Modifiez votre ton en fonction des images ou des émotions que donne le poème.

*Pour écouter l'intervention de vos camarades*
- Adoptez une écoute attentive pour aider ceux qui disent les poèmes.

> *Redis lentement la phrase que tu as entendue.*

**À vive voix**

**Dis le plus clairement et le plus vite possible l'une de ces phrases.**
- Ces six chauds chocolats-ci sont-ils assez chauds ?
- As-tu vu le vert ver allant vers le verre en verre vert ?
- Ces cyprès sont si loin qu'on ne sait si c'en sont.
- La jolie rose jaune de Josette jaunit dans le jardin.

# Unité 10

# Se poser des questions

1. **Décris cette sculpture.**

2. **Quel rapport trouves-tu entre la sculpture et le titre de l'unité ?**

3. **As-tu déjà lu des livres qui aident à réfléchir ? Sur quel sujet ?**

Auguste Rodin, *Le Penseur*, Musée Rodin, Paris.

## Dans cette unité, tu vas :

- lire des textes pour réfléchir ;
- écrire des textes pour réfléchir ;
- parler pour convaincre.

• Ce que tu vois sur ces photos te semble-t-il normal ?

# Normal et pas normal ?

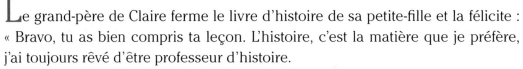

Le grand-père de Claire ferme le livre d'histoire de sa petite-fille et la félicite : « Bravo, tu as bien compris ta leçon. L'histoire, c'est la matière que je préfère, j'ai toujours rêvé d'être professeur d'histoire.

– Mais alors, Papi, pourquoi as-tu vendu des chaussures toute ta vie ? Pourquoi
5 n'es-tu pas devenu professeur ? s'étonne Claire.

– Tu sais que je suis le fils ainé de la famille. Eh bien, le fils ainé devait aller avec son père et travailler avec lui.

– Mais ce n'est pas normal ! s'indigne Claire. Il était méchant, ton papa, de ne pas te laisser faire le métier que tu aimais.

10 – Non, il n'était pas méchant du tout, sourit le grand-père de Claire. Il était même très gentil, mais à l'époque, c'était normal.

– Et tes sœurs, pourquoi elles n'ont pas travaillé au magasin à ta place ?

– Ce n'était pas normal pour les jeunes filles de travailler et…

– Pas normal de travailler ? l'interrompt Claire. Mais, Papi, qu'est-ce que tu
15 racontes ? Moi, je suis une fille et j'aurai un travail !

Papi sourit. Claire réfléchit, il y a quelque chose qu'elle ne comprend pas.

## Je comprends

**1** Quelle est précisément la question posée par les auteurs du texte ?

**2** Qui sont les deux personnes qui dialoguent au début du texte ?

**3** Quel est le métier du grand-père de Claire ?

**4** Quel métier aurait-il voulu faire ? Pourquoi ne l'a-t-il pas fait ?

**5** Quel est l'avis de Claire sur le travail des filles ?

**6** Quelle était l'opinion des gens sur le travail des filles à l'époque où le grand-père de Claire était jeune ?

**7** Pourquoi Claire ne comprend-elle plus rien à « ces histoires de normal et de pas normal » (ligne 20) ?

**8** Qu'est-ce qui fait que l'on considère quelque chose comme normal ou pas ?

**9** Quel sens a le mot « normal » ligne 8 puis ligne 11 ?

**10** Quels mots désignent le premier enfant, le deuxième enfant et le plus jeune enfant d'une famille ?

– Mon papa à moi, dit Claire, c'est bien ton fils ainé ? Et il n'est pas au magasin.

– C'est normal puisque ta tante Molly est venue travailler avec moi ; ton papa, lui, ne voulait pas.

20 Claire ne comprend plus rien à ces histoires de normal et de pas normal. Dans certaines régions du monde, c'est normal qu'un homme mesure 1,50 m, dans d'autres régions, non ; ici, on trouve normal que quelqu'un chante dans la rue, là on dit que c'est quelqu'un de pas normal s'il le fait ; ici, on trouve normal que les gens croient au paradis et à l'enfer, là, on ne trouve pas ça normal…

25 Alors, qu'est-ce qui est normal ? Qu'est-ce qui n'est pas normal ? On ne s'y retrouve pas. Tout change, tout le temps, partout.

## Un mot très fouillis

En entrant dans la classe, les élèves sont étonnés. C'est la première fois que leur professeur met un costume et une cravate. Pas normal.

**Pas normal = pas comme d'habitude.**

Le professeur rend les devoirs. Il arrive devant Gontran et annonce : 20/20. Pourtant, le professeur fronce les sourcils et regarde Gontran d'un air très fâché. Pas normal.
Normalement, le professeur est content de distribuer une bonne note. Là, non.

**Pas normal = cela ne s'explique pas.**

Gontran a chaud, il sent qu'il devient tout rouge, et il se met même à transpirer. Normal : il est très inquiet. Quand le stress monte, le corps réagit.

**Normal = naturel.**

Gontran doit faire trois exercices pour demain. « Normal, se dit Gontran, et j'ai de la chance, la punition n'est pas trop longue. » Gontran a triché, il est puni.

**Normal = juste.**

On utilise le mot « normal » pour dire beaucoup de choses très différentes : habituel, explicable, naturel, juste… « Normal » est un mot vraiment fouillis.

BRIGITTE LABBÉ, *Normal et pas normal*,
© Éd. Milan Jeunesse, coll. « Les Gouters philo ».

 **Je lis à haute voix**

**Échangeons autour du texte**

 **J'ajoute une phrase au texte**

- Lis à haute voix l'avant-dernier paragraphe, lignes 20 à 24. Fais une courte pause après chaque virgule et une pause plus longue après chaque point-virgule.

- Le mot « normal » est un mot très fouillis. Ne peut-on pas dire la même chose du mot « beau » ?
Donne des exemples pour expliquer ta réponse.

- Écris, à partir d'une des significations du mot « normal », un autre exemple que celui du texte.

• Quand tu regardes la télévision,
penses-tu que ce que tu vois est vrai ?

# Quand on plonge dans le faux, c'est pour de vrai

On a l'impression que les être humains n'arrêtent pas de fabriquer du faux : ils inventent des histoires, ils créent des personnages et avec tout ça, ils font des films de cinéma, des séries de télévision, des pièces de théâtre, des romans, des bandes dessinées, des poèmes, des jeux vidéo…

5 On lit du faux, on conduit de fausses motos, on va voir du faux au cinéma. Pour voir des gens qui se disputent pour de faux, qui rient pour de faux, qui meurent pour de faux, qui ont des accidents pour de faux… Et ça marche ! On pleure, on rit, on tremble, on crie, on sort même parfois de la salle parce qu'on ne supporte plus. Les humains adorent ça, il y a la queue pour aller au cinéma, il y a aussi des 10 milliers de romans dans les librairies, des milliers de jeux vidéo…

Pourtant il y a bien de quoi s'occuper avec tout ce qu'il y a sur la Terre ; se promener dans une vraie forêt, nager dans de la vraie eau, escalader de vraies montagnes, s'embrasser pour de vrai, se battre pour de vrai…

Alors pourquoi les êtres humains passent-ils tant de temps à fabriquer du faux, 15 pourquoi adorent-ils regarder ou lire du faux ?

## Je comprends

**1** À quelle question répond l'auteur ?

**2** Donne trois exemples d'actions que l'on fait « pour de faux ».

**3** Donne trois exemples d'actions que l'on fait « pour de vrai ».

**4** Dans quelles circonstances vit-on « pour de faux » en aimant cela ?

**5** Quelle réponse trouves-tu dans le texte à la question posée aux lignes 16 à 18 ?

**6** Pourquoi peut-on comparer une activité faite « pour de faux » à un voyage ?

**7** Quels sont les avantages des activités « pour de faux » présentées dans le texte ?

**8** Pourquoi certaines personnes aiment-elles se faire peur « pour de faux » ?

**9** Quel mot utilise-t-on pour désigner des histoires imaginaires ?

**10** Après avoir lu le texte, comment comprends-tu le titre ?

Se demander pourquoi on aime le faux c'est un peu comme se demander pourquoi les hommes aiment voyager. Ils voyagent pour découvrir, pour visiter, pour s'étonner, pour se faire plaisir, pour quitter pendant
20 un moment des endroits qu'ils connaissent par cœur.

Passer du temps au cinéma, dans une bande dessinée, dans un poème, dans un roman, dans un jeu vidéo, c'est voyager dans un autre monde
25 que le nôtre. Le pour de faux fait voyager les hommes dans un autre monde.

En regardant ou en lisant du faux, on vole comme Superman, on rapetisse ou on devient géant comme Alice, on sauve les pauvres comme
30 Robin des Bois, on est le plus fort comme Hercule, on rencontre un amoureux extraordinaire comme Blanche-Neige, on est sauvé d'une horrible belle-mère comme Cendrillon…

En jouant aux jeux vidéo, on s'assied dans une voiture
35 sans avoir le permis de conduire, on se voit rouler sur un grand écran, on appuie vraiment sur l'accélérateur, on freine vraiment, on a des accidents, mais sans se faire mal. C'est pour de faux, mais n'empêche : on fait tout pour gagner la course, pour de vrai. Pendant quelques minutes on est devenu un pilote de formule 1 ! Quand la
40 voiture passe la ligne d'arrivée, on est épuisé, comme si on avait vraiment conduit.

Voilà : quand on plonge dans le pour de faux, on y est pour de vrai. C'est pour cela que ça marche.

BRIGITTE LABBÉ, *Pour de vrai et pour de faux*,
© Éd. Milan Jeunesse, coll. « Les Gouters philo ».

---

### Je lis à haute voix

- Lis à voix haute le passage qui présente l'attrait des êtres humains pour « le faux » (lignes 5 à 10). Insiste sur la prononciation du mot « faux ».

### Échangeons autour du texte

- Quand tu joues à un jeu sur tablette ou sur console, es-tu dans le vrai ou dans le faux ? Justifie ta réponse en donnant des exemples et en expliquant ce que tu ressens.

### J'ajoute des phrases au texte

- Comme aux lignes 27 à 33, cite des héros imaginaires et trouve des raisons pour lesquelles ils peuvent faire rêver : Batman, James Bond, Astérix…

# Pour mieux lire

## Comprendre les mots de liaison

### Je réfléchis

- Lis ces phrases ou ces parties de phrases. Elles contiennent des mots de liaison en gras.
  - Dans les jeux vidéo, on a des accidents **mais** sans se faire mal.
  - En lisant du faux, on vole comme Superman **et** on est fort comme Hercule.
  - On a peur **alors** on se cache sous les fauteuils.
  - Pour voyager dans un autre monde, on peut lire **ou** aller au cinéma.
  - Papi a vendu des chaussures **car** c'était le métier de son père.
- **Quel mot introduit un choix ? une addition ? une explication ? une conclusion ? une opposition ?**

### Je retiens

Les mots de liaison sont essentiels pour bien comprendre un texte.
Certains introduisent une **explication** (car, ainsi…), d'autres une **conséquence** ou une **conclusion** (alors, donc), d'autres permettent d'exprimer une **opposition** ou une **restriction** (mais, cependant…), un **choix** (ou…) ou une **addition** (et, de plus…).

### Je m'entraine

**1** ●●● Quelle est la plus logique de ces phrases ? Quel mot t'a permis de répondre ?

a. Pierre n'aime pas la glace mais il en mange pour faire plaisir à sa grand-mère.

b. Pierre n'aime pas la glace car il en mange pour faire plaisir à sa grand-mère.

c. Pierre n'aime pas la glace donc il en mange pour faire plaisir à sa grand-mère.

**2** ●●● Complète chaque phrase avec un mot de liaison : car • et • mais • donc.

a. Mon chat est malade … je le soigne.

b. Mon chat préfère la viande crue … pour son bien je lui donne des croquettes.

c. Mon chat aime le lait … les croquettes.

d. Mon chat est blessé … il s'est battu avec un chien.

**3** ●●● Complète le texte avec les mots : mais • et • alors • car.

Samedi en fin d'après-midi, Léa … ses parents s'apprêtent à rendre visite à leurs amis, les Martin. Léa aurait préféré rester chez elle. « Dépêchez-vous, dit Papa, les Martin n'aiment pas qu'on soit en retard. » … Léa n'est pas prête, elle n'a pas mis ses chaussures … son lacet est cassé.

Sur la route, Léa est étonnée, ils ne prennent pas le chemin des Martin. Ils arrivent chez Mamie. Quelle surprise ! Toute la famille est rassemblée pour l'anniversaire de Maman qui n'était pas au courant.

Mais … , dit Léa à Papa, tu nous as menti pour préparer cette fête surprise !

### Méli mélo

**Trouve les réponses aux devinettes.**

a. Je ne suis pas vivant mais j'ai des feuilles, un dos et une couverture, qui suis-je ?

b. J'ai un chapeau mais pas de tête, un pied mais pas de bras, qui suis-je ?

c. Je réfléchis beaucoup mais pourtant je ne pense pas, qui suis-je ?

# Des textes pour se poser des questions

## Je réfléchis

- Dans les textes *Normal et pas normal ?*
pages 124-125, et *Quand on plonge dans le faux
c'est pour de vrai,* pages 126-127 :
  - quelle question est posée ?
  - comment les auteurs essaient-ils d'y répondre ?

## Je retiens

Dans un texte pour se poser des questions :
- l'auteur pose une question à laquelle
il essaie de répondre. Elle est souvent posée
clairement au début ou au cours du texte.
Elle peut aussi servir de titre.
- l'auteur donne des idées qu'il illustre par
des exemples.

## Je m'entraine

**1** ●●○ **Trouve le texte qui pose des questions.**

**A.** Au même moment, un chien jaune, qui s'était approché sans bruit, donna un coup de dent à Calino. Marguerite voulut le chasser : le chien jaune se jeta sur elle et lui mordit la main ; puis il continua son chemin la queue entre les jambes, la tête basse, la langue pendante.
Marguerite poussa un petit cri ; puis, voyant du sang à sa main, elle pleura.

D'après la COMTESSE DE SÉGUR, *Les Petites Filles modèles.*

**B.** Chez toi, à l'école, dans ton pays, il y a toujours quelqu'un à qui il faut obéir, des règles que tu dois respecter. Parfois, tu voudrais t'en passer pour être libre de faire ce que tu veux. Tu estimes n'avoir besoin de personne pour bien agir. Pourtant, un monde sans règles ne risque-t-il pas de ressembler à une jungle où régnerait la loi du plus fort ?

OSCAR BRENIFIER, *Vivre ensemble, c'est quoi ?,*
© Éd. Nathan, coll. « PhiloZenfants ».

**2** ●●○ **Classe en deux colonnes :**
les phrases qui expriment une opinion **/** les autres phrases.

**a.** Nous ne disons pas toujours vraiment ce que nous pensons pour ne pas déplaire aux gens.

**b.** Il était une fois, dans la mer, un requin qui mangeait les poissons.

**c.** Le capitaine rassembla l'équipage et ne trouva que des hommes résolus à vendre chèrement leur vie.

**d.** Les hommes ont souvent des préjugés : ils jugent les autres avant de les connaitre.

**e.** Ce fut en cette circonstance que j'eus l'occasion de voir pour la première fois Surcouf.

**f.** Les hommes naissent et demeurent libres et égaux en droits.

Surcouf
**(1773-1827).**

## D'autres livres pour se poser des questions...

●●○ Oscar Brenifier,
***La Vérité selon Ninon,***
Éd. Autrement Jeunesse,
coll. « Les Petits Albums
de philosophie ».

●●○ Brigitte Labbé,
***La Beauté et la laideur,***
Éd. Milan Jeunesse,
coll. « Les Gouters philo ».

●●● Oscar Brenifier,
***Vivre ensemble,
c'est quoi ?,***
Éd. Nathan,
coll. « PhiloZenfants ».

# Enrichir son vocabulaire

## Des mots pour dire ce que l'on pense

**Je réfléchis**

**1** **Lis le texte, puis réponds aux questions.**

« Je suis contre les expériences sur les animaux, dit Gaspard.
– Pourquoi ? demande Lisa.
– Tu me demandes pourquoi ? s'étonne Gaspard. Mais il ne faut pas faire de mal aux animaux ! C'est horrible de tuer des animaux dans les laboratoires.
– On a découvert comme ça des médicaments, des traitements qui guérissent les hommes. »
Gaspard réfléchit.
« Quand même, ce n'est pas normal de faire souffrir les animaux pour tester des rouges à lèvres et des produits de beauté. »
Lisa n'avait pas pensé à cela. Elle réfléchit.
« Pour le maquillage, je suis d'accord. Mais les médicaments ? »
Gaspard se gratte la tête.
« C'est vrai, on ne peut pas risquer de tuer des hommes. »

Brigitte Labbé, D'accord et pas d'accord,<br>© Éd. Milan Jeunesse, coll. « Les Gouters philo ».

**a. De quel sujet les deux personnages parlent-ils ?**

**b. Qu'en pense Gaspard ? Qu'en pense Lisa ?**

**c. Quels mots ou quels groupes de mots l'indiquent ?**

**2** **Lis ce dialogue. Puis relève les mots qui permettent d'exprimer une opinion.**

« Je pense qu'Adrien est coupable : selon moi, il a volé ce jeu, déclare Maëlle.
– Je ne crois pas, répond Corentin, il n'aurait jamais fait cela, c'est plutôt Aubin le voleur.
– Et d'après moi, vous vous trompez tous les deux ! réplique Maman, regardez, le jeu n'était tout simplement pas rangé à sa place. »

**3** **Quel enfant est sûr de ce qu'il dit ?**
**Quel enfant n'est pas sûr de ce qu'il dit ?**
**Quel enfant exprime le contraire d'un autre ?**
**Justifie tes réponses.**

Charlotte affirme que l'on peut manger des bonbons sans risque. Yacine conteste cette idée. Mattéo, quant à lui, suppose qu'il ne faut pas en abuser.

| Le doute (on n'est pas sûr) | La certitude (on est sûr) | L'opposition (on dit le contraire) |
|---|---|---|
| ▪ supposer • estimer • présumer • prévoir • douter • imaginer • (se) demander • avoir l'impression que<br>▪ peut-être • à moins que • si • éventuellement • plutôt | ▪ affirmer • décider • assurer • garantir • considérer • juger<br>▪ à mon avis • selon moi • d'après moi<br>▪ donc • alors • ainsi • en conséquence • car<br>▪ certainement • surement | ▪ contredire • démentir • nier • opposer • contester • être contre<br>▪ à l'inverse • en revanche • au contraire<br>▪ contrairement à |

## Je m'entraine

**4** ●●●● Complète chaque phrase avec le mot qui convient. N'oublie pas de conjuguer les verbes.

considérer • présumé • imaginer • douter • à mon avis

a. Cet homme n'a pas encore été jugé, il est … innocent.

b. J'… combien il est difficile de vivre au pôle Nord, dit Maman.

c. Je … qu'il est normal que vous rentriez dans la classe en silence, dit le professeur.

d. …, tu as trop d'argent de poche pour ton âge !

e. Le commissaire … , il se demande qui dit la vérité.

**5** ●●●● Classe chaque mot suivant dans la liste de mots ci-dessus qui convient.

avoir le sentiment que • réfuter • certifier • trouver • évidemment

**6** ●●●● Associe chaque mot à la définition qui correspond.

a. estimer
b. préjuger
c. attester
d. contester

1. Avoir une opinion faite d'avance.
2. Être d'avis, avoir pour opinion.
3. Remettre quelque chose en cause.
4. Garantir l'exactitude de quelque chose.

**7** ●●●● Complète ce texte avec les mots des listes ci-dessus qui conviennent. Aide-toi des indications suivantes.

1. On est sûr.
2. On dit le contraire.
3. On dit le contraire.
4. On n'est pas sûr.

Certains … qu'il est possible de recréer un mammouth à partir de cellules. D'autres …, … cette hypothèse. Pour ma part, je … que cela ne pourra se faire que dans un avenir lointain.

**8** ●●●● Les verbes penser et croire expriment-ils le doute ou la certitude dans ces phrases ?

a. Vu l'heure, je **pense** que je vais rater mon train.

b. Je **pense** que tout travail mérite salaire.

c. Je **pense** qu'il faut parfois se garder de dire toute la vérité.

d. Je **crois** plus dans les êtres humains que dans les machines.

e. Je **crois** que notre équipe peut être championne cette année.

**9** ●●●● Remplace les mots en violet par des mots des listes ci-dessus.

Marie et Léa ont trouvé un vélo. Marie souhaite le garder, Léa hésite.

– Je **crois** que ce vélo n'est pas à nous, dit Léa.

– Mais si, **répond** Marie, on l'a trouvé, on le garde.

– Il faut peut-être l'apporter au bureau des objets trouvés, **dit** Léa.

– Mais non, **répond** Marie, il est trop beau !

– C'est vrai, mais il est certainement à quelqu'un, **dit** Léa. Viens, on l'emmène au bureau des objets trouvés.

**Pour écrire un texte pour réfléchir, je dois :**

1. poser une question sur le monde, sur la vie, sur une idée ;
2. donner mon avis sur cette question ;
3. présenter des raisons ;
4. illustrer ces raisons par des exemples racontés sous forme de petites histoires.

 **J'organise un texte pour réfléchir**

**Recopie ce texte dans l'ordre. Ajoute un titre sous forme de question.**

**A.** Mais un monde sans règles et sans chef ne risque-t-il pas de ressembler à une jungle où régnerait la loi du plus fort ?

**B.** Il est vrai aussi que les chefs ne sont pas toujours justes ni prêts à protéger les faibles. C'est donc à nous d'être vigilants et de bien les choisir, lorsque nous avons la chance de pouvoir faire ce choix.

**C.** Tu estimes n'avoir besoin de personne pour bien agir.

D'après Oscar Brenifier, *Vivre ensemble c'est quoi ?*,
© Éd. Nathan, coll. « PhiloZenfants ».

**Je vérifie**

- Le texte recopié est **bien ordonné**.
- Le **titre** est **sous forme de question**.

**2** **Je complète un texte pour réfléchir**

 **Situation 1**

**Faut-il autoriser le football dans la cour de récréation ?**
**Choisis deux raisons « pour » ou « contre » dans le tableau, puis écris des exemples pour les illustrer.**
*Exemple :* Jouer au football dans la cour de récréation est dangereux car on peut tomber et se blesser.

**Je vérifie**

- J'ai trouvé un **exemple** pour chaque raison choisie.

| raisons « pour » | raisons « contre » |
|---|---|
| – Ça détend.<br>– C'est amusant.<br>– C'est un sport collectif, on peut se faire des amis.<br>– On s'améliore dans la pratique de ce sport.<br>– On est obligés de s'entendre et de se mettre d'accord sur les règles.<br>– On ne joue pas à un jeu violent. | – C'est trop dangereux.<br>– La cour est trop petite.<br>– On peut casser des choses dans l'école.<br>– Cela peut entrainer des conflits.<br>– On n'a plus d'espace pour pratiquer d'autres activités : élastique, billes…<br>– Le nombre de joueurs est limité. |

**Situation 2**

**1** **On entend souvent dire que les enfants ne doivent pas trop regarder la télévision. Voici un tableau qui présente des raisons « pour » et des raisons « contre ». Trouve d'autres raisons.**

| raisons « pour » | raisons « contre » |
|---|---|
| – Elle donne des informations sur le monde.<br>– Elle permet de se détendre. | – Le téléspectateur ne réfléchit pas ; il est passif.<br>– Il y a trop de violence. |

**Je vérifie**

- J'ai trouvé des **raisons « pour »** et des **raisons « contre »**. J'ai complété le texte avec ces raisons.

 Complète ce texte avec les raisons « pour » et les raisons « contre » que tu as trouvées à l'*exercice 1*.

Aujourd'hui, la télévision est présente dans presque toutes les familles. C'est un formidable moyen d'ouverture sur le monde. Elle permet également de se divertir. **Suite des raisons « pour »…**

Cependant, face à un écran, le téléspectateur est totalement passif, il ne réfléchit plus. De plus, il voit de nombreuses scènes de violence. **Suite des raisons « contre »…**

 **3** **J'écris un texte pour réfléchir**

**Peut-on faire tout ce que l'on veut à la piscine ?**

**Choisis des articles du règlement ci-dessous. Puis écris des raisons « pour » qui justifient ces règles. Ajoute des exemples sous forme de petites histoires.**

**Utilise des mots comme car, parce que, mais, pourtant…**

*Exemple :* **raison « pour »** : Pour que tout le monde puisse nager sans danger, les masques et les palmes ne sont pas autorisés à la piscine car ils peuvent blesser quelqu'un.

**Exemple sous forme de petite histoire** : Ainsi, l'autre jour, Charlotte a reçu un coup de palme dans l'œil. Elle a dû sortir du bassin pour être soignée.

**Je vérifie**

- J'ai trouvé des raisons qui **justifient les règles**.
- J'ai écrit des **exemples** pour chacune des règles.

### RÈGLEMENT

**Article 1 –** Les enfants de moins de 10 ans doivent être obligatoirement accompagnés d'une personne majeure assurant leur surveillance.

**Article 2 –** Le port du bermuda ou du short est interdit.

**Article 3 –** Chaque baigneur doit obligatoirement prendre une douche et emprunter les pédiluves avant d'accéder aux bassins.

**Article 4 –** Seules les personnes en tenue de bain sont autorisées sur le bord des bassins.

**Article 5 –** Les jeux violents ou dangereux, les bousculades, les courses dans les couloirs, les escaliers et autour des bassins, ainsi que tous les actes susceptibles de gêner le public sont interdits.

**Article 6 –** Il est interdit d'introduire dans les piscines des masques, des palmes et des tubes respiratoires, des objets en verre (flacons, bouteilles, lunettes…), des balles et des ballons.

**J'améliore mon texte**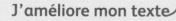

**Grammaire** pages 146-147 ▸ J'ai utilisé différents types de phrases.

**Vocabulaire** pages 194-195 ▸ J'ai utilisé des mots qui indiquent le contraire.

# Parler pour convaincre

**Situation 1**

**Organisez un débat autour de la question : « Est-il normal de s'intéresser à du faux (lectures, jeux...) comme si c'était du vrai ? »**

*Pour te préparer*
- Relis les différents sens du mot « normal ».
- Relis les exemples donnés dans le texte *Quand on plonge dans le faux, c'est pour de vrai.*
- Prépare des arguments pour dire ton avis sur la question posée.

*Pour bien débattre*
- Relis la question posée en utilisant tes propres mots.
- Présente clairement tes arguments.
- Écoute bien ceux de tes camarades.
- Appuie-toi sur des exemples.

*Pour écouter les interventions de tes camarades*
- Quel(le) camarade t'a le plus convaincu(e) ? De quels exemples te souviens-tu ?

**Situation 2**

**À deux. Chacun doit défendre un point de vue différent sur la conduite à adopter par le personnage de chaque histoire.**

**1.** Bryan fait souvent des bêtises. À la fin de la récréation, Margaux voit son copain Mickaël shooter dans la poubelle qui se renverse. Quand la maitresse demande qui a fait cela, Mickaël et les autres élèves accusent Bryan.
- Que doit faire Margaux : dire qu'elle a vu Mickaël renverser la poubelle ou se taire ?

**2.** Quentin a accepté l'invitation de Loïc à sa fête d'anniversaire samedi. Deux jours après, Martin, le meilleur ami de Quentin, l'invite aussi car il sera seul cet après-midi-là.
- Que doit faire Quentin : aller à la fête de Loïc ou passer le samedi avec Martin ?

*Pour te préparer*
- Assure-toi de bien comprendre le texte qui décrit la situation.
- Écris tes arguments selon le point de vue que tu dois défendre.

*Pour écouter et participer au débat*
- As-tu bien compris les arguments ?
- Qui a été le plus convaincant ?

*Ton ou ta camarade a-t-il (elle) tout bien prononcé ou a-t-il (elle) déformé quelques mots ?*

**À vive voix**

**Exercice de diction**
Lis le dernier paragraphe du texte *Normal et pas normal ?* avec un crayon en travers de la bouche.
Essaie de bien articuler pour que tes camarades te comprennent.

# Étude de la langue

# Grammaire

# La phrase simple

## A Le sujet et le prédicat

**Une terrible catastrophe naturelle en l'an 79**

Le Vésuve entre en éruption. Le sommet du volcan explose. Des coulées de lave dévalent les flancs du volcan. Cette lave engloutit tout. Les destructions sont importantes. La ville de Pompéi et la ville d'Herculanum disparaissent. Les victimes sont nombreuses.

Pline le Jeune assiste à l'éruption. Ce jeune homme de 17 ans rédige un compte rendu détaillé de l'évènement.

**1** Combien le texte comporte-t-il de phrases ?
À quoi reconnais-tu une phrase à l'écrit ?

**2** Trouve le sujet et le prédicat dans chaque phrase.
Le sujet ou le prédicat peuvent-ils être supprimés ?

## B Le groupe nominal sujet et le groupe verbal

**3** Recopie le sujet de chaque phrase du texte.
Trouve le nom principal de chaque groupe nominal.

**4** Classe chaque prédicat comme il convient :
groupe verbal / verbe seul.

*Je retiens*

▷ **1.** À l'écrit, une phrase commence par **une majuscule** et se termine par **un point**.
Dans une phrase simple, on distingue le **sujet** et le **prédicat**.
[Le Vésuve] [entre en éruption].
   sujet     prédicat

▷ **2.** Le **sujet** se compose en général d'un **groupe nominal**.
Le Vésuve • Le sommet du volcan.
Le **prédicat** est composé en général du **verbe** ou d'un groupe de mots contenant le verbe :
le **groupe verbal**.
Le sommet du volcan [explose]. Les destructions [sont importantes].
Pline le Jeune [assiste à l'éruption].

## Je m'entraine

**1** ●○○○ **Recopie les phrases, puis souligne les sujets et entoure les prédicats.**

a. Une comète possède un noyau et une chevelure.

b. Cet objet lumineux tourne autour du Soleil.

c. Les astronomes connaissent des milliers d'étoiles.

d. L'histoire de l'univers passionne beaucoup de gens.

**2** ●○○○ **Recopie chaque phrase en remplaçant le sujet en gras par un sujet de la liste :** Martin • L'employé du zoo • Sonia et Jade • Mélanie.

a. **Le vétérinaire** soigne les bébés pandas.

b. **Ma petite-fille** peint des œuvres abstraites.

c. **Ce jeune garçon** a prêté sa tablette à un copain.

d. **Les cuisinières du restaurant** préparent le repas.

**3** ●○○○ **Recopie chaque phrase en remplaçant le prédicat souligné par un prédicat de la liste :** aimerait être pilote d'avion • ont trouvé un trésor • est dangereuse pour la planète • est dans sa piscine.

a. La destruction des forêts <u>menace les animaux</u>.

b. Mathieu <u>rêve de devenir astronaute</u>.

c. Des villageois <u>ont découvert un coffre rempli d'or</u>.

d. Natacha <u>nage</u>.

**4** ●●○○ **Recopie chaque phrase, puis souligne le sujet et entoure le prédicat.**

a. Un homme perdu dans une forêt a mangé des insectes.

b. Ce marchand vend toutes sortes de revues.

c. Certains paysages de montagnes sont sublimes.

**5** ●●●○ **Recopie chaque phrase en remplaçant le sujet par un sujet de ton choix.**

a. Les touristes se rendent au Canada.

b. De nombreuses personnes font des mots-croisés.

c. Ce papillon est minuscule !

d. Un groupe d'exposants occupe la salle des fêtes.

**6** ●●●○ **Recopie chaque phrase en remplaçant le prédicat par un prédicat de ton choix.**

a. Une lectrice du journal *Lisons !* a gagné un voyage.

b. Les feuilles d'automne tourbillonnent.

c. Ce patron accorde une prime à ses employés.

d. Notre machine à laver est en panne.

**7** ●○○○ **Recopie le groupe nominal sujet de chaque phrase.**

a. Ces cueilleurs de champignons connaissent de nombreuses espèces.

b. Le client satisfait remercie les artisans.

c. Les caissiers de ce magasin sont souriants.

d. Des employés communaux ramassent les feuilles.

**8** ●●○○ **Recopie le groupe verbal de chaque phrase.**

a. La serveuse circule de table en table.

b. Les jeunes infirmières semblent fatiguées.

c. Les jardiniers du château taillent les rosiers du parc.

d. De gros nuages obscurcissent le ciel.

**9** ●●○○ **Complète chaque phrase avec un GN sujet du genre et du nombre indiqués.**

a. (*féminin / pluriel*) ont changé d'école.

b. (*masculin / singulier*) a de jolies couleurs.

c. (*masculin / pluriel*) photographient les bateaux.

d. (*féminin / singulier*) ira à Paris.

**10** ●●●○ **Associe chaque sujet à un prédicat afin de former des phrases.**

**Sujets :** une fuite de gaz • nos voisins • de nouvelles candidates • cette plante verte • la nièce de Jérôme

**Prédicats :** déménagent • aime la lumière et le soleil • travaille dans un bureau • participent à l'élection • a provoqué une explosion

### J'écris

▶ **Raconte en plusieurs phrases ce que tu vois sur ce dessin.** Tu composeras uniquement des **phrases** avec un **groupe nominal sujet** et un **groupe verbal** contenant **un verbe seul** ou **un verbe avec des compléments.**

# Le sujet du verbe

## A Reconnaitre le sujet

Zoé transpire, grelote, prononce des paroles incompréhensibles. Une terrible soif lui brule la gorge. Sa tête, ses bras, ses jambes lui font mal. Du fond de la pièce, des bribes de conversation lui parviennent.
– Depuis quand est-elle ainsi ? demande le médecin à sa mère.
– Hier, quand elle est rentrée de l'école, elle avait mal à la tête. Son sommeil, dans la nuit, a été agité. Et, ce matin, elle avait de la fièvre.

**1** Trouve le sujet de chaque verbe surligné. Comment le reconnais-tu ?

**2** Dans la première phrase, de combien de verbes le nom Zoé est-il le sujet ? Dans la troisième phrase, combien le verbe a-t-il de sujets ?

**3** Dans quelles phrases le sujet est-il séparé du verbe par un complément ? Dans quelles phrases le sujet est-il placé après le verbe ?

**4** Écris la première phrase et toutes les paroles de la mère en remplaçant Zoé par Zoé et Lola. Que constates-tu ? Explique l'accord du participe passé du verbe rentrer.

## B À quelles classes grammaticales appartiennent les sujets ?

**Le médecin** rassure la mère de Zoé très inquiète :
– **Plusieurs élèves de l'école primaire Paul-Fort** ont présenté ces symptômes. Certains sont maintenant guéris. **Votre fille** a attrapé la grippe. Vous lui donnerez ces médicaments que **je** vous prescris. **Cela** fera tomber la fièvre.

**5** Classe les sujets écrits en gras et ceux du texte **A** suivant leur classe grammaticale : nom propre / groupe nominal / pronom.

**6** Remplace les groupes nominaux sujets par des pronoms personnels. Lesquels utilises-tu ?

▶ 1. Le **sujet** d'un verbe répond à la question « **qui est-ce qui ?** » ou « **qu'est-ce qui ? »**. Il peut être encadré par « **c'est … qui** » ou « **ce sont … qui** ». Le sujet est le plus souvent **placé devant** le verbe mais il peut en être **séparé** par un complément ou être placé **derrière** le verbe.

    Une terrible soif lui brule la gorge. Depuis quand est-elle ainsi ?
    S            V              V    S

Le sujet **fait varier** le verbe.

▶ 2. Le sujet d'un verbe peut être un **nom propre** (Zoé), un **groupe nominal** (ses yeux, une terrible soif), un **pronom personnel** (je, vous, elle), d'**autres pronoms** (certains, cela).

## Je m'entraine

**1** ●●○ **Recopie chaque verbe souligné avec son sujet.**

Sur le bateau de promenade, le capitaine accueille ses passagers avec le sourire.
Il leur propose une croisière sur le lac. Les touristes, pendant une heure, écoutent l'histoire de ce plan d'eau artificiel, pour lequel on a détruit plusieurs villages. L'homme leur parle aussi d'une église que l'on a démontée et que l'on a rebâtie pierre par pierre à côté du lac.

**2** ●●○ **Complète chaque phrase avec le sujet de la liste qui convient :**
Les dauphins • L'acteur principal et le metteur en scène • Un bébé • Des chevaux, des fauves et des chiens savants • La patineuse.

a. … glisse, tourne et saute.
b. … sont invités au journal télévisé.
c. … plongent, filent sous l'eau et remontent.
d. … partent avec le cirque.
e. … mange, pleure et dort.

**3** ●●○ **Recopie les phrases, souligne les verbes et entoure les sujets.**
a. Le bateau de pêche, dans la tempête, monte et descend de plusieurs mètres.
b. Que regardez-vous au loin ?
c. En mars, fleurissent les crocus, les jonquilles, les premières tulipes.
d. Timéo et ses parents, pendant les vacances, iront dans un parc de loisirs.
e. Il y a 230 millions d'années, sont apparus les premiers dinosaures.

**4** ●●● **Recopie chaque phrase en accordant le sujet en genre et en nombre avec le verbe.**
a. (Ce commerçant) est arrivée sur le marché à 5 heures du matin.
b. Lors d'une compétition, (un cavalier) sont tombées de cheval.
c. (Un accident) ont bloqué l'autoroute pendant plusieurs heures.
d. Sur certaines plages, (une machine) nettoient le sable chaque nuit.
e. (Les chats) est couchée sur le canapé.

**5** ●○○ **Recopie chaque sujet souligné. Indique si c'est un nom propre, un groupe nominal ou un pronom (personnel ou autre).**

Aladin est envoyé dans une caverne par le méchant Jafar. Il doit rapporter une lampe magique. De la fumée s'échappe de cette lampe ; quand elle disparait, le garçon découvre un magicien qui lui propose de faire un vœu. Cela intrigue le garçon ! Jafar est furieux et enferme Aladin dans la grotte. Mais le prisonnier réussit à sortir.

**6** ●●● **Recopie les phrases dans lesquelles les groupes de mots soulignés sont des sujets.**
a. Nous dirons à Alia et Mathis de venir.
b. La marche est bonne pour la santé. Cela est prouvé.
c. Elle n'aime pas voyager sans sa fille.
d. Lola et Enzo partent en classe de mer.
e. Nous les reconduirons chez elles.

**7** ●●○ **Complète chaque phrase avec le sujet qui convient :**
Certains • les plus gros mammifères du monde • ils • Zavatta • La peinture.
a. … est une occupation agréable.
b. Dans les mers vivent … .
c. Nous avons invité des gens ; … sont nos amis depuis trente ans.
d. … rirent aux éclats en voyant les clowns.
e. … était un artiste de cirque célèbre.

**8** ●●● **Complète chaque phrase avec un sujet de la classe grammaticale indiquée.**
a. Chaque jour, … sort son âne. (*gr. nominal*)
b. Avez-… demandé de l'aide pendant votre maladie ? (*pr. personnel*)
c. … est bon pour le moral ! (*autre pronom*)
d. … ont gagné beaucoup d'argent à un jeu télévisé. (*gr. nominal*)
e. Plus tard, … apprendra à piloter les avions. (*nom propre*)

### J'écris

▶ Écris en quelques phrases une histoire que quelqu'un t'a racontée ou une histoire que tu as lue tout(e) seul(e).
• Emploie des **sujets de classes grammaticales variées**.

# Grammaire

# Le verbe et ses compléments

## A Les compléments du verbe

**Vrai ou faux ? Teste tes connaissances sur le Moyen Âge.**

**a** Lors de la cérémonie d'adoubement, le chevalier reçoit son épée.

**b** Dans les monastères, les moines accueillent les malades.

**c** Les seigneurs cultivent la terre.

**d** Le moulin appartient à des paysans.

**e** Progressivement, les paysans rachètent leur liberté à leur seigneur.

**1** Trouve le sujet et le groupe verbal des phrases. Puis repère le verbe.

**2** Relève les compléments du verbe dans les phrases ci-dessus. Comment les reconnais-tu ? Quelles précisions apportent-ils ?

**3** Classe les compléments du verbe :
compléments directement liés au verbe / compléments liés au verbe par une préposition.

**4** Compare cette phrase avec la phrase **a** du texte.
Lors de la cérémonie d'adoubement, le chevalier la reçoit.
Que constates-tu ?
Remplace les compléments du verbe des autres phrases par des pronoms personnels.

## B Le groupe verbal avec le verbe *être*

**f** Les châteaux forts sont des forteresses imprenables.

**g** Les murailles des châteaux sont hautes et épaisses.

**5** Relève les groupes de mots qui suivent le verbe **être**. Peux-tu les supprimer ?

**6** Sur quels mots ces attributs apportent-ils des précisions ?

**7** Récris les phrases en mettant le sujet au singulier. Que constates-tu ?

▶ **1.** Le **verbe** est le **noyau** du groupe verbal.
Dans le groupe verbal, **des compléments** que l'on ne peut ni déplacer, ni supprimer complètent le verbe.
Les seigneurs cultivent **la terre**. Le moulin appartient **aux paysans**.
Les compléments du verbe peuvent être **des pronoms**. Le moulin **leur** appartient.

▶ **2.** Dans le groupe verbal, les mots ou les groupes de mots qui suivent le verbe **être** sont des **attributs**.
L'attribut donne des précisions sur le sujet. On parle donc d'**attribut du sujet**.
Les murailles des châteaux sont **hautes et épaisses**.

## Je m'entraine

**1** ●○○ **Recopie chaque groupe verbal surligné. Puis entoure le verbe et souligne le complément.**
a. Dans ce village, une dame élève des chiens de chasse.
b. La cheminée crache une épaisse fumée noire.
c. Elles ont assisté à un magnifique spectacle.
d. Gepetto a fabriqué un pantin de bois nommé Pinocchio.

**2** ●○○ **Complète chaque groupe verbal avec un complément de la liste :**
de douleurs au ventre • à un vrai petit garçon • une collection de statues antiques • le sommet du mont Blanc.
a. Pinocchio ressemble … .
b. Bastien se plaint … .
c. Hier, les alpinistes ont atteint … .
d. Le nouveau musée recevra … .

**3** ●●○ **Recopie uniquement les groupes verbaux qui contiennent une préposition. Puis entoure cette préposition.**
a. Ce sac à dos appartient à ma copine.
b. Je me méfie de ton chien !
c. Ce long discours ennuie les auditeurs.
d. Le jeune chien s'habitue à sa nouvelle maison.
e. L'agriculteur laboure ses champs.

**4** ●●○ **Complète chaque groupe verbal avec un complément de ton choix.**
a. Le parc zoologique a accueilli … .
b. Dans une lettre, cet homme s'adresse … .
c. Un violent incendie a détruit … .
d. Mon grand-père se souvient … .

**5** ●●● **Récris chaque phrase en remplaçant le complément du verbe souligné par le pronom personnel qui convient**
a. Papi promène sa petite-fille.
b. Le maire décore le pompier courageux.
c. L'otarie obéit à son dresseur.
d. Graham Bell a inventé le téléphone.
e. L'éleveur parle à ses animaux.

**6** ●●○ **Recopie uniquement les groupes verbaux qui contiennent le verbe être.**
a. Ce matin, le ciel est dégagé et lumineux.
b. Les enfants ont mangé du poulet et du riz.
c. Mes cousines sont de bonnes cavalières.
d. La journaliste était une débutante.
e. Des lunettes protègent les yeux de ces personnes.

**7** ●●○ **Recopie chaque groupe verbal en gras. Puis entoure le verbe et souligne l'attribut du sujet.**
a. L'ile de Guadeloupe nommée Basse-Terre **est élevée et couverte de forêts.**
b. La température moyenne des Antilles **est douce.**
c. Les lions et les tigres **sont des animaux féroces.**

**8** ●●○ **Recopie chaque attribut du sujet en gras, puis indique le sujet qu'il précise.**
a. Cette vieille maison était **froide et sombre.**
b. Le *Bélem* et l'*Hermione* sont **d'immenses voiliers.**
c. Votre visite a été **une vraie surprise** !
d. Ces deux sœurs sont **grandes et minces.**

**9** ●●● **Récris chaque phrase en remplaçant le sujet par celui proposé entre parenthèses.**
a. Ces derniers jours d'automne sont ensoleillés. *(Cette dernière journée)*
b. Ces allées ombragées sont agréables. *(Cet endroit)*
c. Les acteurs du film sont parfaits. *(L'actrice)*
d. Alice est une personne charmante. *(Alice et Sonia)*

**10** ●●● **Recopie chaque groupe de mots souligné. Indique s'il s'agit d'un complément du verbe ou d'un attribut du sujet.**
a. Fatima est une petite fille de 10 ans.
b. Cette auteure écrit un nouveau roman.
c. Elle ressemble à son grand-père.
d. Les dauphins sont des animaux marins.

### J'écris

▶ Raconte en plusieurs phrases ce que la famille de Clara a organisé pour fêter ses 11 ans : cadeaux, poèmes, jeux, surprises…
- Emploie des **compléments du verbe** et des **attributs du sujet** dans les groupes verbaux.

## L'attribut du sujet

### A Le rôle de l'attribut du sujet

**Bastien était un jeune garçon de treize ans.** Depuis un an, à la mine, il remplissait les berlines de charbon puis les poussait sur des rails, pieds nus dans la boue. **Dans les ténèbres des galeries, les journées paraissaient longues. Au fil de la journée, avec la fatigue et la chaleur, le travail devenait pénible.**

**À la fin de la journée, Bastien était affamé.** En croquant une pomme, avant de remonter vers le jour, il passait à l'écurie voir les chevaux au repos. **L'un des deux chevaux semblait fatigué. Il était vieux.** Il était là depuis plus de quinze ans.

1 Recopie la première phrase du texte, trouve le sujet et le groupe verbal.
Dans le groupe verbal, souligne le verbe et indique son infinitif.
Entoure l'**attribut** du sujet. Peux-tu le supprimer ?
Pourquoi l'attribut est-il appelé attribut « **du sujet** » ?

2 Dans les autres phrases écrites en gras, trouve le sujet et le groupe verbal.
Dans chaque groupe verbal, trouve l'attribut du sujet.

3 Relève les verbes derrière lesquels se trouvent les attributs.
Quel est le plus fréquent ?

### B À quelles classes grammaticales appartiennent les attributs du sujet ?

4 Indique la classe grammaticale de chaque attribut du sujet.

5 Récris la 1re phrase du 1er paragraphe et du 2e paragraphe
en parlant d'abord de Bastien et Albert, puis d'Amélie, puis d'Amélie et Jeanne.
Explique les accords des attributs.

▶ **1.** L'**attribut du sujet** fait partie du groupe verbal. Il ne peut **pas être supprimé**.
Il apporte des **précisions sur le sujet**.
Bastien était un jeune garçon de treize ans.

L'attribut du sujet *un jeune garçon de treize ans* apporte des précisions sur Bastien.
L'attribut du sujet est situé juste après le verbe être ou les verbes paraitre, sembler, demeurer, rester, devenir, avoir l'air…

▶ **2.** L'attribut du sujet peut être un **adjectif** ou un **groupe nominal**. Il s'accorde avec le sujet.
Bastien était **un jeune garçon de treize ans**. Le travail devenait **pénible**.
          groupe nominal                                    adjectif

• Le rôle de l'attribut du sujet ▶Exercices 1 à 4
• À quelles classes grammaticales appartiennent les attributs du sujet ? ▶Exercices 5 à 9

Fichier d'exercices :
↳ des exercices supplémentaires et des évaluations.

## Je m'entraine

**1** ●○○ **Recopie chaque phrase. Souligne le verbe, puis entoure l'attribut qui donne un renseignement sur le sujet en gras.**

a. **Les dents de ce requin** sont redoutables !

b. **Ta sœur** est ma meilleure copine.

c. **L'Everest** demeure le plus haut sommet du monde.

d. **Certains films anciens** restent de magnifiques chefs-d'œuvre.

e. **Ces animaux** paraissent intelligents et doux.

**2** ●○○ **Recopie chaque phrase. Souligne le sujet du verbe en gras, puis entoure l'attribut du sujet.**

a. Les premiers dinosaures n'**étaient** pas très grands.

b. Le vieux sorcier **parait** horrible !

c. Ces meubles **deviennent** trop encombrants.

d. Le fromage **reste** son aliment préféré.

e. Les souvenirs de cet homme **demeurent** intacts.

f. Votre proposition **semble** honnête.

**3** ●●○ **Recopie uniquement les phrases qui contiennent un attribut du sujet.**

a. Le dessin de ce garçon est remarquable.

b. Paul aime le sport plus que tout.

c. Ta mamie parait gentille et gaie.

d. Ce projet semble intéressant.

e. Il sort de sa poche un carnet et un crayon.

f. Petit poisson deviendra grand.

• **Dans chaque phrase recopiée, souligne le verbe, entoure le sujet et son attribut.**

**4** ●●● **Écris une phrase dans laquelle chaque mot ou groupe de mots sera attribut du sujet. Utilise des verbes différents.**

le meilleur de l'équipe • magnifiques • une saison agréable • frais et pluvieux

**5** ●○○ **Classe les attributs du sujet surlignés en deux colonnes :** adjectif qualificatif / GN.

Blanche-Neige est devenue une belle jeune fille . Pour échapper à la méchante reine jalouse, elle se cache dans la forêt. La nuit est noire . Autour d'elle, les arbres semblent menaçants . Quand elle se réveille, les animaux la regardent. « Nous sommes tes amis » lui disent-ils. La princesse reste émerveillée devant cet accueil inespéré

**6** ●●● **Recopie chaque phrase avec l'attribut du sujet qui convient :**

des gens charmants • mystérieuses • ravie • un superbe cygne • satisfaites • fatigués.

a. Les nageurs semblent … par les compétitions.

b. Nos voisins sont … .

c. Ces étudiantes ont l'air … de leurs résultats.

d. Ta mère parait … de son dernier voyage.

e. Le vilain petit canard est devenu … .

f. Ces disparitions demeurent … .

**7** ●●○ **Recopie chaque phrase en accordant l'attribut du sujet comme il convient.**

a. Les premiers dinosaures étaient (*carnivore*).

b. Cette maison parait (*abandonné*).

c. Ces châteaux restent (*un édifice merveilleux*).

d. En hiver, les journées semblent plus (*long*).

e. Les jeunes pommiers sont devenus (*un arbre magnifique*).

**8** ●●● **Complète chaque phrase avec un attribut du sujet de la classe grammaticale indiquée.**

a. Depuis deux jours, la rue demeure … *adjectif*.

b. Ces deux garçons sont … *groupe nominal*.

c. En hiver, le petit village de montagne devient … *groupe nominal*.

d. À la rentrée, certains élèves ont l'air … *adjectif*.

e. Manon est restée … *groupe nominal*.

f. Les animaux du parc semblent … *adjectif*.

**9** ●●● **Complète chaque phrase avec un sujet de ton choix. Il doit s'accorder avec l'attribut.**

a. … semble étroite.

b. … est un animal sauvage.

c. … paraissent joyeuses aujourd'hui !

d. … ont l'air satisfaits du résultat.

e. … devient un arbre magnifique.

f. … demeurent immobiles.

## J'écris

▶ Écris en plusieurs phrases ce que tu peux voir dans un supermarché aux rayons de l'alimentation : **viandes, fruits, légumes, boissons, pâtisseries…**

• Emploie des **verbes** comme **être**, **sembler**, **paraitre**… suivis d'**attributs du sujet**.

# Les compléments de phrase

## A Reconnaitre les compléments de phrase

**Un soir**, **sur un chemin**, Lucas vit un chien maigre et sale.
**Le lendemain soir**, le chien était toujours là. **Pendant plusieurs jours**, Lucas lui apporta à manger. Le chien était méfiant **parce qu'il avait été maltraité**. Il montrait les dents. Il avait peur **quand Lucas faisait un geste brusque**. **Après une semaine**, l'animal prit confiance et il suivit Lucas. **Dans une grande baignoire**, Lucas savonna **vigoureusement** le chien **pour qu'il soit bien propre**. **Maintenant**, le chien mangeait à sa faim, il avait grossi et son poil luisait. **Lorsque Lucas rentrait de l'école**, le chien sautait de joie.

**1** Relis le texte en changeant de place les compléments écrits en gras. Que remarques-tu ? Ces compléments peuvent-ils être supprimés ?

**2** Classe chaque complément de phrase suivant l'indication qu'il donne :
temps • lieu • manière • but • cause.

## B Les classes grammaticales des compléments de phrase

**3** Classe les compléments de phrase en trois colonnes :
groupe nominal / adverbe / une autre partie de phrase.

**4** Les groupes nominaux compléments de phrase écrits en bleu sont introduits par des prépositions. Relève ces prépositions.

### Je retiens

▷ **1.** Dans une phrase, les **compléments de phrase** peuvent être **déplacés** et **supprimés**.
**Un soir**, Lucas vit un chien, maigre et sale. Lucas, **un soir**, vit un chien maigre et sale.
Ils donnent des informations sur **où (lieu)**, **quand (temps)**, **comment (manière)**, **dans quel but (but)**, **à cause de quoi (cause)** se passent les actions.

▷ **2.** Le complément de phrase est le plus souvent un **groupe nominal introduit par une préposition** :
**après** une semaine, **pendant** plusieurs jours, **sur** un chemin.
Il peut être aussi :
– un **groupe nominal sans préposition** : un soir ;
– un **adverbe** : vigoureusement ou **une partie de phrase** :
quand Lucas faisait un geste brusque.

• Reconnaitre les compléments de phrase ▶Exercices 1 à 5
• Les classes grammaticales des compléments de phrase ▶Exercices 6 à 9

**Fichier d'exercices :**
↳ des exercices supplémentaires et des évaluations.

## Je m'entraine

**1** ●○○ **Recopie les phrases en supprimant les compléments de phrase.**

a. Chaque année, à leur anniversaire, les enfants se déguisent avec beaucoup d'imagination.

b. Les nuits d'été, Léo aime regarder les étoiles.

c. Avant-hier, des randonneurs ont rencontré, au détour d'un chemin, une laie et ses petits.

d. Sans bruit, le renard s'approche d'une poule !

**2** ●○○ **Recopie les phrases en déplaçant les compléments de phrase.**

a. La lionne surveille attentivement ses petits.

b. Debout sur les pédales de leur vélo, les coureurs franchissent courageusement le col sous la pluie.

c. Pendant un an, un caméraman a filmé des animaux pour produire un documentaire.

d. Nous visiterons l'Espagne avec un guide, aux prochaines vacances.

**3** ●○○ **Recopie chaque complément de phrase souligné. Puis écris s'il indique le lieu, le temps, la manière, le but ou la cause.**

a. L'hiver dernier, Amra a skié dans les Vosges.

b. Dans leur maison, ils ont fait poser une alarme, afin de partir tranquilles.

c. Dernièrement, Mathilde a été malade parce qu'elle a pris froid en se baignant.

d. À toute vitesse, Arthur a dévalé les six étages pour ne pas être en retard à son travail.

**4** ●●○ **Écris la question à laquelle répond chaque complément de phrase souligné.**

En juillet 1969, des astronautes américains ont marché sur la Lune. Ils ont ramassé des cailloux pour les faire analyser et ont laissé des empreintes sur le sol. Au cours des voyages suivants, d'autres astronautes ont parcouru des dizaines de kilomètres en voiture spéciale.

**5** ●●● **Complète les phrases avec des compléments de phrase donnant les informations indiquées.**

a. *(temps)* Maman aime lire *(but)*.

b. *(cause)* Gabriel a été affaibli *(temps)*.

c. *(manière)*, nous mettons notre imperméable *(but)*.

d. *(lieu)*, un bateau a chaviré *(manière)* *(temps)*.

**6** ●●○ **Recopie chaque complément de phrase écrit en gras. Puis indique sa classe grammaticale.**

a. **La nuit dernière**, un énorme bruit nous a réveillés.

b. **Quand il vit ses amis**, il se redressa dans son lit **avec peine**.

c. **Sur la table du salon**, elle posa **violemment** le vase en cristal qui se brisa.

d. **Brusquement**, le camion quitta la route.

**7** ●●○ **Recopie le texte en le complétant avec les compléments de phrase de la liste :**
dans la forêt • face à leurs ennemis •
vers 300 avant J.-C. •
pour se protéger des envahisseurs.

…, les Gaulois cultivent la terre et élèvent des animaux. …, ils cueillent des fruits. Ils construisent des villes fortifiées … . …, ils n'ont peur ni du combat ni de la mort.

**8** ●●○ **Complète les phrases avec les compléments de phrase de la classe grammaticale indiquée :**
dans la nuit • un soir • vers l'ouest • soudain.

a. *(Adverbe)*, *(groupe nominal avec préposition)*, ils entendirent un cri effrayant.

b. *(Groupe nominal sans préposition)*, plusieurs personnes virent un objet étrange dans le ciel.

c. *(Groupe nominal avec préposition)*, la falaise s'avance dans la mer.

**9** ●●● **Complète les phrases avec les compléments de phrase indiqués que tu placeras selon ton choix.**

a. On a découvert une chatte et ses trois chatons. *(temps + lieu)*

b. Un accident sans gravité s'est produit. *(temps + lieu)*

c. La fusée a décollé. *(temps + lieu + manière)*

d. Un nouveau bâtiment a été construit. *(lieu + but)*

### J'écris

▶ **Léo invite des amis à passer l'après-midi chez lui.**

• Explique à ses invités où et comment l'après-midi va se passer : jardin ou intérieur, piscine, jeux, activités diverses, gouter… Emploie des **compléments de phrase** variés.

# Grammaire

# Des phrases pour quoi faire ?

## A Les types de phrases

*Pour retrouver son chien, Carole pénètre avec Olivier dans un laboratoire où des expériences sont faites sur les animaux. Un homme la repère et l'attrape.*

– Qu'est-ce que tu fais ici ?
Heureusement, Olivier a surgi.
– Lâchez-la ! C'est ma sœur !
– Et qu'est-ce que tu fais là avec ta sœur ?
– Calmez-vous… On n'est pas des voleurs. On cherche notre chien…

THIERRY LENAIN, *Un chien dans un jeu de quilles*, Éd. Nathan Poche.

**1** Relève la **phrase exclamative**, les **phrases interrogatives** et les **phrases injonctives**. Par quels signes de ponctuation se termine chaque phrase ?

**2** Quel est le rôle de chacune de ces phrases ? Explique l'emploi du point d'exclamation à la fin d'une des phrases injonctives.

**3** Les autres phrases du texte et de l'introduction sont des **phrases déclaratives**. Dans quel but sont-elles employées ?

## B Les formes de phrases

**a** Ne restez pas là. Vous n'avez aucune raison d'être ici !
**b** Olivier et Carole ne peuvent plus continuer à chercher le chien.
**c** Tu n'as rien entendu ?

**4** Indique le type de chaque phrase négative. Relève les mots de la négation et explique l'emploi de **n'** à la place de **ne**. Récris ces phrases à la forme affirmative.

### Je retiens

▶ **1.** On utilise quatre types de phrases :
– la **phrase déclarative** pour raconter, expliquer, donner une information :
On cherche notre chien.
– la **phrase interrogative** pour poser des questions : Qu'est-ce que tu fais ici ?
– la **phrase injonctive** pour donner des ordres, des conseils : Calmez-vous…
– la **phrase exclamative** pour exprimer un sentiment, une émotion : C'est ma sœur !

▶ **2.** Les phrases déclaratives, interrogatives, injonctives et exclamatives sont à la **forme affirmative** ou à la **forme négative** : Tu as entendu ? Tu n'as rien entendu ?

## Je m'entraine

**1** ●●● **Indique le type de chaque phrase.**

a. Descends de cet arbre.

b. C'est le moine Clément Rodier qui, en 1900, a créé le fruit appelé maintenant « clémentine ».

c. Pourquoi ont-ils déménagé ?

d. Nous sommes sortis indemnes de l'accident !

e. En 1969, deux astronautes américains ont marché sur la Lune.

**2** ●●● **Recopie la phrase du type indiqué dans chaque série.**

a. La porte était fermée. Il était impossible d'entrer ! *(déclarative)*

b. Vous allez vous retrouver dans les bouchons. Prenez l'autoroute. *(injonctive)*

c. À quelle heure est-elle donc partie ? Elle est encore en retard ! *(interrogative)*

d. Les premiers hommes ne savaient pas faire de feu. Ils mangeaient leur viande crue ! *(exclamative)*

**3** ●●● **Recopie chaque phrase de la première série en l'associant à la phrase correspondante de la deuxième série.**

**Série 1**

a. Kévin ordonne à son copain :

b. Le présentateur demande à la journaliste :

c. L'enfant s'écrie dans son cauchemar :

d. Le présentateur déclare :

e. Le vendeur conseille le client :

**Série 2**

1 « Avez-vous des nouvelles des blessés ? »

2. « L'autoroute A7 est bloquée par la neige. »

3. « Prenez un produit pour nettoyer le four. »

4. « Aide-moi à pousser la voiture. »

5. « Au secours, un monstre veut me manger ! »

**4** ●●● **Recopie le texte en mettant la ponctuation qui convient.**

La fin de l'été approche Comme c'est triste Combien de temps faudra-t-il attendre pour pouvoir à nouveau se baigner dehors dans la piscine Bientôt, le brouillard va envahir la vallée tous les matins Décidément je n'aime pas l'automne Mais que les arbres seront beaux avec leurs feuilles dorées

**5** ●●● **Recopie uniquement les phrases négatives. Indique leur type.**

a. Le comte de Blois franchit le pont-levis.

b. La chèvre de monsieur Seguin ne veut plus vivre chez lui.

c. Ne reste pas à côté de cette porte.

d. Il n'obtiendra jamais son permis de conduire !

e. Ce sapin a été déraciné par la tempête.

**6** ●●● **Réponds à chaque question par une phrase déclarative que tu écriras à la forme affirmative, puis à la forme négative.**

a. Sont-ils contents de leurs vacances ?

b. Peux-tu arroser nos fleurs pendant notre absence ?

c. Ira-t-il au marché demain ?

d. Avez-vous vu le dernier film ?

**7** ●●● **Récris les phrases à la forme négative.**

a. Cet enfant court toujours après les pigeons.

b. Il a vraiment peur de tout !

c. Es-tu revenu avec la voiture de ton frère ?

d. Regarde encore dans la cour des voisins.

e. Marchez plus vite.

## J'écris

▶ Trouve deux phrases pour chaque vignette de cette bande dessinée : une phrase déclarative pour expliquer la situation ; une phrase d'un autre type (injonctive, interrogative, exclamative) pour indiquer les paroles prononcées par les personnages.

# Le verbe

## A Le verbe, seul mot qui se conjugue

**A** Le coureur avance sur la piste, prend la bonne position, attend le signal du départ. Quand il voit son camarade derrière lui, il respire à fond, saisit le témoin et court.

**B** Nous avançons sur la piste, prenons la bonne position, attendons le signal du départ. Quand nous voyons notre camarade derrière nous, nous respirons à fond, saisissons le témoin et courons.

**C** Le coureur a avancé sur la piste, a pris la bonne position, a attendu le signal du départ. Quand il a vu son camarade derrière lui, il a respiré à fond, a saisi le témoin et a couru.

**1** Relève les verbes dans les trois textes et indique leur infinitif.

**2** Pourquoi les verbes n'ont-ils pas la même forme dans les trois textes ?

**3** Dans quel texte sont-ils conjugués à un temps composé ?

## B Repérer le radical et la terminaison des verbes

nous **dis**ons • je **dis**ais • il **dir**a - il **fait** • nous **fais**ions • j'ai **fait** - je **peu**x • vous **pouv**ez • ils **pour**ront

**4** Trouve l'infinitif des verbes et écris-le dans la colonne qui convient.
Fais de même pour les verbes relevés dans les textes **A**, **B** et **C**.

| infinitif terminé par -er | infinitif terminé par -ir | infinitif terminé par -oir | infinitif terminé par -dre | infinitif terminé par -re |
|---|---|---|---|---|
| … | … | … | … | … |

Entoure la partie du verbe restant quand on enlève la terminaison de l'infinitif. C'est le **radical**.

**5** Compare le radical de chaque infinitif avec celui des formes conjuguées.
Un verbe a-t-il toujours le même radical ?

**6** Quelles précisions apportent les terminaisons dans les verbes conjugués ?

⚠ Il n'est pas toujours possible de séparer la terminaison du radical.
Exemples : le verbe *être* → *je suis, tu es, nous sommes* • le verbe *avoir* → *j'ai, nous avons, ils ont*.

▷ **1. Le verbe se conjugue**, c'est-à-dire qu'il varie selon son **sujet** et selon le **temps** employé.
Le coureur **respire**. Nous **respirons**. Le coureur **a respiré**.

▷ **2.** On peut classer les verbes selon la terminaison de leur **infinitif** :
**-er** : avancer… ; **-ir** : saisir • courir… ; **-oir** : pouvoir • voir ; **-dre** : attendre • prendre ; **-re** : dire • faire…
Le **radical** porte le sens du verbe.
La **terminaison** donne des précisions de temps, de personne, de nombre.

• Le verbe, seul mot qui se conjugue ▶Exercices 1 à 5
• Repérer le radical et la terminaison des verbes ▶Exercices 6 à 10

**Fichier d'exercices :**
↳ des exercices supplémentaires et des évaluations.

## Je m'entraine

**1** ●○○ **Recopie uniquement les verbes à l'infinitif.**
je pars • marcher • finir • il a joué • vendre • on dit • écrire • trouver • elle voit • rire • vivre • nous sortons • ils sont arrivés • manger • tu gagnes • fuir • garder

**2** ●○○ **Recopie les verbes qui sont conjugués à un temps composé.**
elle est tombée • on croit • nous coupons • il a cueilli • vous avez gagné • je range • tu dors • ils sont rentrés • elles ont couru • il dessine • on a étudié • j'ai trouvé

**3** ●○○ **Recopie le verbe conjugué de chaque phrase.**
a. Le campeur installe sa caravane.
b. Les enfants apprennent leurs leçons.
c. Tout le monde doit respecter la nature.
d. Vous partirez par le train.
e. L'écureuil a grimpé avec vivacité.

**4** ●●○ **Recopie chaque verbe conjugué. Puis écris son infinitif.**
a. Ce petit garçon est vraiment très sage !
b. Le chien cherche son maitre et il le retrouve.
c. Les primevères fleurissent déjà !
d. Je ne connais personne ici, je déteste cet endroit.
e. Ils ont fait du bateau et ils sont revenus tard.

**5** ●●● **Complète chaque phrase avec un pronom personnel qui convient.**
a. … mangent et dorment bien.
b. … chargera la voiture demain.
c. Maintenant, … vivons à la campagne.
d. … écris bien depuis quelques semaines.
e. … examinez le fruit avec attention.

**6** ●○○ **Classe les verbes dans un tableau.**

| infinitif en -*er* | infinitif en -*ir* | infinitif en -*oir* | infinitif en -*dre* | infinitif en -*re* |
|---|---|---|---|---|

réunir • balayer • savoir • bouger • paraitre • dire • rendre • remplir • laver • grandir • pouvoir • murir • descendre • donner • devoir • écrire • ramasser • laisser • resplendir • venir • coudre

**7** ●●○ **Recopie ces verbes qui sont à l'infinitif. Souligne leur radical.**
dormir • aider • courir • grossir • peindre • préférer • dessiner • faire • sentir • rire • boire • entendre • recevoir • mettre • couper • sourire

**8** ●●○ **Indique l'infinitif de chaque verbe en gras. Puis entoure la terminaison de cet infinitif.**
a. Les enfants **salissent** souvent leurs vêtements.
b. Pourquoi **veulent**-elles partir ?
c. Ce carrosse **transporte** la reine d'Angleterre.
d. Nous **suivons** des cours de cuisine.

**9** ●●○ **Recopie chaque verbe conjugué. Puis souligne son radical et entoure sa terminaison.**
a. Vous servez la viande dans une assiette chaude.
b. Tu passes ton temps à observer les insectes.
c. Les clients attendent l'ouverture du magasin.
d. Nous voulons partir tôt demain matin.

**10** ●●● **Écris l'infinitif de chaque verbe en gras, puis l'infinitif du verbe qui peut le remplacer.**
Exemple :
Léa **met** le vase sur la table. → *infinitif terminé par -er*
    mettre                          poser
a. Il ne **veut** pas apprendre à nager. → *infinitif terminé par -er*
b. Le chien **tache** le parquet avec ses pattes boueuses. → *infinitif terminé par -ir*
c. Les maçons **font** une nouvelle maison. → *infinitif terminé par -re*
d. Il **révise** une leçon. → *infinitif terminé par -dre*
e. Il **saute** sur sa proie. → *infinitif terminé par -ir*
• **Entoure le radical de chaque verbe.**

## J'écris

▶ **Raconte en plusieurs phrases ce que tu vois sur le dessin.**
• Emploie des verbes dont l'infinitif se termine par -er, -ir, -oir, -re et -dre.

# Le présent de l'indicatif (1) : verbes en *-er*

**A** Les verbes sans modification de radical

Mon père qui revenait d'un séminaire au Togo m'a annoncé brutalement :
« Lucas, dorénavant, nous ne t'offrirons plus de jouets. Là-bas, en Afrique,
les enfants **fabriquent** eux-mêmes leurs petites voitures. Ils **utilisent** des
boites de sardines, du fil de fer… enfin tout ce qu'ils ont sous la main. Créer
ses propres jouets, c'est fascinant, tu ne **trouves** pas ? »

ZAD et DIDIER JEAN, *Bienvenue sur Konditor*, Le Livre de Poche Jeunesse, Éd. Hachette Jeunesse.

**1** Pourquoi, dans ce texte au passé, les verbes écrits en gras sont-ils au présent ?

**2** Recopie les verbes écrits en gras avec leur sujet et indique la terminaison de leur infinitif.

**3** Souligne le radical et la terminaison de chaque verbe écrit en gras.
Précise la personne à laquelle chaque verbe est conjugué.

**4** Indique la terminaison des verbes en **-er** à toutes les personnes du présent de l'indicatif.

**5** Dans les tableaux de conjugaison page 210 observe la conjugaison du verbe distinguer.
Que constates-tu à propos du radical ?

**B** Les verbes avec modification de radical

*Projeté dans un monde merveilleux, Lucas rencontre un réparateur de jouets qui lui dit :*
« Dans cette société de consommation, les gens ne font plus rien réparer ; ils **jettent**,
ils jettent. Et puis, ils **achètent** du neuf, encore du neuf. Ils croient acheter le bonheur,
mais le bonheur n'est pas à vendre. Il est gratuit : faut-il encore le voir ! »

ZAD et DIDIER JEAN, *Bienvenue sur Konditor*, Le livre de poche Jeunesse, Éd. Hachette Jeunesse.

**6** Écris l'infinitif de chaque verbe écrit en gras. Compare chaque infinitif
avec le verbe conjugué. Récris ces verbes à la 1re personne du singulier puis du pluriel.
Que constates-tu à propos du radical ?

**7** Dans les tableaux de conjugaison page 210, observe la conjugaison
des verbes en **-cer**, **-ger** puis celle des verbes en **-yer**, **-eler** et en **-eter** pages 212 et 214.
Que constates-tu à propos du radical ?

## Je retiens

**1.** On utilise le **présent de l'indicatif** pour indiquer ce qui se passe **au moment
où on le dit ou au moment où on l'écrit.**

**2.** Au présent de l'indicatif, les terminaisons des verbes en **-er** sont :
je → **-e** • tu → **-es** • elle/il/on → **-e** • nous → **-ons** • vous → **-ez** • elles/ils → **-ent**
La plupart des verbes en **-er** ont le même radical à toutes les personnes.
Certains verbes en **-er** modifient leur radical à certaines personnes.
→ Tableaux de conjugaison pages 210-214.

• Les verbes sans modification de radical ▶ Exercices 1 à 6
• Les verbes avec modification de radical ▶ Exercices 7 à 11

**Fichier d'exercices :**
↳ des exercices supplémentaires et des évaluations.

## Je m'entraine

**1** ●●●● Recopie les phrases dans lesquelles les verbes sont conjugués au présent de l'indicatif.

Tara attendait Eva. Elle perdit patience et cria :
« Mais qu'est-ce que tu fais, Eva ? Si tu ne viens pas maintenant, je pars !
– J'arrive ! La chaine de mon vélo a déraillé et je l'ai remise en place. Je prends mon sac et je te rejoins. »

**2** ●●●● Recopie chaque verbe. Puis souligne son radical et entoure sa terminaison.

vous dansez • nous marchons • elle prépare • on regarde • tu apportes • il chante • elles attrapent • j'entre • ils surveillent • vous donnez • tu installes • on parle • nous restons • elle ferme • ils tombent

**3** ●●●● Récris chaque verbe avec la terminaison qui convient.

nous command… • tu dépass… • on trouv… • ils navigu… • j'emport… • vous entour… • elle étudi… • nous examin… • elles grelot… • tu trembl… • vous travers… • on travaill…

**4** ●●●● Conjugue les verbes au présent de l'indicatif.

a. Tu ne (*marcher*) pas assez vite.
b. Vous (*approcher*) de l'arrivée.
c. On (*aimer*) beaucoup les animaux.
d. Les chevaux (*tirer*) une lourde charrette.
e. Nous (*allumer*) du feu dans la cheminée.

**5** ●●●● Récris chaque phrase avec le sujet indiqué.

a. Ce marin navigue depuis longtemps. → *Ils* …
b. Nous frappons et nous entrons. → *Je* … …
c. Il parle et il n'écoute pas les consignes. → *Tu* … …
d. Je glisse dans la boue et je tombe. → *Nous* …
e. Tu joues trop, tu ne travailles pas assez. → *Vous* …

**6** ●●●● Récris chaque phrase à la personne du singulier ou du pluriel correspondante.

a. Elle blague toujours avec ses copains.
b. Vous sautez dans la piscine et vous restez deux heures dans l'eau.
c. Nous fredonnons des airs de ce chanteur que nous aimons.
d. Je regarde par la fenêtre et j'admire le paysage.

**7** ●●●● Classe les verbes en deux colonnes : verbes sans modification de radical / verbes avec modification de radical.
• **Pour t'aider, cherche leur infinitif.**

elles tricotent • je feuillète • nous plaçons • vous versez • j'épluche • il chancèle • on cherche • nous pataugeons • tu répares • vous cassez

**8** ●●●● Conjugue les verbes au présent de l'indicatif.

a. Tu (*annoncer*) ton départ puis tu (*commander*) ton billet d'avion.
b. Nous (*tracer*) un cercle, puis nous l'(*effacer*).
c. Je (*voyager*) et j'(*acheter*) des souvenirs.
d. Ils (*partager*) leur gouter et (*échanger*) des images.
e. Nous (*déménager*) bientôt mais les rangements n'(*avancer*) pas vite !

**9** ●●●● Recopie chaque phrase en complétant le verbe avec **i** ou **y**.

a. Les feuilles tourno…ent dans la tempête.
b. Nous pa…ons le pain à chaque fin de mois.
c. Vous appu…ez l'échelle contre le mur.
d. Tu emplo…es parfois des mots difficiles.
e. Les enfants essu…ent la table après le repas.

**10** ●●●● Récris chaque phrase avec le sujet indiqué.

a. Tu essuies les meubles. → *Nous* …
b. On nettoie le garage chaque semaine. → *Elles* …
c. Vous pagayez pour faire avancer le canoë. → *Il* …
d. J'emploie une nourrice à la maison. → *Vous* …

**11** ●●●● Récris ce texte au présent de l'indicatif.

Quand je proposais à mes parents de les aider, je passais l'aspirateur et j'essuyais les meubles. Parfois, je nettoyais les vitres. J'essayais aussi de repasser. Mes parents appréciaient mon aide et me remerciaient.

### J'écris

▶ Complète ce texte avec un dialogue écrit au présent de l'indicatif.
Deux alpinistes grimpaient depuis des heures lorsque l'un d'eux s'arrêta.
• Imagine la raison et la durée de cet arrêt, données par le premier personnage, et la réponse du deuxième ainsi que la décision prise.

# Le présent de l'indicatif (2) : autres verbes

**A** La conjugaison des verbes en *-ir*, *-oir*, *-dre* ou *-re*

**Le joueur de flute d'Hamelin**

Une veille de Noël, des milliers de rats **envahissent** la ville d'Hamelin. Les habitants, épouvantés, disent au maire : « Nous ne **pouvons** plus vivre ainsi, vous devez nous débarrasser de ce fléau. » Quelques jours plus tard, un étranger arrive et **dit** : « Je **sais** comment vous aider. » Le maire lui **promet** une récompense s'il débarrasse la ville des rats. De sa poche, l'étranger **sort** une flute et joue une étrange mélodie. Les rats **accourent** de partout. Ils suivent l'homme qui les conduit jusqu'à la rivière où ils se noient. Quand le joueur de flute **revient** à la ville, le maire refuse de lui donner les pièces d'or. Il **repart**, furieux. Un jour les habitants **entendent** une douce mélodie. Ils **comprennent** que l'étranger est de retour. Autour de lui, les enfants rient, puis ils **franchissent** le pont sur la rivière et **disparaissent**.

**1** Quel temps est utilisé dans ce conte ?

**2** Recopie les verbes écrits en gras, indique leur infinitif et la personne à laquelle ils sont conjugués. Entoure les terminaisons des verbes en *-ir*, *-oir*, *-dre*, *-re*.

**3** Que constates-tu pour le radical des verbes envahir et franchir ?

**4** À partir des tableaux de conjugaison pages 214-216 indique pour les verbes en *-ir*, *-oir*, *-dre* et *-re* la terminaison que l'on retrouve régulièrement pour chaque personne. Précise quels verbes ont une terminaison différente.

**B** La conjugaison des verbes *être*, *avoir* et *aller*

**5** Dans les tableaux de conjugaison pages 210-214 observe la conjugaison des verbes avoir, être et aller.

Indique à quelles personnes le verbe être se prononce de la même façon mais s'écrit différemment. Fais de même pour le verbe avoir.

Repère à quelles personnes ces verbes ont les mêmes terminaisons que les autres verbes.

▷ **1.** Le **présent de l'indicatif** peut être utilisé pour raconter **des faits imaginaires**.
    Au présent de l'indicatif, les terminaisons sont :
    je → **-s** • tu → **-s** • elle/il/on → **-t** • nous → **-ons** • vous → **-ez** • elles/ils → **-ent**.
    Les verbes prendre, dire, faire, vouloir, pouvoir ont une conjugaison particulière à certaines
▷ personnes : **il prend, vous dites, vous faites, je veux, tu veux, je peux, tu peux**.

**2.** Les verbes avoir, être et aller ont une conjugaison particulière au présent de l'indicatif.
    → Tableaux de conjugaison pages 210-214.

• La conjugaison des verbes en -ir, -oir, -dre ou -re ▶Exercices 1 à 5
• La conjugaison des verbes être, avoir et aller ▶Exercices 6 à 9

Fichier d'exercices :
↳ des exercices supplémentaires et des évaluations.

## Je m'entraine

**1 ●○○ Classe les phrases en deux colonnes :**
Le présent relate un fait réel. / Le présent relate un fait imaginaire.

a. La Terre tourne autour du Soleil.

b. La fillette déroule l'échelle de corde qui va jusqu'à la Lune.

c. Devant la bonté de Léa, la grenouille se transforme en fée et exauce ses vœux.

d. Chaque jour, Gabriel prend le métro pour aller à son travail.

e. Alice suit le Lapin blanc dans son terrier et fait une chute interminable.

**2 ●●○ Recopie chaque verbe en gras, puis indique son infinitif.**

a. Un lièvre **surgit** devant le chasseur.

b. Ils **tiennent** beaucoup à vous remercier.

c. Que **dites**-vous ?

d. Tu **reçois** beaucoup de courrier.

e. Nous **surprenons** tout le monde.

f. Elle **vient** de plus en plus souvent.

**3 ●●● Écris les verbes au présent.**

a. Quand le chien (*enfouir*) son os, il ne (*parvenir*) jamais à le retrouver !

b. Lina (*salir*) ses vêtements mais ses parents ne la (*punir*) pas.

c. Vous (*faire*) rire tout le monde car vous (*dire*) toujours des bêtises.

d. Il (*descendre*) l'escalier, (*prendre*) une pomme et (*mordre*) dedans à belles dents.

e. Elle ne (*tenir*) pas à rencontrer ces gens, mais elle (*devoir*) aller à la réunion.

**4 ●●○ Récris les phrases aux personnes indiquées.**

a. Il pétrit encore la pâte à la main. → *1re pers. du pl.*

b. Quand viennent-ils ? → *2e pers. du sing.*

c. Je le vois mais je ne l'entends pas. → *3e pers. du pl.*

d. Je nourris les oiseaux en hiver. → *3e pers. du sing.*

e. Ils ne peuvent pas rentrer. → *1re pers. du sing.*

f. On ne veut pas payer plus cher. → *2e pers. du sing.*

g. Elle fait de longues marches. → *2e pers. du pl.*

**5 ●●● Complète chaque phrase avec un verbe de la liste conjugué au présent :**
attendre • ralentir • écrire • dormir • grandir.

a. Les automobilistes … au carrefour.

b. Le bébé … paisiblement dans son berceau.

c. On croirait qu'elle … un peu chaque jour.

d. Nous … des nouvelles de nos enfants.

e. Les élèves … sur leur cahier.

**6 ●○○ Écris les verbes au présent.**

a. Nous (*être*) tous de la même famille.

b. Ils (*avoir*) des congés : ils (*aller*) en voyage.

c. Vous (*être*) très chanceux !

d. Je (*aller*) à la piscine quand j'(*avoir*) le temps.

e. J'(*avoir*) peur, tu (*être*) plus courageuse que moi.

**7 ●○○ Complète avec ont, sont ou vont.**

a. Ces ouvriers … au travail en métro.

b. Chaque année, ils … plusieurs fois à la mer.

c. Les tartes de Mamie … les meilleures !

d. Ces histoires … un point commun, elles … drôles.

e. Elles … le sourire car elles … au cinéma.

**8 ●●○ Complète les phrases avec les verbes être, avoir ou aller conjugués au présent.**

a. Nous … en retard mais nous … des excuses.

b. …-tu à l'école à pied ou en voiture ?

c. J' … dix ans et je … au CM2.

d. Si vous … à Marseille, emmenez-moi !

e. Ils n'… pas le pied marin, ils … malades en mer.

**9 ●●● Récris ce texte au présent.**

Un chat est allé dans un beau château dont le maitre était un ogre. Le chat a eu envie de lui parler. Il a demandé à l'ogre s'il était capable de se changer en lion. Aussitôt, l'ogre est devenu un lion. Le chat a eu si peur qu'il est allé sur le toit mais ses bottes étaient trop lourdes pour marcher sur les tuiles.

D'après Ch. Perrault, *Le Chat Botté*.

## J'écris

▶ Imagine une histoire en quelques phrases. Tu peux t'inspirer de contes que tu connais ou inventer complètement.

• Conjugue les verbes **au présent**.

# Le futur de l'indicatif

**Je réfléchis**

## A  Le rôle du futur

**Au pays de Lilliput**

Des tailleurs **feront** un habit à Gulliver et il **pourra** enfin sortir du palais. Auparavant, il **prêtera** serment et il **signera** les articles du règlement proposé par l'Empereur :
– L'homme Montagne ne **sortira** point sans notre permission.
– Le dit homme Montagne ne **prendra** aucun de nos sujets dans ses mains.
– Il **sera** notre allié et il **fera** tout son possible pour faire périr la flotte de nos ennemis de l'ile de Blefuscu.
– Le dit homme Montagne **aura** une provision journalière de viande et de boisson suffisante.

D'après JONATHAN SWIFT, *Les voyages de Gulliver*.

**1** Relève les verbes qui situent l'action dans une période future.

**2** Dans le règlement proposé par l'Empereur, à quoi sert le futur ?

## B  La conjugaison des verbes au futur

**3** Indique l'infinitif des verbes en gras du texte. Recopie-les.
Souligne le radical de chaque verbe et entoure la terminaison.

**4** Observe, dans les tableaux de conjugaison pages 210-216, la conjugaison des verbes aux autres personnes. Indique la terminaison pour chaque personne.
Quelle lettre retrouve-t-on toujours au début de la terminaison ?

**5** Observe la conjugaison des verbes en **-er**. Quelle lettre est placée devant la terminaison ?
Que constates-tu pour le verbe aller ?

**6** Dans les tableaux de conjugaison pages 212-214, que constates-tu pour les verbes en **-yer** ?
Les verbes en **-eler** et **-eter** doublent-ils tous le l ou le t ?

**7** Quelle est la particularité des verbes voir et pouvoir ?

**Je retiens**

▶ **1.** Le **futur de l'indicatif** exprime des **actions** qui se déroulent **dans l'avenir**.
Il peut aussi indiquer un **ordre**.
Il **pourra** enfin sortir du palais. L'homme Montagne ne **sortira** point sans notre permission.

▶ **2.** Au **futur de l'indicatif**, pour une même personne, les terminaisons des verbes sont les mêmes :
je → **-rai** • tu → **-ras** • elle/il/on → **-ra** • nous → **-rons** • vous → **-rez** • elles/ils → **-ront**
Dans les verbes en **-er** (sauf aller), un **-e** est placé devant la terminaison :
je remu**e**rai • j'oubli**e**rai.
Se reporter aux tableaux de conjugaison pages 210-216 pour les particularités du radical de certains verbes.

## Je m'entraine

**1** ●●● **Relève uniquement les phrases dont le verbe est conjugué au futur.**

a. Avant de partir, on lavera la voiture.

b. Nous marchions d'un bon pas.

c. L'année prochaine, tu rentreras en 6e.

d. Vous avez écrit quelques cartes postales.

e. Pour son anniversaire, tu lui offriras un stylo.

f. L'été prochain, en Sicile, on aura très chaud.

**2** ●●● **Complète les phrases au futur avec un indicateur de temps qui convienne.**

a. Nous pourrons cueillir du muguet.

b. Ils escaladeront le mont Blanc.

c. Les enfants sont allés en colonie de vacances.

d. Mangerez-vous avec nous ?

e. Il était trop malade pour sortir !

f. Je téléphonerai à Naïma.

**3** ●●● **Classe les phrases en deux colonnes selon qu'elles indiquent : des actions qui se dérouleront dans l'avenir / un ordre.**

a. Après le sel, vous ajouterez du poivre.

b. La fusée décollera à 13 h 02.

c. Nous planterons les pommiers demain.

d. Tu te doucheras chaque soir.

e. Plus tard, ils achèteront une caravane.

f. Vous ne parlerez pas pendant la réunion.

**4** ●●● **Recopie les verbes, puis indique leur infinitif.**

vous découperez • je partirai • nous irons • j'aurai • tu réussiras • ils discuteront • on fleurira • elle sera • il attendra • elles recevront • vous direz • ils suivront

• **Entoure la terminaison de chaque verbe.**

**5** ●●● **Écris les verbes au futur.**

a. Quand (*partir*)-ils au Canada ? *partiront / partiront*

b. Vous (*accrocher*) les nouveaux rideaux. *accrocherez*

c. J'espère que ton frère (*guérir*) vite ! *guérira / guérras*

d. Elle (*être*) mieux dans sa nouvelle maison. *sera*

e. Les jumeaux (*avoir*) bientôt quatorze ans. *auront*

**6** ●●● **Complète chaque phrase avec un pronom personnel qui convienne.**

a. *Nous* prendrons le train de 16 h 20.

b. *Il* repeindra le couloir pendant les vacances.

c. *Vous* mettrez le bateau à l'eau sur ce lac.

d. *J'* expédierai le colis en recommandé.

e. *Tu* pourras te lever plus tard.

f. *Ils* renouvèleront leur inscription à la salle de sport.

**7** ●●● **Écris les verbes au futur.**

a. Votre chat ne (*mourir*) pas de sa blessure. *mourra*

b. Le facteur (*distribuer*) le courrier plus tôt. *distribuera*

c. Je (*rejeter*) à l'eau les poissons trop petits. *rejeterai*

d. Tu (*délayer*) la farine dans de l'eau. *délaieras*

e. Vous (*remercier*) vos parents pour leur aide. *remercierez*

**8** ●●● **Récris les phrases au futur.**

a. Tu remues la sauce pendant cinq minutes.

b. On nettoie la salle pour le loto.

c. Quand voyez-vous votre docteure ?

d. Elle appelle ses parents tous les soirs.

e. Pendant l'été, j'ai enfin le temps de lire.

**9** ●●● **Récris chaque phrase à la personne indiquée.**

a. Tu viendras à table à 19 heures. → *3e pers. du pl.*

b. Ils ne voudront jamais revenir ! → *3e pers. du sing.*

c. Elle fera des tours de manège avec toi.
→ *1re pers. du sing.*

d. Nous enverrons des messages. → *2e pers. du sing.*

e. Vous balaierez la salle des fêtes. → *1re pers. du pl.*

**10** ●●● **Récris le texte au futur.**

Quand tu veux passer une commande par téléphone, tu appelles le numéro indiqué sur le catalogue. L'employée enregistre ta demande. Puis tu vérifies avec elle les références des articles ; ainsi, il n'y a pas d'erreurs. La société de vente expédie alors le colis chez toi.

## J'écris

▶ Raconte en quelques phrases ce que tu penses faire comme études ou comme métier quand tu seras adulte.

• Emploie des verbes en -er, -ir, -re, -oir et -dre que tu conjugueras au futur.

# L'imparfait de l'indicatif

## A  L'identification et l'emploi de l'imparfait

Antoine raconte le jour où il a rapporté un hamster à la maison.
« Ce jour-là, la maitresse a demandé : « Pour qui le hamster
pendant les vacances ? » J'ai levé le doigt le premier et j'ai eu
la garde du hamster.
Il avait un beau pelage blanc. Il était si mignon et surtout
si sage. En classe, il dormait toute la journée. Quand nous
approchions, il réagissait à peine. Il sortait son petit museau
du coton, nous regardait et se rendormait aussitôt.
Dès que je suis arrivé à la maison, mes parents ont crié : « Pas
d'animal à la maison ! »  Je savais qu'ils ne voulaient pas d'animal mais j'en avais tellement envie ! »

**1** Dans ce récit au passé, recopie les phrases qui décrivent le hamster, celles
qui indiquent ses habitudes et la phrase qui indique la réaction des parents.

**2** À quel temps sont conjugués les verbes de ces phrases ?

## B  La conjugaison des verbes à l'imparfait

**3** Entoure le radical et la terminaison de chaque verbe que tu as recopié.
Dans les terminaisons, trouve la ou les lettres qui marquent l'imparfait
ainsi que les marques de personne.

**4** Compare le radical du verbe **réagir** à l'imparfait avec ce même verbe
conjugué aux trois personnes du pluriel du présent.
Que constates-tu à propos du radical ?

**5** Dans les tableaux de conjugaison pages 211-217, lis la conjugaison
des différents verbes à l'imparfait. Que constates-tu à propos
de la terminaison de tous les verbes à une même personne ?

**6** Pourquoi le radical des verbes comme **lancer** ou **manger** est-il modifié
à certaines personnes (page 211) ?

▷ **1.** L'imparfait de l'indicatif est un **temps du passé**.
Dans un récit, il s'emploie dans les **portraits**, pour indiquer des **habitudes**
ou pour donner des **explications**.

▷ **2.** À l'imparfait de l'indicatif, **les terminaisons sont les mêmes** pour tous les verbes :
je → **-ais** • tu → **-ais** • elle/il/on → **-ait** • nous → **-ions** • vous → **-iez** • elles/ils → **-aient**.
Se reporter aux tableaux de conjugaison pages 211-217 pour les cas particuliers
du radical de certains verbes .

• L'identification et l'emploi de l'imparfait ▶ Exercices 1 à 3
• La conjugaison des verbes à l'imparfait ▶ Exercices 4 à 10

Fichier d'exercices :
↳ des exercices supplémentaires et des évaluations.

## Je m'entraîne

**1** ●○○ **Recopie uniquement les phrases dont le verbe est conjugué à l'imparfait.**

a. Nous prenions deux semaines de vacances.

b. Le boxeur affronte un adversaire redoutable.

c. Depuis quand êtes-vous arrivées ?

d. Elle mettait de jolis rubans dans ses cheveux.

e. Ils nageaient souvent ensemble.

f. Quand reviendras-tu ?

g. Ce marin naviguait trois mois sans rentrer.

**2** ●○○ **Relève les verbes conjugués à l'imparfait. Puis écris leur infinitif.**

nous marchions • je gagnerai • vous lisiez • on écrit • elles préparaient • il arrivait • nous coupons • on part • tu dessinais • elle fabriquera • ils couraient • il achète • je finissais • vous mettez

**3** ●●○ **Récris chaque phrase avec le verbe qui convient.**

a. Autrefois, les voitures (*roulent / roulaient*) à 20 km par heure.

b. Maintenant qu'il est âgé, mon grand-père ne (*peut / pouvait*) plus marcher.

c. Quand j'étais petite, je (*dirai / disais*) bonjour à tous les passants.

d. Les yeux de son chien (*étaient / ont été*) d'un bleu profond.

e. Hier, un pneu du camion (*éclatait / a éclaté*).

**4** ●○○ **Recopie chaque verbe, puis souligne son radical et entoure sa terminaison.**

nous racontions • je rangeais • vous pouviez • tu faisais • elles avançaient • on prenait • ils devaient • nous lancions • il partait • vous rouliez • j'allais • on marchait • elle chantait • tu traçais • nous avions

**5** ●○○ **Récris chaque phrase avec le verbe qui est conjugué à l'imparfait.**

a. Les voitures (*font / faisaient*) vingt tours sur la piste.

b. Ce hangar (*abritait / abrite*) des avions.

c. Nous ne (*pouvons / pouvions*) pas venir plus tôt.

d. (*Avais / Auras*)-tu le droit de sortir le soir ?

e. Vous (*êtes / étiez*) les premiers avertis.

**6** ●●○ **Conjugue les verbes à l'imparfait.**

a. Étant enfant, je (*dessiner*) souvent des chiens.

b. Vous (*fleurir*) la maison à chaque saison.

c. Tu (*lancer*) les balles trop loin.

d. Chez Mamie, on (*manger*) souvent des tartes.

e. Nous (*voir*) toujours les mêmes gens !

**7** ●●○ **Récris chaque phrase à la personne du singulier ou du pluriel correspondante.**

a. Elle rangeait soigneusement ses affaires.

b. Parfois, tu criais en dormant.

c. Nous grincions des dents pendant la nuit !

d. Ils essuyaient leurs verres de lunettes.

e. Vous jetiez du grain aux poules.

**8** ●●○ **Complète chaque phrase avec un groupe nominal sujet de ton choix.**

a. … taillait les arbres à chaque automne.

b. Chaque jour, … venaient nombreux au marché.

c. … n'oubliait jamais notre anniversaire.

d. … jouaient toujours aux cartes avec leurs amis.

**9** ●●● **Récris chaque phrase avec le verbe qui convient en le conjuguant à l'imparfait :**

dire • annoncer • balayer • nourrir • encourager.

a. L'éleveuse … les veaux au biberon.

b. Les supporters … leur équipe de rugby.

c. Que …-vous à vos enfants pour les consoler ?

d. Tu … toujours des bonnes nouvelles.

e. Nous … la maison tous les jours.

**10** ●●● **Récris ce texte à l'imparfait.**

Un immense catamaran emporte des touristes pour une promenade en mer. Au début, il avance doucement. Certaines personnes regardent les côtes qui s'éloignent ; d'autres prennent des photos sur cet énorme bateau qui peut accueillir 80 personnes. Ensuite, plus le vent devient fort, plus la vitesse augmente. Que de sensations !

### J'écris

▶ **Raconte en plusieurs phrases le travail d'un menuisier autrefois.**

• Emploie des verbes comme **scier**, **raboter**, **poncer**, **clouer**, **graver**, **vernir**, **ranger**, **nettoyer**… que tu conjugueras à l'**imparfait**.

# Le passé composé de l'indicatif avec l'auxiliaire *avoir*

 **Je réfléchis**

## A Un temps composé du passé

*Thomas écrit dans son journal ce qu'il **a appris** ce matin chez Tante Pauline et comment il **a réagi**.*

4 avril 1944
Les Allemands **ont eu** vent de quelque chose, peut-être y **a**-t-il **eu** dénonciation. Avant-hier, à l'aube, ils **ont envahi** la ferme. Les résistants **ont tenu** du mieux qu'ils pouvaient.
– Et ceux de La Noue ? Et Anne-Lise ?
– Je ne sais pas. Peut-être **a**-t-elle **pu** se cacher ou s'enfuir ? Je l'ignore…
Je suis resté longtemps hébété avec des images insoutenables dans la tête. J'**ai fini** par rentrer. J'**ai** juste **dit** à maman que La Noue avait brulé.
Dans ma chambre, j'**ai pris** le coquillage d'Anne-Lise et je l'**ai collé** contre mon oreille espérant bêtement qu'il me chuchoterait ce qu'elle était devenue.

D'après Yvon Mauffret, *Mon journal de guerre*, Éd. Rageot.

**1** Pourquoi Thomas emploie-t-il le passé composé dans son journal ?

**2** Explique comment est formé le passé composé.

## B La terminaison du participe passé

**3** Classe les verbes en gras suivant la terminaison de leur participe passé.

| é | i | s | t | u |
|---|---|---|---|---|
| … | … | … | … | … |

**4** Indique l'infinitif de chaque verbe.

**5** Dans les tableaux de conjugaison pages 212-215, observe comment s'écrit le radical du participe passé des verbes en **-yer**, **-eler**, **-eter** et comment se termine le participe passé du verbe faire et du verbe être.
Que constates-tu pour le participe passé du verbe devoir ?

 *Je retiens*

▷ **1.** Le **passé composé de l'indicatif** est utilisé pour raconter des **faits passés**.
Il est le plus souvent formé de l'**auxiliaire** avoir et du **participe passé** du verbe conjugué.

▷ **2.** Le **participe passé** des **verbes en -er et du verbe** être se termine par **-é** : collé, été.
Le **participe passé** de nombreux **verbes en -ir** se termine par **-i** : envahi, réagi, fini.
Le **participe passé** des **autres verbes** se termine par **u**, **s** ou **t** : couru, pris, fait, dit.

## Je m'entraine

**1** ●○○○ **Recopie uniquement les phrases qui ont un verbe conjugué au passé composé.**

a. Nous partirons dimanche.

b. Les élèves de CM2 ont visité un musée.

c. J'ai entendu un bruit bizarre.

d. Les touristes attendaient patiemment le bus.

e. Hier, le pêcheur a attrapé un énorme brochet.

f. Les coureurs portent des maillots rayés.

g. Nous avons changé les meubles du salon.

**2** ●○○○ **Récris chaque phrase avec le verbe au temps qui convient.**

a. Hier, un caillou (*brise / a brisé*) une vitre de la voiture.

b. Lorsque Marie s'applique, elle (*travaille / a travaillé*) proprement.

c. Samedi dernier, nous (*avons vu / voyons*) un feu d'artifice.

d. Il y a deux ans, j'(*ai / ai eu*) le bras cassé.

e. Quand le facteur arrive, il (*a sonné / sonne*) à la porte.

**3** ●●○○ **Recopie chaque verbe, puis entoure l'auxiliaire et souligne le participe passé.**

il a souri • nous avons roulé • on a commencé • vous avez vu • elles ont fait • j'ai écrit • nous avons cueilli • tu as jardiné • ils ont tondu • elle a rangé • j'ai couru • vous avez dit • tu as pris

**4** ●●○○ **Relève les verbes conjugués au passé composé. Puis écris leur infinitif.**

j'ai entendu • ils ont fait • elle dansera • tu as maigri • on mangeait • vous avez couru • j'ai lu • tu as crié • réussiront-ils ? • nous avons chanté • je tremblais • il a pu • vous sortirez • on a choisi • vous supprimerez

**5** ●●●○ **Complète chaque phrase avec l'auxiliaire avoir écrit comme il convient.**

a. Quand Yves … téléphoné à ses copains, ils … cru à une blague.

b. Tu … acheté des fleurs pour ta maman, elle … été très contente.

c. Nous … éclairé la cour, ainsi vous … pu entrer.

d. J'… parcouru 100 km pour voir les artistes qui … chanté hier.

**6** ●○○○ **Classe ces verbes conjugués au passé composé en deux colonnes :**

verbes en -*er* / verbe *être*.

elles ont gouté • il a été • nous avons corrigé • tu as été • on a résisté • vous avez posé • elle a été • tu as évité • j'ai gratté • elles ont été • il a levé

**7** ●○○○ **Recopie chaque phrase avec la terminaison du participe passé qui convient :**

i, u, s **ou** t.

a. Nous avons sub… de fortes tempêtes.

b. J'ai p… observer l'éclipse de Soleil.

c. Mes parents ont refai… entièrement le salon.

d. On n'a rien compri… à son discours !

e. As-tu fin… de ranger ta chambre ?

**8** ●●○○ **Conjugue les verbes au passé composé.**

a. Après sa chute, Elsa (*pouvoir*) refaire du vélo.

b. On (*dire*) merci aux organisateurs de la fête.

c. Vous (*revoir*) vos cousins ?

d. J'(*dormir*) comme un bébé !

e. Nous (*devoir*) faire demi-tour.

**9** ●●●○ **Récris les phrases au passé composé.**

a. Cet artiste doit vendre tous ses tableaux. Il peint principalement des portraits.

b. Ils démoliront leur vieille grange.

c. Nous voulons revoir notre ancienne maison.

d. Tu apprends beaucoup de choses en un an.

e. Elle emploie du nouveau personnel.

**10** ●●●○ **Récris le texte au passé composé.**

Un samedi soir, Michel et Sarah vont chez des amis. Pendant 35 km, ils ne croisent aucune voiture. Cela leur semble bizarre. Puis, brusquement, le moteur stoppe net et une lumière vive éclaire le ciel : ils voient un engin qui ne bouge pas pendant un moment, tourne sur lui-même et disparait à toute vitesse sans aucun bruit…

### J'écris

▶ Raconte en quelques phrases comment s'est passée la dernière séance de sport à l'école.

• Emploie des verbes en -er, -ir, -oir, -dre et -re que tu conjugueras au passé composé.

# Grammaire

# Le passé composé de l'indicatif avec l'auxiliaire *être*

## A  Des verbes conjugués avec l'auxiliaire *être*

Ce soir n'est pas un soir comme les autres.
Quand Héléna **est sortie** de l'école, elle **est allée** comme d'habitude à l'arrêt du bus. Celui-ci était déjà là, elle **est montée**. Là, elle a pensé à son livre de français. Elle l'avait oublié dans sa case. Elle **est descendue** et elle **est retournée** à l'école. Mais la cour était vide et les grilles fermées. Elle **est** vite **revenue** vers le bus. Il était parti !
Une seule solution : elle **est rentrée** à pied.

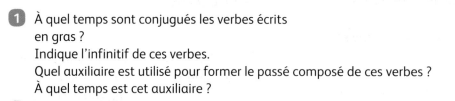

**1** À quel temps sont conjugués les verbes écrits en gras ?
Indique l'infinitif de ces verbes.
Quel auxiliaire est utilisé pour former le passé composé de ces verbes ?
À quel temps est cet auxiliaire ?

**2** Recopie ces verbes écrits en gras avec leur sujet dans la colonne qui convient.

| verbe en -*er* | verbe en -*ir* | verbe en -*dre* |
|---|---|---|
| … | … | … |

## B  L'accord du participe passé

**3** Comment se termine le participe passé de ces verbes conjugués avec l'auxiliaire être ?
Que constates-tu à la fin des participes passés ?
Explique les accords.

**4** Récris les verbes en gras avec les sujets suivants :
Héléna et Lisa, Enzo, Enzo et Mattéo.

### Je retiens

▷ **1.** Certains verbes se conjuguent au **passé composé de l'indicatif** avec l'**auxiliaire** être.
Il s'agit de verbes de mouvement comme aller, monter, entrer, partir, venir, descendre ainsi que les verbes rester et devenir.

▷ **2.** Quand le passé composé est formé avec l'auxiliaire être, **le participe passé s'accorde en genre et en nombre avec le sujet**.
Héléna est sorti**e**. • Héléna et Lisa sont sorti**es**. • Enzo est sort**i**. • Enzo et Mattéo sont sort**is**.

## Je m'entraine

**1** ●○○ **Recopie les phrases qui contiennent un verbe conjugué avec l'auxiliaire être.**

a. Lise est allée au cinéma.

b. On a préparé les bagages pour les vacances.

c. Nous sommes arrivés à 23 heures.

d. Les ouvriers mécontents ont manifesté dans la rue.

e. Jérôme est sorti du travail plus tôt que les autres jours.

f. Les grues cendrées sont passées au-dessus du village.

g. Tu as réussi un véritable exploit !

**2** ●○○ **Recopie chaque verbe. Puis entoure l'auxiliaire et souligne le participe passé.**

vous êtes montés • elles sont arrivées •
tu es sortie • elle est partie • ils sont nés •
je suis passée • tu es descendu • on est resté •
vous êtes allés • elle est devenue • il est tombé

**3** ●●○ **Relève les verbes conjugués au passé composé. Puis écris leur infinitif.**

elles sont parties • nous danserons • il est allé •
vous êtes montées • elle écrira • tu es descendu •
je suis sortie • il gagnera • elle est arrivée • vous lisez •
on est retourné • ils sont venus • tu prendras

**4** ●●○ **Complète chaque phrase avec l'auxiliaire être écrit comme il convient.**

a. Nous … retournés en Italie.

b. Vous … restées trop longtemps au soleil.

c. La chanteuse … venue avec son orchestre.

d. Je … tombée dans les escaliers.

e. Les artistes … entrés en scène.

f. Tu … arrivé avec beaucoup de retard.

**5** ●●● **Conjugue les verbes au passé composé avec l'auxiliaire avoir ou l'auxiliaire être.**

a. Nous (*perdre*) les clés de la salle des fêtes.

b. Elles (*repartir*) aussitôt qu'elles (*entendre*) les premiers coups de tonnerre.

c. Il (*passer*) devant nous sans même nous voir !

d. Ils (*rouler*) toute la journée et (*arriver*) très tard.

e. La fusée (*décoller*) à 13 h 02 et (*devenir*) rapidement invisible.

**6** ●●○ **Recopie chaque phrase avec la terminaison du participe passé qui convient :**
**é, és, ée ou ées.**

a. Les mouettes sont perch… sur les bateaux.

b. Mes sœurs sont rest… à la cantine.

c. Les jumeaux sont n… la nuit dernière.

d. La neige est tomb… en abondance.

e. Le chat est rentr… ce matin.

**7** ●●○ **Récris cette phrase à toutes les personnes.**

Je suis entré(e) dans le musée à 14 h
et je suis ressorti(e) à 18 h.

**8** ●●● **Récris chaque phrase avec le sujet indiqué.**

a. Dix chiots sont nés hier. → *Une chatte blanche* …

b. La chanteuse est entrée en scène.
→ *Les acteurs* …

c. Certains conducteurs sont passés par le village.
→ *Le car* …

d. Mathieu est monté dans la grande roue.
→ *Anne et Lise* …

e. Je suis retourné voir ce film trois fois. → *Elle* …

**9** ●●● **Conjugue les verbes au passé composé.**

a. Ces étudiants (*aller*) en Allemagne.

b. La skieuse (*descendre*) du sommet à toute vitesse.

c. « Je (*tomber*) d'un arbre », dit Marc.

d. De 1914 à 1918, des millions de soldats (*mourir*) au combat.

e. Quand tu (*rentrer*), Léa, tu aurais pu nous prévenir !

**10** ●●● **Récris ce texte au passé composé.**

Clara va danser avec deux copines. Elles partent en taxi. Quand elles arrivent, elles rencontrent Noé, un ami commun. Ils entrent immédiatement dans l'immense salle joliment décorée. En dansant, ils retrouvent d'autres amis. Tout le monde reste jusqu'à minuit. Puis chacun retourne chez ses parents pour dormir.

### J'écris

▶ **Raconte un après-midi à la fête foraine.**
• Emploie le passé composé et les verbes
suivants : **partir, entrer, monter, descendre,
retourner, passer, revenir…**

# Le passé simple

**A** La conjugaison des verbes en *-er*

**Samani, l'Indien solitaire**

Enfin, lorsqu'il **pensa** s'être suffisamment éloigné du territoire des siens, il **choisit** une clairière à proximité d'une rivière et **établit** son campement. Il **construisit** son wigwam en croisant de longues perches qu'il **recouvrit** d'écorces d'orme. Ce travail achevé, il **put** se consacrer à la chasse. Il **releva** des empreintes d'un daim qu'il **décida** de suivre. Il le **pista** et **finit** par le traquer au bord d'un cours d'eau. Il **dut** ramener la dépouille au campement où il **prit** bien soin de n'en rien laisser perdre. Il **se nourrit** de la chair qu'il **fit** rôtir et **mit** à sécher les restes de viande. Au fil des jours, Samani **devint** un chasseur habile. Il était heureux dans sa nouvelle vie.

D'après MICHEL PIQUEMAL, *Samani, l'Indien solitaire*, Éd. SEDRAP.

**1** L'histoire est-elle racontée au présent ou au passé ?
Qu'expriment les verbes écrits en gras ? Ces verbes sont conjugués au passé simple.

**2** Souligne le radical et la terminaison des verbes écrits en bleu.
Indique leur infinitif et précise à quelle personne ils sont conjugués.
Écris la 1re phrase du 2e paragraphe à la 3e personne du pluriel.
Quelle est la terminaison des verbes à cette personne ?

**3** Dans les tableaux de conjugaison, observe la conjugaison au passé simple des verbes en *-cer*, *-ger*, *-guer*, page 209. Relève leurs particularités.

**B** La conjugaison des autres verbes

**4** Recopie les verbes écrits en gras noir dans la colonne qui convient.
Indique l'infinitif de chaque verbe.

| terminaison *it* | terminaison *ut* | terminaison *int* |
|---|---|---|
| … | … | … |

**5** Écris ces verbes à la 3e personne du pluriel.

**6** Observe la conjugaison au passé simple d'autres verbes et des verbes avoir et être, page 211-217.
Quels autres verbes ont une terminaison en ut/urent ? en it/irent ? en int/inrent ?

*Je retiens*

▶ **1.** Le **passé simple** est un temps du **passé**. Il est utilisé pour indiquer les **actions successives** dans un **récit**. Il se **nourrit** de la chair qu'il **fit** rôtir et **mit** à sécher les restes de viande.
Les terminaisons des **verbes en -er** sont :
**-a** : 3e personne du singulier, **-èrent** : 3e personne du pluriel.

▶ **2.** Les **terminaisons** des autres verbes sont : **-it**, **-irent** (finir, prendre, voir, dire, faire) ;
**-ut**, **-urent** (devoir, pouvoir, vouloir, avoir, être) ; **-int**, **-inrent** (venir).

## Je m'entraine

**1** ●○○ **Recopie uniquement les verbes conjugués au passé simple. Puis écris leur infinitif.**

a. Elle marchait tranquillement. Elle leva la tête et trébucha.

b. Ils avaient très froid alors ils allèrent vers la maison et ils entrèrent en trombe.

c. Le pigeon décolla lourdement car il était fatigué de son vol de la veille.

**2** ●○○ **Conjugue les verbes au passé simple.**

a. Ces élèves (*étudier*) le chinois au lycée.

b. Il (*transporter*) les vieux meubles à la déchetterie.

c. Les touristes (*traverser*) la Grèce du nord au sud.

d. On (*ramasser*) les papiers dans la cour.

e. Elle (*aller*) à Venise avant nous.

**3** ●○○ **Récris chaque phrase avec le pronom personnel sujet proposé.**

a. Majid plongea du haut de la falaise. → *Ils* …

b. Deux avions larguèrent les parachutistes. → *Il* …

c. Ils transformèrent le moulin en restaurant. → *On* …

d. Ils annoncèrent la nouvelle aux voisins. → *Elle* …

e. Il alla à Londres. → *Elles* …

**4** ●●○ **Récris chaque phrase au passé simple.**

a. Elles préparent un délicieux dessert.

b. On a envoyé le colis à une fausse adresse.

c. Ils vont directement aux urgences.

d. Il aménage l'appartement avant de le louer.

e. Elles essayaient de dormir malgré le froid.

**5** ●●● **Conjugue les verbes au passé simple ou à l'imparfait comme il convient.**

a. La mer (*être*) agitée, alors les bateaux (*rentrer*) au port.

b. Le soleil (*briller*) encore au moment où le tonnerre (*gronder*).

c. Heureusement, la voiture (*rouler*) lentement lorsque le pneu (*éclater*).

d. Le coureur (*chuter*) alors qu'il (*passer*) la ligne d'arrivée.

e. Quelqu'un (*heurter*) des skieuses qui (*glisser*) tranquillement.

**6** ●●○ **Recopie les verbes qui sont conjugués au passé simple, puis écris leur infinitif.**

ils frémirent • on voit • elle prit • ils servaient • il dut • elles sont montées • elle reçut • ils resplendirent • on a dit • elle dormit • elles ont ri • il apprit

**7** ●○○ **Conjugue les verbes au passé simple.**

a. Les sirènes (*retentir*) toutes à midi.

b. Ce jour-là, elle (*revoir*) sa ville natale.

c. (*Vouloir*)-elles participer au débat ?

d. La serveuse (*fleurir*) chaque table.

e. On (*avoir*) beaucoup de chance à ce jeu !

f. En juin, ils (*pouvoir*) partir en famille.

**8** ●●○ **Récris chaque phrase en conjuguant le verbe au passé simple.**

a. Il devra recommencer son travail.

b. Les enfants pourront se distraire.

c. Nos parents sont très malades.

d. Elle aura son permis de conduire.

**9** ●●○ **Conjugue les verbes au passé simple.**

a. Elle (*avoir*) la grippe, (*prendre*) des médicaments et (*être*) guérie.

b. Ils (*courir*), (*avoir*) très chaud et (*boire*) un soda bien frais.

c. Elle (*partir*) en train et (*revenir*) en avion.

d. Il (*faire*) des signes et elle les (*voir*).

e. Ils (*vouloir*) participer à la course mais ils ne le (*pouvoir*) pas.

**10** ●●● **Récris le texte au passé simple.**

John voit naitre un poulain. En grandissant, l'animal devient magnifique et le garçon lui apprend à tirer la charrue. Mais la guerre éclate. John doit vendre son cheval qui part au combat. Heureusement, le cheval ne meurt pas et son maitre peut le retrouver après la guerre.

### J'écris

▶ Raconte en plusieurs phrases une aventure qui t'est arrivée un jour à l'école, à la maison, en vacances ou chez un ou une ami(e).

• Emploie des verbes en -er, -ir, -re, -oir ou -dre que tu conjugueras au **passé simple**.

# Grammaire

# Les constituants du groupe nominal

## A  Les déterminants, le nom

**Neptune** pense qu'il a été injuste au moment où il a créé **les océans** : il a donné **de belles îles** à **son fils ainé**, **le grand Pacifique**, et aucune à **son benjamin**, **l'océan Indien**.

Dans le Pacifique, la vie est distrayante, fascinante même. Des milliers de plages au sable d'or viennent rompre la monotonie de **sa surface** ; **des poissons merveilleux** nagent dans **ses eaux** ; **des oiseaux** de toutes les couleurs le survolent. Mais, malgré toutes **ces belles choses**, le Pacifique donne, lui aussi, bien **des soucis** au roi ; c'est **un océan** d'**une méchanceté sans égale**, en dépit du nom qu'il porte.

ROSY CHABERT, *Le dernier dodo*,
Éd. Magnard.

**1** Retrouve les noms dans les groupes nominaux écrits en gras. Distingue ensuite les noms communs des noms propres.

**2** Classe les noms avec leur déterminant dans un tableau.

|          | singulier | pluriel |
|----------|-----------|---------|
| masculin | ...       | ...     |
| féminin  | ...       | ...     |

## B  L'adjectif

**3** Relève les adjectifs qualificatifs, quand il y en a, dans les groupes nominaux en gras. Indique sur quel nom chaque adjectif apporte des précisions.

**4** Explique les marques de genre et de nombre des différents adjectifs.

▷ **1.** **Un nom** sert à désigner des êtres vivants, des choses, des idées, des faits…
Il existe des **noms communs** (poisson, océan, vie) et des **noms propres** (Neptune, le Pacifique).
Dans un **groupe nominal**, le **nom** est accompagné d'un **déterminant**.
Le déterminant est du **même genre** et du **même nombre** que le nom.

▷ **2.** L'**adjectif** donne des précisions sur le **nom** auquel il se rapporte.
de **belles** îles.

## Je m'entraine

**1** ●●● **Recopie les groupes nominaux.**
**Souligne les noms et entoure les déterminants.**

un gros tracteur rouge • le Maroc • des arbres morts •
l'étoile polaire • sa nouvelle console • l'herbe •
ce chemin forestier • une plante verte • la route

**2** ●●● **Classe les noms suivants en deux**
**colonnes :** noms communs / noms propres.

ce jardin • la forêt • l'Afrique • Thomas • la lumière •
les Italiens • le meuble • son copain • la neige •
Louis XVI • Versailles • des chevaux • le Japon

**3** ●●● **Recopie chaque nom avec un déterminant**
**différent.**

… lapins • … trousse • … lecteur • … chaussures •
… ordinateur • … poissons • … lumière • … école •
… recettes • … verbe • … cartons • … raquettes

**4** ●●● **Recopie ces groupes nominaux,**
**puis indique leur genre (**masculin **/** féminin**)**
**et leur nombre (**singulier **/** pluriel**).**

les nouvelles inventions • ton armoire normande •
leur vélo neuf • votre nouvel appartement •
les animaux blessés • l'otarie joueuse •
ces aliments gras • mes amies allemandes

**5** ●●● **Classe les noms et les déterminants**
**de ce texte en trois colonnes :**

noms propres / noms communs / déterminants.

Dans la Chine de l'an 105, le ministre Tsaï Lun invente
le papier. Les Chinois gardent longtemps le secret de sa
fabrication. Elle n'est connue en France que vers 1250.
L'Europe se couvre alors de moulins pour fabriquer cette
matière. Ces moulins sont actionnés par la force de l'eau.

**6** ●●● **Relève les adjectifs qui donnent**
**des précisions sur les noms soulignés.**

a. Cette dame porte une jolie <u>jupe</u> longue noire.
b. De jeunes <u>maçons</u> restaurent une immense
   <u>bâtisse</u> ancienne.
c. Notre nouvel <u>ordinateur</u> fonctionne mieux
   que l'ancien <u>appareil</u> démodé.
d. Nous avons rencontré de nombreuses <u>personnes</u>
   satisfaites de leur magnifique <u>séjour</u> corse.
e. Il vend des <u>baguettes</u> dorées et croustillantes.

**7** ●●● **Classe les mots en gras en deux colonnes :**
noms / adjectifs.

En 40 ans, une **bonne moitié** des **animaux sauvages** ont
disparu. Comme le **crapaud doré**, à la **peau orangée**,
**brillante** et **phosphorescente**. Comme le **rhinocéros
noir** du Cameroun et le **bouquetin pyrénéen**.

**8** ●●● **Recopie chaque adjectif.**
**Indique à quel nom il se rapporte.**

Un jeune professeur, Lewis Carroll, a écrit *Alice au pays
des merveilles* pour une vraie petite fille : Alice Lidell.
Il avait l'habitude de raconter des récits imaginaires
aux enfants de ses meilleurs amis. Cette histoire
extraordinaire a été traduite dans le monde entier.

**9** ●●● **Complète les phrases avec les adjectifs**
**de la liste :**

grand • basses • bleu • tranquilles • carrées • fort.

a. Un gyrophare … clignote au loin.
b. En ce moment, les rues demeurent … .
c. Nous avons racheté deux tables … … .
d. Cet athlète est … et … .

**10** ●●● **Complète le texte avec les adjectifs**
**qualificatifs de la liste que tu accorderas**
**comme il convient :**

doué • bizarre • mystérieux • jeune •
haut • célèbre • maternel • surnaturel.

Léonce était un … magicien. Des bruits … couraient à
son sujet. On le disait … de pouvoirs … . Les … enfants
parlaient souvent de ce … Léonce dont la maison
était située juste en face de l'école … . C'était une …
construction sans fenêtres, qui dominait les magasins
d'à côté.

*J'écris*

▶ **Raconte en plusieurs phrases ce que tu vois**
**sur les dessins.**

• **Emploie des adjectifs pour enrichir les groupes**
**nominaux.**

# Grammaire

## Les déterminants

### 16

### Je réfléchis

#### A) Les articles

Thomas n'aime pas bouger.
Pourquoi **ses camarades** courent-ils ainsi dans tous **les sens** ? Dans **son collège**, dans **sa classe**, il n'a pas beaucoup d'amis... jusqu'à ce qu'il rencontre Louise avec qui il passe **des heures** à **la bibliothèque**. Mais, **un matin**, elle ne vient pas en cours, elle a disparu sur **le chemin** de l'école ! Thomas mène **une enquête** et mobilise tous **ses efforts** pour retrouver Louise...

NATHALIE ZIMMERMANN, *Thomas et Louise*, Éd. Nathan.

**1** Repère les déterminants dans les groupes nominaux écrits en gras noir.
Ces déterminants sont souvent utilisés. Ce sont des **articles**.
Recopie-les, puis indique leur genre et leur nombre.

**2** Récris les phrases suivantes en remplaçant le nom en gras par ceux proposés.
Puis entoure l'article contracté dans les phrases que tu as écrites.

Il passe des heures à la **bibliothèque**. (stade)

Elle a disparu sur le chemin de l'école. (canal - vignes)

#### B) Les déterminants possessifs

**3** Relève les déterminants dans les groupes nominaux écrits en bleu.
À qui ces déterminants renvoient-ils ? Qu'indiquent-ils ?
Précise leur genre et leur nombre.

**4** Relis le texte en remplaçant Thomas par **je** et récris les groupes nominaux soulignés en bleu. Fais de même en remplaçant Thomas par **tu**, par **nous**, par **vous** puis par **Thomas et John**. Souligne les déterminants possessifs que tu as écrits.

### Je retiens

▶ **1.** Les **articles** sont le, la, l', les, un, une, des.
    Les mots **au**, **aux**, **du** et **des** sont des articles contractés.

▶ **2.** Les **déterminants possessifs** indiquent qu'une personne, un animal ou une chose est en relation avec quelqu'un :
    **ses** camarades (les camarades de Thomas), **mes** camarades (à moi).

▶ **3.** Les articles et les déterminants possessifs sont du **même genre** et du **même nombre** que le nom qu'ils accompagnent.

## Je m'entraine

**1** ●○○○ **Recopie chaque nom en l'accompagnant d'un article. Utilise tous les articles étudiés.**

… soleil • … feuille • … canards • … calendrier •
… chaussure • … avion • … arbres • … horloge •
… voiture • … bureau • … fleurs • … fenêtre •
… vélo • … vêtements • … tablette

**2** ●○○○ **Écris le ou l' devant chaque nom.**

… livre • … invité • … groupe • … appareil •
… parfum • … univers • … filet • … ouragan •
… éclair • … vendeur • … évier • … article

**3** ●○○○ **Écris la ou l' devant chaque nom.**

… étoile • … cuisine • … année • … herbe •
… ligne • … patience • … entorse • … usine •
… ortie • … pomme • … odeur • … bordure

**4** ●●○○ **Recopie les phrases, puis souligne les articles.**

a. Un homme s'allongea sur un banc et s'endormit.
b. La fourmi grimpa sur une branche de rosier.
c. Des arbres morts sont abattus par le bucheron.
d. Le gendarme arrête les voitures sur une route départementale.
e. Quand l'orage est arrivé, le vent s'est déchainé et la pluie a redoublé.

**5** ●●●○ **Complète les phrases avec les articles qui conviennent.**

a. … accident a eu lieu : … police est arrivée et des témoins ont raconté … accident.
b. L'excès de sel est mauvais pour … santé.
c. … maire de notre commune a démissionné ; … remplaçant a été élu.
d. J'ai vu un chevreuil et un sanglier. … chevreuil ne m'a pas fait peur, mais … sanglier, si !

**6** ●●●○ **Complète le texte avec les articles contractés au, aux, du ou des.**

Le renard pense toujours … poules ! La nuit, il va à proximité … fermes. Il se méfie … chien quand il y en a un et s'approche sans bruit … poulailler. S'il réussit à entrer, il attrape … hasard le premier volatile qu'il trouve. Et si, … cris de l'animal, le fermier sort, le rusé est déjà loin ! Il dégustera sa proie … fond du bois.

**7** ●○○○ **Classe les déterminants soulignés en deux colonnes : articles / déterminants possessifs.**

Dans un documentaire animalier, on suit une ourse et ses deux oursons pendant une année. Scout est curieux. Il passe son temps à découvrir l'environnement. Sa sœur, Amber, quitte rarement Sky leur maman. On suit leurs aventures dans les montagnes de l'Alaska, en Amérique. La vie n'est pas toujours facile pour les trois animaux !

**8** ●●○○ **Recopie chaque nom en ajoutant un déterminant possessif. Varie les déterminants.**

voyage • lunettes • maison • biberon • jeux • âne •
photo • chaussures • effaceur • yeux • bracelet

**9** ●●○○ **Associe les noms et les déterminants possessifs pour écrire tous les groupes nominaux possibles.**

**Noms :** affaires • cousine • bureau • action • vacances
**Déterminants possessifs :** mon • sa • leur • nos • vos

**10** ●●●○ **Complète les phrases avec les déterminants possessifs qui conviennent.**

a. Il oublie souvent … portefeuille ou … montre.
b. « Salim et Tarek, n'oubliez pas … sac et … maillot. »
c. Depuis que … voisins sont partis, on n'a plus de nouvelles de … famille.
d. Martin et moi avons appelé … mère pour … anniversaire.

### J'écris

▶ Écris plusieurs phrases pour exprimer ce que peut dire un marchand (de fruits et légumes ou d'articles de bazar ou de vêtements…) installé sur un marché et qui fait de la publicité pour ses produits.

• Emploie des **articles** et des **déterminants possessifs.**

# Grammaire

# Compléter un nom : complément du nom et adjectif

## A Le complément du nom

**1.** une personne gigantesque

**2.** une figure géométrique à trois côtés

**3.** une petite fille

**4.** le fruit du châtaignier

**5.** un petit renard du désert

**6.** le nez allongé de l'éléphant

**7.** un membre d'un animal

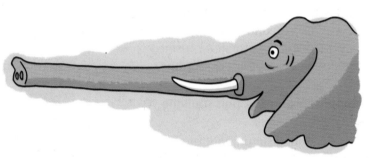

**1** Lis les définitions et trouve les mots définis.

**2** Chaque définition est composée d'un GN. Pour chacune, trouve le nom principal.
Des précisions sont apportées sur chaque nom principal. Lesquelles ?

**3** Parmi ces précisions, recopie celles qui sont formées d'un groupe nominal.
Ce groupe nominal est un complément du nom.

**4** Entoure le petit mot qui introduit chaque complément du nom.

## B L'adjectif

**5** Recopie les autres mots qui apportent des précisions sur le nom principal.

**6** Où sont placés ces adjectifs par rapport au nom ?

### Je retiens

▶ **1.** Dans un groupe nominal, les **compléments du nom** et les **adjectifs** apportent des précisions sur le nom principal.
Le **groupe nominal complément du nom** est introduit par une **préposition** ou un **article contracté** : **à, de, d', du, des, au, aux, en**.
une figure géométrique **à** trois côtés • le fruit **du** châtaignier

▶ **2.** L'**adjectif** peut être placé avant ou après le nom.
une **petite** fille • une personne **gigantesque**

## Je m'entraine

**1** ●○○ **Relève les mots ou groupes de mots qui précisent les noms soulignés.**

Depuis 1964, plusieurs <u>sondes</u> spatiales se sont posées sur la planète Mars. Grâce à ces <u>appareils</u> extraordinaires, on connait mieux maintenant cette petite <u>planète</u> fascinante. Les scientifiques ont découvert un <u>paysage</u> varié : vastes <u>plaines</u>, gigantesques <u>champs</u> de dunes, nombreux <u>volcans</u> avec de faibles <u>coulées</u> de lave.

**2** ●○○ **Recopie chaque groupe nominal. Souligne le nom principal et entoure les groupes nominaux compléments du nom.**

la fenêtre du salon • le grand placard à balais • l'eau chaude du bain • une voiture avec chauffeur • un merveilleux paysage de montagne • une douce nuit d'été • une veste en coton

**3** ●●○ **Recopie les compléments du nom en gras avec les noms qu'ils complètent.**

a. À la fin du **Moyen Âge**, les Européens ne connaissaient qu'une partie **du monde**.

b. Les frères **de Kamel** sont des joueurs **de foot**.

c. Nous avons mangé des glaces **à la vanille** et **au caramel**.

d. J'habite un immeuble **sans ascenseur** mais **avec gardien**.

e. Dans une voiture, je préfère les sièges **en tissu** plutôt qu'**en cuir**.

**4** ●●○ **Complète chaque nom en gras avec un complément du nom de ton choix. Emploie les prépositions** sans, à, de, en, avec…

a. Elle s'est acheté une nouvelle **veste** avec d'en or

b. Les manèges sont installés sur la **place** sans arbres

c. Tu rangeras tes poupées dans le **coffre** à diamon

d. Il est obligé de suivre un **régime** sans pain, sans sel

e. Nous louons un **appartement** avec deux chambre sans chauffage

**5** ●●● **Complète chaque nom souligné avec un groupe nominal complément du nom.**

Un <u>jour</u>, dans la jungle, une panthère entend un drôle de miaulement qui vient d'une vieille <u>barque</u> échouée. Elle s'approche et découvre un bébé dans un <u>panier</u>. Elle décide de l'emporter chez la famille Loup. Elle le dépose devant la <u>porte</u>. Mais le <u>tigre</u> rôde et veut manger l'enfant.

**6** ●○○ **Relève tous les adjectifs avec les noms qu'ils complètent.**

a. Je te rendrai demain le magnifique livre sur les animaux sauvages.

b. Nous avons fêté l'anniversaire de Mamie dans une grande salle.

c. Ce tableau original a été peint par un jeune artiste.

d. Elle passe ses premières vacances dans un pays lointain.

**7** ●●○ **Recopie chaque phrase en ajoutant les adjectifs proposés à l'endroit qui convient.**

a. Les êtres humains réalisent chaque jour d'… progrès … . (*techniques* • *importants*)

b. On n'aime pas se promener dans d'… rues …. (*étroites* • *sombres*)

c. Pendant les … journées …, nous restons au coin du feu. (*hivernales* • *longues*)

d. Tu pourrais jeter tes … chaussures … . (*trouées* • *vieilles*)

**8** ●●○ **Classe les groupes nominaux en deux colonnes :** avec adjectifs / avec compléments du nom. **Un même groupe peut figurer dans les deux colonnes.**

un grand bol de lait • une région montagneuse • des chiens de garde • cette vaste salle propre et lumineuse • une affreuse histoire de monstre • un café sans sucre • une copine d'école

**9** ●●● **Récris ce texte en complétant chaque nom en gras avec un adjectif de ton choix.**

Madame Denis reçut les **enquêteurs** dans son **salon** du rez-de-chaussée. Le sol était recouvert d'un **tapis** de laine et chacun s'assit dans un **fauteuil**. Les policiers posèrent des **questions** auxquelles la dame répondit volontiers. Il fallait en effet trouver une **explication** à la **disparition** de ses **chevaux**.

### J'écris

▶ Écris plusieurs phrases pour raconter la vie d'un animal domestique ou sauvage.

• Enrichis les groupes nominaux avec des **adjectifs** et des **compléments du nom**.

# Grammaire

## Les pronoms personnels

**Je réfléchis**

### A Reconnaitre les pronoms personnels

Akim va à la bibliothèque pour préparer un exposé. En chemin, **il** rencontre Lina.
**Elle** n'est pas dans sa classe. Pourtant Akim **la** connait. Il **l'**a déjà rencontrée plusieurs fois. Il a déjà bavardé avec **elle**. Un jour, au parc, **ils** ont joué ensemble. Alors, il **lui** demande :
– **Je** vais à la bibliothèque. **Tu** viens avec **moi** ?
Tu **m'**aideras pour mon exposé.
– **Je** viens avec **toi**. Je **t'**aiderai.

**1** Quels noms sont repris par les pronoms personnels écrits en vert ?
De quelles personnes sont-ils ?
Indique leur genre et leur nombre.

**2** Qui est désigné par les pronoms personnels écrits en bleu ?
De quelles personnes sont-ils ? Indique leur genre et leur nombre.

**3** Lis le texte en remplaçant Akim par Samia et Sarah, puis en remplaçant Lina par Arthur et Léo. Quels pronoms as-tu utilisés ?

### B Les pronoms personnels sujets et compléments

**4** Classe les pronoms personnels écrits en couleur suivant leur fonction :
sujet / complément du verbe.

**5** Complète les colonnes avec les pronoms personnels trouvés lors de l'*activité 3*.

**Je retiens**

▷ **1.** Les pronoms personnels servent à :
– **reprendre un nom** déjà utilisé : il, elle, ils, elles ;
ce sont des pronoms de **3ᵉ personne**.
– **désigner une personne** à l'oral ou dans un dialogue : je, tu, nous, vous ;
ce sont des pronoms de **2ᵉ ou 3ᵉ personne**.
▷ **2.** Les pronoms personnels peuvent être :
– des **sujets** : je, tu, nous, vous, il, elle, ils, elles ;
– des **compléments du verbe** :
me, te, se, nous, vous, le, l', la, les, lui, leur, elle, elles, eux.

## Je m'entraine

**1** ●●● **Recopie les pronoms personnels en gras. Puis indique quel nom est repris par chacun.**

L'orage gronde. La foudre vient de tomber, heureusement **elle** n'a pas fait de dégâts. Noah et Chloé sont seuls à la maison. Peu rassurés, **ils** téléphonent à leurs copines Rachel et Lucie ; **ils** leur demandent de venir leur tenir compagnie. **Elles** peuvent puisqu'**elles** habitent à côté !

**2** ●●● **Recopie les pronoms personnels en gras. Puis indique, pour chacun, qui est désigné.**

« Nous aimerions que **tu** nous apprennes à dessiner un lion, disent Tom et Zoé à leur père.
– Non, pas ce soir, **je** voudrais regarder le western à la télévision. »
Les enfants demandent alors pleins d'espoir :
« **Nous** pouvons le regarder avec **toi** ?
– Non, **vous** êtes fatigués, il faut **vous** coucher. »

**3** ●●● **Recopie les phrases et entoure les pronoms personnels.**

a. Tu nous appelleras dès ton arrivée.
b. Prête-moi ta scie, elle me sera plus utile qu'à toi.
c. Quand ils viendront, nous irons sur le lac.
   Viendras-tu avec nous ?
d. Je suppose que vous avez pris votre décision.

**4** ●●● **Récris chaque phrase en remplaçant le groupe nominal souligné par le pronom personnel qui convient.**

a. Le robot Curiosity explore la planète Mars.
b. Chaque année, les grues cendrées passent en novembre et en mars.
c. Manu et moi irons acheter un fauteuil demain.
d. Les navigateurs de la Route du Rhum vont de la Bretagne à la Guadeloupe.
e. Toi et ton frère pouvez dormir ici ce soir.

**5** ●●● **Récris chaque phrase en remplaçant le pronom personnel souligné par un groupe nominal qui convienne.**

a. Elles sont exposées à la mairie.
b. Vous donnerez à manger aux chevaux.
c. Il a le droit d'entrer dans ce bureau.
d. Nous demandons la permission de partir.

**6** ●●● **Classe les pronoms personnels soulignés en : pronoms personnels sujets / pronoms personnels compléments.**

a. Je t'apporte des livres ; tu me les rendras plus tard.
b. Elle achète un bouquet et l'offre à sa mère.
c. Lisa dort bien ; son père la réveille et lui prépare son petit déjeuner.
d. Nous vous avertirons de notre arrivée.

**7** ●●● **Complète les phrases avec les pronoms personnels sujets :**
tu • il • je • nous • elle • vous • ils.

a. … aiderons Marc à déménager quand … voudra.
b. … prends mon parapluie, et toi, prends-… le tien ?
c. … partez en Grèce ? Votre fille va-t-… avec vous ?
d. Ces animaux sont heureux car … sont libres.

**8** ●●● **Complète les phrases avec les pronoms personnels compléments de la liste :**
les • la • elle • lui • eux • l' • me.

a. Elle cherche sa bague mais ne … trouve pas.
b. Ils ne sont pas chez … ; tu … verras demain.
c. Il appelle un ami et … demande de … aider.
d. Isaline a perdu une clé : je … demande si celle-ci n'est pas à … ?

**9** ●●● **Recopie le texte en le complétant avec des pronoms personnels sujets et des pronoms personnels compléments.**

Le livre raconte l'histoire d'une petite fille. Une nuit, comme … a du mal à dormir, … se lève et va dans le jardin. Les grands arbres … protègent, les fleurs … parlent. Et la fillette … répond.
Mais le réveil sonne et … comprend qu'elle a rêvé.

### J'écris

▶ **Raconte en plusieurs phrases ce que tu vois sur le dessin.**
- Emploie des **pronoms personnels sujets** et des **pronoms personnels compléments**.

## Le rôle des lettres

### A  Les lettres transcrivent des sons

genou • prison • patienter • azur • manteau • judo • salir

**1** Recopie les mots. Entoure les lettres ou les groupes de lettres qui correspondent à des sons.

**2** Relève les lettres ou les groupes de lettres différents qui correspondent à un même son.

**3** Quelles lettres transcrivent plusieurs sons ?

### B  Les lettres indiquent des marques grammaticales ou lexicales

**a** Je **finis** ma toilette. – Il **finit** sa toilette.

**b** un marron **glacé** – la crème **glacée**

**c** une **leçon** – des **leçons** • un **drapeau** – des **drapeaux**

**d** un **bond** – **bondir** • un **chat** – un **chaton** • le **sang** – **sanguin** • le **galop** – **galoper**

**e** **blanc** – **blanche** • **chaud** – **chaude** • **anglais** – **anglaise** • un **client** – une **cliente**

**4** Indique la classe grammaticale de chaque mot en gras.

**5** Dans les lignes **a**, **b** et **c**, quelles lettres ont changé ou ont été ajoutées ? Quel est leur rôle ?

**6** Dans les mots des lignes **d** et **e**, à quoi sert la lettre muette à la fin de ces noms ou adjectifs ?

---

**Je retiens**

▶ **1.** Les lettres correspondent à des **sons** : s  a  l  i  r
                                          [s] [a] [l] [i] [r]

▶ **2.** Plusieurs lettres peuvent correspondre à un **même son** :
La lettre **s** et la lettre **z** peuvent transcrire [z].
Une même lettre peut transcrire **plusieurs sons** : La lettre **t** transcrit [s] et [t].

▶ **3.** Des lettres **finales muettes** marquent des **accords** : je fini**s** • il fini**t**.
ma leçon, ses leçon**s** • un drapeau, des drapeau**x** • une crème glacé**e**.

▶ **4.** Des lettres **finales muettes** rappellent qu'un mot appartient à une **famille de mots** :
bon**d** → bon**d**ir • san**g** → san**g**uin.
Des lettres servent à la formation du **féminin** : puissan**t** → puissan**te**.

• Les lettres transcrivent des sons ▸Exercices 1 à 3
• Les lettres indiquent des marques grammaticales ou lexicales ▸Exercices 4 à 10

Fichier d'exercices :
↳ des exercices supplémentaires et des évaluations.

## Je m'entraine

**1** ●○○ **Recopie les mots. Puis entoure la lettre ou le groupe de lettres correspondant à chaque son.**
Exemple : m a r ch é
ordinateur • maison • afin • mentir • avec • addition • conseil • obscur • recevoir • gaz • plein • parfum • bonté

**2** ●●○ **Recopie les mots suivants. Puis entoure les lettres qui traduisent les sons indiqués.**
a. penser • patience • possible • leçon • solution • distance • action → son [s]
b. anglais • muguet • toboggan • seconde • spaghetti • guide • gag → son [g]
c. arroser • jazz • gazelle • hasard • treize • écluse • dixième • zigzag → son [z]

**3** ●●● **Recopie les mots dans lesquels tu entends le son indiqué. Puis entoure la lettre ou le groupe de lettres correspondant à ce son.**
a. Ce matin, Vivien est inquiet car son lapin nain s'est sauvé dans le jardin. → son [ɛ̃]
b. Quelle merveille, une chaine de montagnes recouverte de neige avec un rayon de soleil éclairant les sommets ! → son [ɛ]
c. Enzo a fait une mauvaise chute à moto ; il a été aussitôt conduit à l'hôpital. → son [o]
d. Un dimanche de septembre, nous irons dans le parc voir s'il y a encore des paons et nous cueillerons des champignons. → son [ã]

**4** ●●○ **Recopie ces groupes de mots. Puis entoure les lettres qui marquent les accords dans les noms, les adjectifs et les verbes.**
les anciens magasins • des enfants jouent • une chaude nuit estivale • le chien enfouit son os • une fleur parfumée • tu marches dans les flaques

**5** ●●○ **Récris ces groupes nominaux au féminin. Entoure les lettres qui marquent les accords.**
un président souriant • un client gourmand • un marchand patient • un renard gris • un rat savant • un géant blond • un gamin étourdi

**6** ●●○ **Récris ces groupes nominaux au pluriel. Entoure les lettres ajoutées pour marquer les accords.**
un vieux clou rouillé • un endroit calme • le petit veau • ce beau bijou ancien • la nouvelle émission culturelle

**7** ●●○ **Repère la lettre finale muette. Puis écris un mot de la même famille pour chaque nom.**
début • plomb • drap • combat • propos • refus • accord • respect • rang • bois • univers • outil

**8** ●●● **Récris chaque phrase en remplaçant le nom souligné par celui proposé entre parenthèses. Fais les transformations nécessaires.**
a. Arthur est un <u>homme</u> dévoué. (*personne*)
b. L'artiste a réalisé un <u>travail</u> original. (*œuvre*)
c. Je vous présente mon meilleur <u>ami</u>. (*copine*)
d. Nous faisons partie d'un <u>groupe</u> uni. (*famille*)
e. Choisis le <u>fruit</u> le plus mûr. (*poire*)
• **Entoure les lettres marquant les accords.**

**9** ●●● **Recopie les mots soulignés. Puis entoure les lettres marquant les accords.**
Dans son laboratoire, la scientifique fait des <u>expériences</u> sur des <u>cerveaux</u> de rats. Elle <u>évalue</u> les <u>effets</u> de certains <u>médicaments</u> pour savoir si les <u>humains</u> <u>pourront</u> prendre ces <u>produits</u>. En effet, les <u>nouveaux</u> médicaments <u>doivent</u> être <u>testés</u> avant d'être <u>vendus</u> dans les <u>pharmacies</u>.

**10** ●●● **Recopie le texte. Entoure toutes les lettres finales muettes qui servent à former un mot de la même famille.**
Inès et Mathéo sont tranquillement assis sur le tapis de la chambre. Inès feuillète un livre tout en buvant une tasse de lait. Son petit frère, Mathéo, joue en fredonnant un chant appris à l'école. Tout est calme... Mais au bout d'un moment, les enfants se lèvent et sautent d'un bond sur le lit en criant. Leur père arrive et leur dit : « Arrêtez ce chahut, vous faites trop de bruit ! »

### J'écris

▶ **Écris une ou deux phrases pour raconter ce que tu vois sur chaque dessin.**
• **Emploie des mots avec une lettre finale muette.**

# Orthographe

**2**

# S'appuyer sur la formation des mots pour les écrire

## Je réfléchis

### A  Écrire des mots formés avec un préfixe ou un suffixe

**a** encaisser • encadrer • encercler • enterrer • embarquer • emménager • emprisonner

**b** invisible • indéfini • indigeste • impossible • imbattable • immangeable • illisible • irréel

**c** la télécommande • un parapluie • la polyculture • un hypermarché

**d** la création • la démolition • l'exposition • la pollution • la compréhension • une discussion

**e** un questionnement • le prolongement • un tremblement • un applaudissement

**1** Écris les préfixes utilisés dans chaque mot des lignes **a**, **b** et **c**. Indique leur sens.

**2** Écris les suffixes utilisés dans les noms des lignes **d** et **e**.

**3** Comment s'écrit le plus souvent le suffixe [sjɔ̃] ?

### B  Écrire des mots de la même famille

**f** se reposer, le repos • la laideur, laid • un laitage, du lait • enfantin, un enfant

**g** la danse, danser, un danseur • un saut, sauter, sursauter, sautiller

**4** Explique comment les mots dérivés aident à trouver la consonne finale muette d'un mot.

**5** Indique le radical à partir duquel les différents mots de chaque famille sont formés. L'orthographe du radical change-t-elle dans les mots d'une même famille ?

## Je retiens

**1.** De nombreux mots s'écrivent avec un **préfixe**.
Le préfixe [ã] s'écrit **en-** ou **em-** : **en**cadrer • **em**paqueter • **em**barquer • **em**ménager.
Le préfixe [ɛ̃] s'écrit **in-** ou **im-** : **in**visible • **im**possible • **im**battable • **im**mangeable.
Les mots formés avec le préfixe **il-** et le préfixe **ir-** prennent deux **l** ou deux **r** : **il**lisible • **ir**réel.
De nombreux mots s'écrivent avec un **suffixe** :
Le suffixe [sjɔ̃] s'écrit généralement **-tion** : la pollu**tion** • une opéra**tion**.
Le suffixe [mã] s'écrit **-ment** : un questionne**ment** • le prolonge**ment** • un tremble**ment**.

**2.** Pour trouver la **consonne finale muette** de certains mots, il faut chercher un **mot de la même famille** : lai**d** → lai**d**eur • lai**t** → lai**t**age.
Le radical que l'on retrouve dans les mots d'une même famille s'écrit de la même façon dans chaque mot : la **dans**e • **dans**er • un **dans**eur.

• Écrire des mots formés avec un préfixe ou un suffixe ▶Exercices 1 à 7
• Écrire des mots de la même famille ▶Exercices 8 à 11

**Fichier d'exercices :**
↳ des exercices supplémentaires et des évaluations.

## Je m'entraine

**1** ●○○ **Recopie les mots contenant un préfixe.**
illettré • un intérêt • imperméable • un téléfilm •
irremplaçable • imiter • incroyable • un iris •
un polyèdre • embrocher • le paratonnerre •
enchainer • hypersensible • un intrus • irréel •
inespéré • indiquer
• **Entoure les préfixes dans les mots recopiés.**

**2** ●○○ **Écris le contraire de chaque mot en lui
ajoutant le préfixe qui convient :** in- ou im-, il-, ir-.
réparable • connu • buvable • logique • régulier •
limité • précis • légal • capable • possible • respirable

**3** ●○○ **Complète chaque nom avec le suffixe**
-tion, -sion, -ssion **ou** -ment.
la révolu… • une dégusta… • l'admi… •
l'appréhen… • le lance… • la transmi… •
le siffle… • l'alimenta… • un déguise… •
une suspen… • la suppre… • l'habita… •
un assorti… • la végéta… • la distribu…

**4** ●●○ **Écris un nom dérivé de chaque verbe. Ces
noms se terminent par** -tion, -sion, -ssion **ou** -ment.
observer • diriger • amuser • succéder • propulser •
vibrer • définir • charger • détruire • avertir •
enseigner • compliquer • traduire • inverser

**5** ●●○ **Recopie l'intrus de chaque série de mots.**
a. incolore • impur • inviter • imprudent
b. illimité • illuminé • illogique • illettré
c. encercler • entasser • empierrer • entrer
d. irriter • irréel • irresponsable • irréalisable

**6** ●●○ **Recopie chaque phrase en complétant
le mot avec le préfixe qui convient :**
en-/em- • in-/im-/il-/ir- • télé- • para- • poly- • hyper-.
a. L'écriture de ce médecin est …lisible.
b. Nous irons à l'…marché demain.
c. Avez-vous déjà sauté en …chute ?
d. Cet homme se transforme en statue …mobile.
e. La …commande du magnétoscope est cassée.
f. Il faut …fermer les chiens avant de partir.
g. Une figure géométrique à plusieurs côtés
se nomme un …gone.

**7** ●●● **Recopie le texte en complétant les noms
avec les suffixes** -tion, -sion, -ssion **ou** -ment.
Louna doit rendre l'apparte… qu'elle occupe en loca… .
Elle a l'impre… qu'elle ne peut pas faire son déménage…
seule. Alors, ses amis, pleins de compréhen…, prennent
la direc… des opéra…s !

**8** ●○○ **Écris le radical de chaque mot. Entoure
la consonne muette qui termine chaque radical.**
raboter • matelasser • climatique • le bruitage •
refuser • fruitier • un chocolatier • un concertiste •
emprunter • talentueux • regarder • reposer

**9** ●●○ **Complète chaque nom avec la consonne
finale muette qui convient. Aide-toi d'un mot
de la même famille.**
un rabai… • un clien… • un rebon… • le confor… •
un abu… • un candida… • un propo… • un outi…

**10** ●●○ **Trouve la consonne finale muette
de chaque nom. Puis écris deux mots de la même
famille pour chacun.**
*Exemple : un ta… → un tas, tasser, le tassement*
un ran… • du lar… • un cam… • un embarra… •
un retar… • un exper… • un traca… • du cimen…

**11** ●●● **Recopie le texte en complétant les mots
avec la consonne finale muette qui convient.
Pense aux accords.**
Les derniers plan… de tomates nous ont fait un bon
profi… . Même sans engrai…, chaque pied a donné
beaucoup de frui… au gou… délica… . Des tomates
farcies avec du ri…, voilà un pla… succulen… pour les
gourman… que nous sommes !

▶ Raconte en plusieurs phrases la chute
d'un cheval. Ce dernier est ensuite soigné
par un vétérinaire. Utilise des mots contenant
les préfixes et les suffixes étudiés
et des consonnes finales muettes.
• Tu peux utiliser les mots ci-dessous après
les avoir complétés comme il convient :
tro… • galo… • …mêler • affole… • respira… •
convul… • ausculta… • traite… • …pardonnable.

# Orthographe

# Les mots commençant par [af], [ɛf], [ɔf], [ap], [ak]

**Je réfléchis**

## A Les mots commençant par [af], [ɛf], [ɔf]

**a** affaiblir • affamé • l'affection • une affiche • affoler •
affranchir • affreux • affronter • afin • africain

**b** effacer • des effectifs • effectuer • l'efficacité • effleurer • effrayer • l'effroi

**c** offensif • officiel • offrir • offusquer

**1** Avec combien de **f** s'écrivent la majorité de ces mots ? Lesquels s'écrivent avec un seul **f** ?

## B Les mots commençant par [ap]

après • apaiser • apercevoir • un apéritif • apeuré • un apiculteur • aplatir • l'apostrophe •
apparaitre • l'apparence • appauvrir • un appel • l'appétit • applaudir • appliquer • apporter •
appréciable • apprendre • apprivoiser • approcher • approfondir • un appui • après

**2** Avec combien de **p** s'écrivent la majorité de ces mots ? Lesquels s'écrivent avec un seul **p** ?

## C Les mots commençant par [ak]

un acarien • accabler • accaparer • accélérer • accent • accepter • un accès •
un accident • acclamer • acclimater • accomplir • un accord • un accordéon •
accoster • accrocher • accroitre • accueillir • accumuler • l'acné • un acompte •
l'acrobate • acquérir • acquitter • un acteur • actif • actuel

**3** Comment s'écrivent généralement les mots commençant par **[ak]** ?

**4** Repère les mots dans lesquels tu entends **[ks]**. Dans chacun de ces mots, quelle lettre suit **acc** ?

### Je retiens

▶ **1.** Les mots commençant par **[af]**, **[ɛf]**, **[ɔf]** s'écrivent **aff**, **eff**, **off**.
une **aff**iche • **aff**oler • **eff**acer • **eff**ectuer • l'**eff**roi • **off**iciel.
Mais on écrit : afin, africain.

▶ **2.** Les mots commençant par **[ak]** s'écrivent généralement **app** :
**app**araitre • **app**auvrir • **app**eler • l'**app**étit • **app**laudir.
Mais on écrit : après • apercevoir • apaiser • un apéritif • aplatir • un apiculteur...

▶ **3.** Les mots commençant par **[ak]** s'écrivent généralement **acc** :
**acc**lamer • **acc**omplir • un **acc**ordéon • **acc**oster • **acc**rocher • **acc**ueillir • **acc**user.
– Mais on écrit : un acarien • un acompte • un acrobate • actif • un acteur • actuel.
– On écrit aussi : acquérir • acquitter.
– Dans certains mots, **acc** se dit **[aks]** : **acc**élérer • un **acc**ent • **acc**epter.

• Les mots commençant par [af], [ɛf], [ɔf] ▶Exercices 1 à 4 • Les mots commençant par [ap] ▶Exercices 5 à 7 • Les mots commençant par [ak] ▶Exercices 8 à 11

**Fichier d'exercices :**
↳ des exercices supplémentaires et des évaluations.

## Je m'entraine

**1 ●●○○** Complète chaque phrase avec le mot de la liste qui convient :
officier • effervescents • affaires • efflanquée • affranchissement.
a. Cette jument est vraiment maigre : elle est … .
b. N'oublie pas de prendre tes comprimés … .
c. L'oncle de Martin est … de police.
d. Vérifiez l'… de votre grande enveloppe avant de la poster.
e. Nous mettons toutes nos … dans une seule valise.

**2 ●○○○** Écris un nom dérivé de chacun des verbes. Chaque nom commence par aff-, eff- ou off-.
afficher • effondrer • offenser • effarer • (s')efforcer • affronter • affluer • affirmer • officialiser

**3 ●●○○** Écris le verbe de la famille de chaque nom ou adjectif. Tous les verbes commencent par aff-, eff- ou off-.
faible • fou • la faim • une frayeur • fin • ferme • une offre • l'effeuillage

**4 ●●●○** Complète chaque phrase avec un verbe que tu conjugueras au présent :
effleurer • affectionner • effacer • affuter • offusquer.
a. Son comportement odieux … tout le monde !
b. Ce collectionneur … beaucoup les vases anciens.
c. L'enfant … du bout du doigt la joue du bébé.
d. Papa … les couteaux qui ne coupent plus.
e. Nous … les exercices sur notre ardoise.

**5 ●○○○** Écris un nom dérivé de chacun des verbes. Chaque nom commence par app- :
appeler • applaudir • appartenir • apprécier • appuyer • apparaitre.

**6 ●●○○** Complète les mots avec ap- ou app-.
a. Venez prendre l'…éritif samedi soir.
b. Quelle est la marque de votre …areil photo ?
c. Ces élèves sont très … liqués dans leur travail.
d. Le médicament a …aisé la douleur.
e. Le malade a retrouvé l'…étit !
f. J'ai cru …ercevoir un cerf à l'entrée du bois.

**7 ●●●○** Écris les mots correspondant à ces définitions. Ils commencent par ap- ou app-.
a. Être d'accord avec la décision de quelqu'un.
b. Il élève des abeilles et récolte le miel.
c. Rendre pauvre.
d. C'est par exemple un ver que le pêcheur met au bout de sa ligne pour attirer les poissons.

**8 ●○○○** Complète chaque phrase avec le mot qui convient :
accumule • accomplissent • accalmie • accostera.
a. Ces sportives … de véritables exploits.
b. Les marins profitent d'une … pour se reposer.
c. Le collectionneur … les objets rares.
d. Le bateau … vers 17 heures.

**9 ●●○○** Complète les mots avec cc ou c.
a…aparer • a…user • l'a…upuncture • a…rocher • un a…teur • a…ompagner • a…tuel • a…ourir

**10 ●●○○** Complète les mots avec acc ou ac.
a. Les …oudoirs du fauteuil sont abimés.
b. Mes parents regardent les …tualités chaque jour.
c. Les musiciens …ordent leurs instruments.
d. L'été dernier, il a fait une chaleur …ablante.

**11 ●●●○** Écris les mots correspondant à ces définitions. Ils commencent par acc- ou ac-.
a. Rouler de plus en plus vite.
b. Recevoir chaleureusement des gens chez soi.
c. Ce nom est synonyme d'acheteur.
d. Dire qu'une personne est coupable d'un délit.

### J'écris

▶ Écris un texte pour dire ce que tu vois sur les dessins.
• Utilise des mots commençant par [af], [ɛf], [ak], [ap].

# L'accord sujet / verbe

## A Un accord fondamental

De nombreux mammifères **vivent** dans la mer. Le dauphin, la baleine et le cachalot **restent** en permanence dans l'eau. L'otarie **quitte** l'eau quand elle **met** ses petits au monde. Les mammifères marins **possèdent** des poumons et **remontent** régulièrement à la surface pour respirer. À l'observatoire des mammifères marins, chaque scientifique les **observe** sur le littoral français et **collecte** des informations pour mieux les connaitre.

**1** Trouve le ou les sujets de chaque verbe écrit en gras. Indique leur classe grammaticale.

**2** Précise à quelle personne se fait l'accord de chaque verbe. Explique pourquoi.

## B La place du sujet

Dans les océans, mers et rivières, **vivent** de nombreux poissons. L'appareil digestif des poissons **comporte** une bouche munie de dents, un estomac et un intestin. Les écailles des poissons **grandissent** avec eux. Elles leur **offrent** une bonne résistance à l'eau. Les écailles, au cours de la vie du poisson, **changent** de couleurs.

**3** Trouve le sujet de chaque verbe écrit en gras. Précise où se trouve chaque sujet par rapport au verbe.

**4** Quelles sortes de compléments peuvent séparer le verbe de son sujet ?

### Je retiens

▶ **1.** **Le verbe s'accorde avec son sujet.**
   Quand le **sujet** est un **pronom**, l'accord se fait selon la personne.
   Quand le **sujet** est un **groupe nominal**, l'accord se fait à la 3e personne du singulier ou du pluriel.
   L'otarie **quitte** l'eau. Les mammifères marins **possèdent** des poumons et **remontent** régulièrement à la surface.
   Quand le **verbe** a **plusieurs sujets**, l'accord se fait à la 3e personne du pluriel.
   Le dauphin, la baleine et le cachalot **restent** en permanence dans l'eau.

▶ **2.** Le **sujet** est parfois **séparé du verbe** :
   Les écailles du poisson **grandissent** avec lui. → par un complément du nom
   Elles lui **offrent** une bonne résistance à l'eau. → par un pronom complément du verbe
   Les écailles, au cours de la vie du poisson, **changent** de couleurs. → par un complément de phrase
   **Le sujet est parfois placé après le verbe.**
   Dans les océans, les mers et les rivières, **vivent** de nombreux poissons.

## Je m'entraine

**1** ●○○ **Recopie les phrases en accordant les verbes avec les sujets.**

a. Plusieurs ruisseaux travers… ce terrain.

b. La descente se poursui… sans incident.

c. Héloïse et Pierre conduis… les vaches à l'alpage.

d. Margot et son frère apprenn… à nager.

**2** ●●○ **Récris chaque phrase avec le verbe entre parenthèses qui convient.**

a. Dès qu'un cirque (*arrive / arrivent*) en ville, les employés (*monte / montent*) le chapiteau.

b. Le tonnerre (*gronde / grondent*) et les éclairs (*illumine / illuminent*) le ciel.

c. Elle (*aime / aiment*) beaucoup ces magiciens : ils (*exécute / exécutent*) des tours extraordinaires.

d. Ils (*écoutes / écoutent*) de la musique et ils (*danses / dansent*).

**3** ●●○ **Récris chaque phrase avec le sujet proposé.**

a. Le Soleil fait vivre tous les êtres sur Terre. (*l'air, le Soleil et l'eau*)

b. Ils viennent à l'école à pied. (*Karim*)

c. Nous voulions plutôt prendre le train. (*tu*)

d. Cette personne garde tous les journaux depuis trente ans ! (*Jeanne et Léo*)

**4** ●●○ **Conjugue les verbes au présent de l'indicatif. Attention aux accords !**

a. Quand la mer (*se retirer*), certains bateaux (*se retrouver*) sur le sable.

b. Tout le monde (*attendre*) le chanteur, il (*devoir*) venir aujourd'hui.

c. Le maitre, les élèves et leurs parents (*partir*) en car.

d. Les jardiniers (*bêcher*), (*ratisser*) et (*repiquer*) des plantes quand le printemps (*arriver*).

**5** ●●○ **Récris le texte en remplaçant Le chêne par Les chênes.**

Le chêne pousse un peu partout dans le monde. Il peut vivre jusqu'à 1 000 ans ! Dans certains pays, cet arbre perd ses feuilles en hiver. Il produit des glands qui nourrissent certains animaux. Le chêne fournit aussi un bois dur et résistant utilisé par les menuisiers.

**6** ●●● **Recopie les phrases avec les sujets proposés. Puis accorde les verbes comme il convient.**

le clown et le jongleur • l'éleveur • qui • je • les vaches

a. … accour… à la clôture du parc quand … leur apport… de la paille.

b. … connai… ce chien … se promèn… seul en ville.

c. … raviss… les spectateurs du cirque.

**7** ●●○ **Recopie les phrases en conjuguant les verbes au présent.**

a. Les écureuils, en automne, (*stocker*) des noisettes.

b. C'est la fête de Max : ses copains lui (*faire*) une surprise.

c. Nos enfants (*aller*) en vacances à la mer.

d. La sirène (*retentir*) dans la ville depuis dix minutes.

**8** ●●○ **Complète chaque phrase avec l'un des verbes proposés que tu conjugueras au présent :** attendre • casser • apparaitre • rebondir.

a. La balle des enfants … très haut !

b. Dans le ciel, chaque nuit, … des milliers d'étoiles.

c. Les voyageurs, sur le quai de la gare, … patiemment leur train.

d. Dans la tempête, les branches … l'une après l'autre.

**9** ●●● **Recopie le texte en complétant les verbes avec la terminaison qui convient.**

Dans l'espace, circul… des corps célestes. Les satellites en orbite autour de la Terre crois… des météorites. Notre système solaire et de nombreux autres systèmes form… une galaxie : la Voie lactée renferm… des milliards d'étoiles. Certaines galaxies peuv… en regrouper jusqu'à 100 milliards !

### J'écris

▶ Écris plusieurs phrases pour raconter ce que tu vois sur le dessin.

# L'accord de l'adjectif et du participe passé employés avec *être*

**A** Dans son sommeil, Clément est **agité**. Il est **tremblant** de fièvre. Hier, il est **allé** à la piscine ; il était **content** de nager mais ensuite, il est **resté** trop longtemps hors de l'eau sans se sécher. Il a attrapé froid et maintenant, il est **malade** ! Demain, c'est sûr, il sera **fatigué**, il n'ira pas en classe.

**B** Dans son sommeil, Sarah est **agitée**. Elle est **tremblante** de fièvre. Hier, elle est **allée** à la piscine ; elle était **contente** de nager mais ensuite, elle est **restée** trop longtemps hors de l'eau sans se sécher. Elle a attrapé froid et maintenant, elle est **malade** ! Demain, c'est sûr, elle sera **fatiguée**, elle n'ira pas en classe.

**C** Dans leur sommeil, Clément et Arthur sont **agités**. Ils sont **tremblants** de fièvre. Hier, ils sont **allés** à la piscine ; ils étaient **contents** de nager mais ensuite, ils sont **restés** trop longtemps hors de l'eau sans se sécher. Ils ont attrapé froid et maintenant, ils sont **malades** ! Demain, c'est sûr, ils seront **fatigués**, ils n'iront pas en classe.

**1** Recopie les mots en gras du texte **A** en deux colonnes : participes passés après le verbe *être* / adjectifs attributs.

**2** Retrouve ces participes passés et ces adjectifs attributs dans le texte **B**. Que constates-tu à l'oral ? Et à l'écrit ? Repère les marques d'accord en genre des participes passés et des attributs. Avec quoi s'accordent le participe passé et l'attribut ?

**3** Retrouve les marques d'accord en nombre des participes passés et des attributs dans le texte **C**. Explique-les.

**4** Récris le texte **C** en parlant de Lucie et Sarah. Marque l'accord en genre et en nombre des participes passés et des attributs.

Après le verbe **être**, l'**adjectif attribut** et le **participe passé** s'accordent en **genre** et en **nombre** avec le sujet.
Clément est **tremblant** de fièvre. Hier, il est **allé** à la piscine.
Sarah est **tremblante** de fièvre. Hier, elle est **allée** à la piscine.
Clément et Arthur sont **tremblants** de fièvre. Hier, ils sont **allés** à la piscine.
Lucie et Sarah sont **tremblantes** de fièvre. Hier, elles sont **allées** à la piscine.

## Je m'entraine

**1** ●●● **Choisis le sujet qui convient.**

a. (*Tom / Léa*) est partie sans prévenir.

b. Hier, (*un musicien / une musicienne*) est venu dans l'école.

c. Aujourd'hui, (*mon cousin / ma cousine*) est arrivée.

d. En aout, (*ma sœur / mon frère*) est restée chez nos grands-parents.

e. (*Le camion / La voiture*) est tombé dans le fossé.

**2** ●●● **Complète les participes passés avec la terminaison qui convient.**

a. Ils sont mont… dans le premier train.

b. Alice est retourn… au musée du Louvre.

c. Les chats sont all… se cacher dans une grange.

d. Hier, le médecin est ven… à la maison pour mon petit frère.

e. Les garçons sont sorti… sans manteau.

**3** ●●● **Complète les adjectifs attributs avec la terminaison qui convient.**

a. Les pluies sont violent… dans cette région.

b. Les chevaux sont prêt… pour l'entrainement.

c. À cette hauteur, la végétation est clairsemé… .

d. En été, dans les alpages, les petits animaux sont actif… .

e. Les baleines noires du Pacifique sont rare… .

**4** ●●● **Choisis le sujet qui convient.**

a. (*Ces rideaux / Ces fenêtres*) sont toujours fermés.

b. (*L'araignée / Le scarabée*) est noir.

c. (*Le roi / La reine*) est âgée.

d. (*Les paysages / Les images*) sont variées.

e. (*La fillette / Le bruit*) est infernal.

**5** ●●● **Récris chaque phrase en remplaçant le sujet par celui proposé.**

a. Éric est descendu de l'avion dans les premiers. → Lola …

b. Le renard est enragé. → La renarde …

c. Ils sont entrés par la porte de derrière. → Le voleur …

d. Cet acteur est inconnu. → Cette actrice …

e. Elles sont passées par l'Italie. → Elle …

**6** ●●● **Écris les participes passés des verbes entre parenthèses ou les adjectifs attributs comme il convient.**

a. Elles sont (*repartir*) en taxi.

b. Ils sont (*doué*) pour la peinture.

c. Ces fillettes sont (*poli*).

d. Plusieurs vaches sont (*sortir*) de leur enclos.

**7** ●●● **Récris ces portraits au pluriel.**

a. Ce singe est menu et gris. Il est très agile.

b. L'araignée est noire et velue. Elle est utile.

c. Le lion est trapu et imposant. Il est carnivore.

d. La gazelle est fine et élancée. Elle est gracieuse, élégante et rapide.

**8** ●●● **Récris chaque phrase en remplaçant le sujet par celui proposé.**

a. Ils sont retournés voir le même film. → Elle …

b. Elle est arrivée en France récemment. → Ils …

c. Zoé est souvent gaie. → Maxime et Lucas …

d. Les jus de fruits sont glacés. → La boisson …

e. Mathis est resté à la bibliothèque. → Ils …

**9** ●●● **Récris le texte au passé composé en commençant par Hier. Fais les accords nécessaires.**

Lorsque les premières flammes apparaissent, les habitants sortent de la maison. Les pompiers arrivent rapidement. Certains montent sur la grande échelle pour arroser le toit. Des personnes viennent voir leur travail.

 **J'écris**

▶ Raconte en plusieurs phrases à quoi pense l'enfant d'après le dessin.

• Conjugue les verbes au **passé composé** et emploie des adjectifs attributs pour décrire ce que tu vois.

# Les accords dans le groupe nominal : genre et nombre

**Je réfléchis**

## A) L'accord de l'adjectif

À la **brocante annuelle** du quartier, le papa de Matthieu vend **des vêtements trop petits**, **des objets anciens** et **des jouets inutilisés**. Matthieu accepte de se séparer de **sa voiture à pédales rouge** et même de **son pyjama bleu avec de fines rayures noires** qu'il a porté si longtemps !
**La belle voiture à pédales** attire **de jeunes enfants**. **La pendule ancienne** intéresse des collectionneurs. **Plusieurs jeunes mamans** s'arrêtent pour regarder les vêtements.

**1** Dans chaque GN écrit en rouge, trouve l'adjectif et le nom qu'il précise.
Indique le genre et le nombre des noms.

**2** Dans chaque GN écrit en bleu, trouve les noms et les adjectifs.
Indique avec quel nom du groupe nominal chaque adjectif s'accorde.
Précise le genre et le nombre de ce nom.

## B) L'accord de l'adjectif dans un GN composé de plusieurs noms

**a** Dans leur cartable, Maeva, Léa et Lisa ont des affaires **neuves**.
**b** Maeva a un livre, un cahier et un stylo **neufs**.
**c** Léa a une trousse, une gomme et une règle **neuves**.
**d** Lisa a un stylo, un cahier, une gomme et une règle **neufs**.

**3** Dans chaque phrase, trouve les noms précisés par l'adjectif en gras.
Indique leur genre et leur nombre.

**4** Explique l'accord en genre et en nombre des adjectifs écrits en gras.
Que constates-tu quand l'adjectif précise des noms de genres différents ?

**Je retiens**

▷ **1.** Dans un groupe nominal, les **adjectifs** s'accordent en **genre** et en **nombre avec le nom** qu'ils précisent.
sa voiture à pédales **rouge** • son pyjama **bleu** avec de **fines** rayures **noires**

▷ **2.** Si l'adjectif précise :
– **plusieurs noms de même genre**, il prend ce genre et se met au pluriel.
un livre et un crayon **neufs** • une gomme et une règle **neuves**
– **plusieurs noms de genres différents**, il se met au masculin pluriel.
un stylo, une gomme, un cartable et une trousse **neufs**

• L'accord de l'adjectif ▶Exercices 1 à 5
• L'accord de l'adjectif dans un GN composé de plusieurs noms ▶Exercices 6 à 9

**Fichier d'exercices :**
↳ des exercices supplémentaires et des évaluations.

## Je m'entraîne

**1** ●○○○ **Recopie les GN en accordant les adjectifs entre parenthèses comme il convient.**

une (long) robe (coloré) • des gants (blanc) • une plante (vert) (décoratif) • de (jeune) arbres (feuillu) • une (petit) rivière (tranquille) • des (vieux) châteaux (hanté) • de (long) nuits (hivernal)

**2** ●○○○ **Récris les phrases en changeant le genre des noms écrits en gras.**

**a.** Le meilleur **nageur** du monde vit en Chine.

**b.** L'affreux et méchant **sorcier** de ce conte fait peur aux enfants !

**c.** Un jeune **infirmier** dévoué vient chaque jour chez notre **voisin** âgé et malade.

**d.** Ce nouvel **instituteur** remplaçant sera dans la classe du **directeur** absent.

**e.** Un célèbre **musicien** italien vient à Paris.

**3** ●●○○ **Récris les phrases en changeant le nombre des noms soulignés.**

**a.** Jette le <u>verre</u> brisé ainsi que le <u>bocal</u> fêlé.

**b.** Dans la chorale, on entend une belle <u>voix</u> grave parmi toutes les autres.

**c.** Arrêtez donc ce <u>jeu</u> stupide et dangereux !

**d.** Dans le <u>métro</u> propre mais bondé et bruyant, on rencontre le <u>travailleur</u> matinal.

**e.** Il a trouvé un superbe <u>caillou</u> rond bleuté.

**4** ●●○○ **Accorde les adjectifs comme il convient.**

**a.** J'ai réalisé de (nouvelle) recettes de cuisine (apprécié) par mes invités.

**b.** Il a bu trois (grand) tasses de café (noir).

**c.** Éva a mis son habit de princesse (démodé).

**d.** Théo a gagné un sac de billes (transparent).

**e.** Voici des (nouveau) jeux de société (amusant).

**5** ●●●○ **Récris le texte en accordant les noms et les adjectifs.**

Les (tigre) sont de (redoutable chasseur). Leur (corps puissant) et leurs (patte long et fort) font de ces (animal) des (prédateur féroce). Une vue (parfait) de jour comme de nuit, une ouïe très (fin) et un odorat infaillible constituent des (arme efficace) pour chasser. (Placé) sous les pattes, des (coussinet amortisseur) permettent à ces (magnifique félin) de se déplacer sans bruit.

**6** ●○○○ **Accorde les adjectifs avec les deux noms de chaque GN.**

**a.** un pull et un blouson chaud…

**b.** une gazelle et une antilope blessé…

**c.** une rose et du lilas parfumé…

**d.** un comédien et une danseuse connu…

**e.** une sœur et une cousine frisé…

**7** ●●○○ **Complète les phrases avec les adjectifs proposés :** pollués • lourds • colorée • noires • cassées • violents.

**a.** Après un vent et une pluie … , il y a beaucoup de branches et de fleurs … .

**b.** Pour avoir de l'eau potable, il faut purifier l'eau des rivières et des fleuves … .

**c.** Plutôt que de porter une chemise et une cravate … , mets une cravate … .

**d.** Dans les aéroports, on trouve des chariots pour porter les paquets, les colis et les valises … .

**8** ●●○○ **Complète chaque phrase avec un groupe nominal respectant l'accord de l'adjectif en gras.**

**a.** Cet alpiniste a eu une main et … **gelés**.

**b.** Mes desserts préférés sont la crème et … **parfumées** à l'orange.

**c.** Nous avons offert à Maman un bouquet et … **achetés** sur le marché.

**d.** Il connait bien l'avenue et … **principales** de cette ville.

**9** ●●●○ **Récris le texte en accordant les noms et les adjectifs comme il convient.**

Dans un conte, Delphine et Marinette sont deux (petit/fille/âgé) de dix ans. Comme elles sont pauvres, elles n'ont rien pour jouer. Elles voudraient des (livre), des (poupée) et un tableau (neuf). Elles aimeraient aussi des (chaussure/verni), une robe et une jupe (cousu) par leur maman. Mais elles n'ont qu'une dinette et une poussette (ancien).

### J'écris

▶ **Écris le portrait d'une personne de ton entourage ou vue dans des magazines ou à la télévision.**

• Utilise des **adjectifs** pour enrichir les groupes nominaux. Attention aux accords !

# Participe passé ou infinitif ?

## Je réfléchis

### A  Distinguer participe passé et infinitif

En 1940, le pays était **occupé** par les nazis. Le gouvernement français avait **décidé** de **collaborer** avec eux. Alors, le 18 juin 1940, le général de Gaulle a **lancé** un appel à la radio pour **encourager** les Français à **lutter** contre les occupants.  En entendant cet appel, des milliers de Français ont **décidé** de **résister** et de **lutter** contre les Allemands.

**1** Quel son entend-on à la fin des verbes écrits en gras ? Quel est leur infinitif ?

**2** Classe ces verbes en deux colonnes : participe passé / infinitif.

**3** Indique l'auxiliaire qui précède chaque participe passé.

**4** Relève la préposition qui précède chaque verbe à l'infinitif.

**5** Comment le son [e] s'écrit-il quand le verbe est à l'infinitif ?
Comment s'écrit-il quand il s'agit du participe passé ?

### B  S'aider d'un verbe en *-re, -dre*…

**A** En 1992, le spationaute français Michel Tognini a **passé** deux semaines à bord de la station Mir pour **mener** des expériences. En 1999, il a pu **effectuer** une sortie à bord de la navette américaine *Columbia* qui a **installé** un télescope géant dans l'espace.

**B** En 1992, le spationaute français Michel Tognini a **vécu** deux semaines à bord de la station Mir pour **conduire** des expériences. En 1999, il a pu **faire** une sortie à bord de la navette américaine *Columbia* qui a **mis** un télescope géant dans l'espace.

**6** Quel est l'infinitif des verbes en gras du texte **A** ? de ceux du texte **B** ?

**7** En quoi remplacer un verbe en **-er** par un verbe en **-dre** ou en **-re** peut-il t'aider à savoir si le verbe est au participe passé ou à l'infinitif ?

### Je retiens

▷ **1.** Au **participe passé** comme à l'**infinitif**, les **verbes en -er** se terminent par le son [e]. Le participe passé s'écrit **é**, l'infinitif s'écrit **er**.
Des milliers de Français ont **décidé** de **lutter** contre les nazis.
(décid**é** : participe passé • lutt**er** : infinitif)

▷ **2.** Pour bien repérer la **différence** entre l'**infinitif** et le **participe passé** d'un verbe **en -er**, on peut remplacer ce verbe par un **verbe en -dre ou en -re** comme *faire, mettre, prendre*.
Il a pu **effectuer** (faire) une sortie. La navette a **installé** (mis) un télescope géant dans l'espace.

## Je m'entraine

**1** ●○○○ **Écris le participe passé de ces verbes.**
dépasser • accompagner • crier • frapper • découper • voter • proposer • écouter • dessiner • sauter

**2** ●○○○ **Écris l'infinitif des verbes qui ont les participes passés suivants.**
fermé • enlevé • égaré • allumé • décidé • gagné • pédalé • gratté • fauché • nettoyé

**3** ●●○○ **Classe les mots soulignés en deux colonnes :** participes passés / verbes à l'infinitif.

Il était une fois un roi et une reine qui n'avaient pas d'enfant. Pourtant, un jour, la chance leur a <u>accordé</u> une petite fille. Le roi a <u>convoqué</u> sept fées pour <u>donner</u> toutes les qualités à leur fille. Hélas, à quinze ans, elle s'est <u>percé</u> une main avec un fuseau et s'est <u>trouvée</u> mal. On a tout <u>essayé</u> pour la <u>ranimer</u>. Mais la princesse a fini par <u>sombrer</u> dans un sommeil profond qui a <u>duré</u> cent ans, jusqu'au jour où un prince est <u>arrivé</u> pour la <u>réveiller</u>.

**4** ●○○○ **Complète chaque phrase avec le mot de la liste qui convient :**
emmené • emmener • mélanger • mélangé • nagé.
a. Il faut … d'abord la farine et les œufs.
b. Ce sportif a … pendant 24 heures !
c. La maitresse a … ses élèves à la montagne.
d. Le bébé a … tous les puzzles.
e. Samir veut … son frère à Paris.

**5** ●●●○ **Recopie les phrases en écrivant l'infinitif ou le participe passé des verbes entre parenthèses.**
a. Il n'a pas réussi à faire (*flotter*) le bateau qu'il a (*fabriquer*).
b. Nous avons (*arracher*) toutes les herbes.
c. Qui veut (*effacer*) le tableau ce soir ?
d. Les personnes qui veulent (*participer*) au jeu doivent s'inscrire.
e. Victor a (*fermer*) les volets : il doit surement (*se reposer*).

**6** ●●●○ **Écris une phrase avec chacun des participes passés et des verbes à l'infinitif.**
**Participes passés :** profité • remercié • tremblé
**Infinitifs :** entourer • acheter • conjuguer

**7** ●●○○ **Recopie chaque phrase en remplaçant le verbe souligné par le verbe proposé à la forme qui convient.**
a. Je vais <u>offrir</u> mon manteau à ma sœur. → *donner*
b. Nous avons <u>cueilli</u> des champignons. → *ramasser*
c. Vous jouerez quand vous aurez <u>fini</u> votre travail. → *terminer*
d. Marion a <u>écrit</u> sur un carnet tout ce qu'elle a <u>fait</u> au cours de son voyage. → *noter, visiter*
e. Il faudra <u>peindre</u> le mur. → *décorer*

**8** ●●○○ **Remplace le verbe** mettre **souligné par l'infinitif ou le participe passé d'un verbe de la liste :**
verser • poser • accrocher • déposer • étaler.
a. J'ai <u>mis</u> le vase sur la table du salon.
b. Il faut <u>mettre</u> le lait dans une casserole.
c. Ils ont <u>mis</u> des décorations partout.
d. Les marchands ont <u>mis</u> leurs produits sur une table.
e. Tu iras <u>mettre</u> le chèque à la banque.

**9** ●●●○ **Remplace le verbe souligné par un verbe en -er de ton choix à la forme qui convient.**
a. Il faudra <u>réunir</u> tous les participants.
b. Mathis a <u>fait</u> un paysage à la craie grasse.
c. Les chiens ont <u>senti</u> une piste.
d. Alice a <u>voulu</u> un scooter pour ses 16 ans.
e. Tu n'oublieras pas de <u>relire</u> ta dictée.

**10** ●●●○ **Récris le texte au passé composé. Certains verbes resteront à l'infinitif.**

Des enfants (*visiter*) un élevage de chiens de traineaux. Puis ils (*transporter*) le matériel afin de (*préparer*) certains chiens pour une promenade qui (*durer*) deux heures. Ensuite les équipages (*rentrer*) pour (*manger*). Tout le monde (*pique-niquer*) chez l'éleveur avant de (*regagner*) le bus pour le retour.

## J'écris

▶ **Raconte en plusieurs phrases une sortie que tu as faite avec ta classe.**
• Utilise des verbes en -**er** ; tu conjugueras certains verbes au passé composé et tu emploieras d'autres verbes à l'infinitif.

# Marquer les accords dans un texte

## Je réfléchis

### A) Faire les accords dans les groupes nominaux

Samia et sa meilleure amie Lina revenaient de l'école. Comme elles passaient devant une grande maison, deux jeunes chats sont venus se frotter contre elles. Ils regardaient les fillettes et miaulaient. Les deux adorables petits chatons noirs étaient si mignons ! Samia les a pris dans ses bras. L'un des chatons ronronnait, l'autre lui mordillait les doigts.

Lina lui a dit : « Ces chatons sont beaux mais tu ne peux pas les garder. Ils doivent appartenir aux habitants de cette grande maison. » À ce moment, une dame grande et élégante est arrivée. Voyant les chats, elle s'est exclamée : « Mais ce sont mes chatons, ils se sont encore sauvés ! »

**1** Relève les groupes nominaux et entoure les lettres qui marquent le genre et le nombre.

**2** Explique les accords des noms et des adjectifs dans les groupes nominaux.

### B) Accorder les verbes et leur sujet, accorder les attributs du sujet

**3** Relève, dans le texte, les verbes conjugués. Indique leur infinitif et le temps employé.

**4** Trouve le sujet de chaque verbe. Quels mots sont remplacés par les pronoms sujets ?

**5** Recopie les verbes avec leur sujet et explique leur terminaison.

**6** Relève les deux attributs du sujet. Après quel verbe se trouvent-ils ?
À quelles classes grammaticales appartiennent-ils ? Explique l'accord de ces attributs.

### Je retiens

Pour bien **marquer les accords dans un texte** :

▷ 1. Il faut identifier les **noms** et les **adjectifs** qui les précisent et marquer les accords en fonction du genre et du nombre des noms.
les deux adorable**s** chaton**s** • une dame, grand**e**, élégant**e**

▷ 2. Il faut identifier les **verbes** et leur **sujet**.
Samia et sa meilleure amie Lina reven**aient** de l'école. (*revenaient* → verbe à l'imparfait, 3e personne du pluriel)
Celles-ci voul**aient** poursuivre leur chemin. (*celles-ci* → remplace « Samia et Lina »)
Il faut identifier les **attributs** et les accorder avec le sujet du verbe. Ces chatons sont beau**x**.

## Je m'entraine

**1** ●○○ **Recopie les groupes nominaux soulignés. Puis entoure les lettres qui marquent les accords.**

Pour la rentrée, Léane a <u>des cahiers neufs</u>, <u>deux grands classeurs</u>, <u>une belle trousse colorée</u> et <u>des nouveaux feutres</u>. Elle a mis <u>sa jolie chemise bleue</u> et <u>ses chaussures grises</u>. Elle a hâte de retrouver <u>ses meilleures copines</u>.

**2** ●●○ **Change le genre des groupes nominaux.**

un patron exigeant • une chanteuse célèbre • un chat peureux • une élève brillante • un ami précieux

**3** ●●○ **Change le nombre des groupes nominaux.**

de grands hommes bruns • une longue jupe blanche • des pays lointains • un gaz rare • des prix bas

**4** ●●○ **Accorde les mots entre parenthèses comme il convient.**

Les (*comète*) sont des (*boule*) de glace qui sillonnent le système (*solaire*). En frôlant le Soleil (*brulant*), elles s'échauffent et leur (*glace*) se transforme en vapeur d'eau (*brillant*). Apparait alors une (*long*) queue (*lumineux*).

**5** ●●● **Recopie le texte en accordant les noms et les adjectifs comme il convient.**

Dans la montagne, vivent les (*chamois*) (*gracieux et agile*). On peut voir aussi la (*gentil*) marmotte (*curieux*) mais (*peureux*). Des (*oiseau majestueux*) comme les (*aigle royal*) occupent également les (*hauteur*).

**6** ●●○ **Recopie les verbes et les sujets. Puis entoure les lettres qui marquent les accords.**

La découverte et la conservation d'un fossile demandent un travail long et méticuleux. Les paléontologues préparent, extraient, mesurent, notent et photographient chaque échantillon. Et au laboratoire, un travail de fourmi les attend encore !

**7** ●●○ **Recopie les sujets et les attributs soulignés. Puis entoure les lettres qui marquent les accords.**

Il y a 100 millions d'années, <u>la nourriture</u> est <u>abondante</u>. <u>Les dinosaures</u> deviennent alors <u>envahissants</u>. Avec leurs 30 mètres de long et leurs 80 tonnes, <u>les sauropodes</u> sont <u>les plus grands</u> et <u>les plus lourds</u> ! Alors que <u>les oviraptors</u> restent <u>petits</u> et <u>légers</u>.

**8** ●●● **Accorde les verbes avec leurs sujets.**

Linda et ses copains mènent une enquête. **Ils** doiv… retrouver leur ami Alex **qui** a dispar… .
**Celui-ci** se trouv… peut-être sur la place royale, si l'on en croit certains indices.
Linda se rend à cet endroit. **Elle** parcour… la place dans tous les sens mais ne voi… pas Alex : **il** rest… introuvable !

• **Indique, pour chaque pronom écrit en gras, le nom qu'il remplace.**

**9** ●●● **Complète le texte avec les attributs qui conviennent :**

vivant/vivante • émus/ému • beau/beaux • transparents/transparentes • ébahi/ébahie.

Le magicien présente un oiseau mécanique. Il le met en marche. Son chant est tellement … que tous les gens semblent … . Puis, d'un coup de baguette magique, l'oiseau devient … . Quand il s'envole, ses ailes paraissent … . Le public en reste … .

**10** ●●● **Recopie le texte en écrivant les verbes et les sujets comme il convient. Conjugue les verbes au présent.**

Les (*ours polaire*) (*manger*) des phoques. (*Il*) (*attraper*) facilement les nouveau-nés, car (*ce jeune animal*) (*être*) incapables de s'enfuir. Pour capturer les adultes, l'ours (*attendre*) pendant des heures à côté du trou que les phoques (*utiliser*) pour respirer.

**11** ●●● **Accorde les attributs comme il convient.**

Les Celtes étaient (*un artisan ingénieux*). Ils ont inventé les tonneaux en bois. Ces objets demeurent (*utile*) de nos jours. Ces mêmes Celtes étaient aussi (*un paysan habile*) car ils travaillaient avec des outils en fer. Mais ils restaient (*un guerrier farouche*) : les tribus se faisaient souvent la guerre.

**J'écris**

▶ **Présente en plusieurs phrases un conte que tu aimes particulièrement.**

• Tu feras tous les accords nécessaires : dans les groupes nominaux, entre les verbes et leurs sujets… Utilise des attributs du sujet.

# Utiliser le dictionnaire

**Je réfléchis**

## A Découvrir les mots

**1** Quel renseignement donnent les lettres **n. m.**, **adj.** ou **v.** à droite des mots définis ?

**2** À quoi sert l'indication (**conjug. 3**) placée à côté du mot **respecter** ?

**3** Comment est indiquée la prononciation du mot **respect** ?

## B Comprendre les mots

**4** Combien de sens chaque article de dictionnaire donne-t-il pour chaque mot ?

**5** Quels synonymes et quels contraires des mots sont précisés dans le dictionnaire *Larousse* ? Les trouves-tu dans le dictionnaire *Le Robert* ?

**6** Relève, dans chaque article, des renseignements qui ne se trouvent pas dans l'autre.

**7** À quoi servent les phrases en italique dans les définitions ?

---

**respect** [RƐSPƐ] **n. m. 1.** Considération que l'on a pour quelqu'un en raison de son âge, de sa valeur. → **déférence, égard.** *Elle a beaucoup de respect pour son vieux professeur.* ‖ contraires : **impertinence, insolence. 2.** Fait de se conformer à une règle, à une loi. *L'arbitre veille au respect des règles du jeu.* **3.** *Tenir quelqu'un en respect,* le maintenir à distance avec une arme.

▶ **respecter v.** (conjug. 3) **1.** Manifester du respect. *On doit respecter les personnes âgées.* **2.** *Respecter une règle,* s'y conformer. *Il faut respecter les limitations de vitesse.*

▶ **respectable adj.** Digne de respect. → **honorable.** *Une dame d'un âge respectable.*

▶ Autres mots de la famille : respectueusement, respectueux.

*Le Robert Junior 8 / 11 ans*, © Le Robert, Junior, © 2015, Dictionnaires Le Robert.

---

**respect n.m. ❶** Sentiment qui pousse à traiter quelqu'un avec égard. *J'ai beaucoup de respect pour mon grand-père.* CONTR. mépris. **❷** Fait de ne pas enfreindre une loi, un règlement, un engagement. *Le respect de la discipline. Le respect d'une promesse.* **❸** Souci de ne pas porter atteinte à quelque chose. *Le respect de l'environnement.* **●** **Manquer de respect :** être impoli avec quelqu'un. **●** **Mes respects :** formule de politesse par laquelle on témoigne de son respect envers une personne. *Veuillez présenter mes respects à votre épouse.* **●** **Tenir en respect :** tenir une personne à distance, en particulier en la menaçant avec une arme.
▶ REM. On prononce [RƐSPƐ].
**HISTOIRE DU MOT** Vient du latin *respectus,* de *respicere* qui signifie « regarder en arrière ».

**respectable adj.** Qui est digne de respect. *Un homme respectable.* SYN. honorable. CONTR. méprisable.

**respecter v.** (CONJUG. 3). **❶** Témoigner du respect à une personne. *Cet homme mérite qu'on le respecte.* **❷** Se conformer scrupuleusement à une règle ; ne pas porter atteinte à quelque chose. *Chacun doit respecter la règle du jeu.* CONTR. enfreindre. *Ne faites pas de bruit, respectez le sommeil de votre père* (= ne le troublez pas).

*Le Larousse Super Major, 9/12 ans - CM/6ᵉ,* © Larousse, 2012.

---

**Je retiens**

▶ Un dictionnaire donne de nombreux **renseignements** sur un mot :
– son **sens** ou ses **différents sens**, illustrés par une **phrase exemple** ;
– des **synonymes** et parfois des **contraires** ;
– des **mots de la même famille** ;
– parfois des indications sur son **origine**, son **histoire** ;
– sa **classe grammaticale** : **n.** = nom, **v.** = verbe, **adj.** = adjectif…
– son **orthographe** et sa **prononciation** : respect [RƐSPƐ].

## Je m'entraine

**1** ●●● Recopie les mots de chaque série dans l'ordre alphabétique.
**a.** cosmonaute • cortège • cosmétique • corvée • cosaques
**b.** pizza • pivot • pivert • pittoresque • pivoine • pivoter
**c.** malaise • malédiction • malaxer • malchance • mâle

**2** ●●● À quel modèle dois-tu te reporter pour conjuguer les verbes de la liste ?

> Dans *Le Robert Junior*, on trouve 62 modèles de conjugaison. Le n° 3 a pour modèle le verbe *chanter*, le n° 5 le verbe *bouger*, le n° 11 le verbe *finir*, le n° 61 le verbe *prendre*.

apprendre • conter • grandir • déménager • demeurer • surprendre • bondir • manger

**3** ●●● Cherche, dans ton dictionnaire, comment ces mots s'écrivent. Puis recopie-les.
[paʀfœ̃] • [vilaʒwaz] • [difeʀamã] • [kɔ̃dane] • [ɔʀkɛstʀ] • [tɛknik] • [ʃɛdœvʀ]

**4** ●●● Recopie les mots en plaçant à côté de chacun les abréviations qui conviennent :
n. m. ; n. f. ; adj. ; v. **Attention, pour certains mots, il peut y avoir plusieurs réponses.**
positif • poste • penser • pensée • aplatir • plat • oreille • ordonner • soigneux • vivre

**5** ●●● Quelle abréviation marquant la classe grammaticale convient pour le mot écrit en gras dans chaque phrase ?
**a.** Tout le monde est parti, la salle est **vide**.
**b.** Cet appareil permet de faire le **vide** dans les tubes.
**c.** Avant de ranger mon pantalon, j'en **vide** les poches.
**d.** Un vent très **fort** ralentit notre marche.

**6** ●●● Associe chaque mot à sa définition.
**Mots :** conduit • verdâtre • gluant • décroitre • atténuer
**Définitions :**
**1.** Diminuer petit à petit.
**2.** Mou et collant.
**3.** Rendre moins fort.
**4.** D'une couleur qui tire sur le vert.
**5.** Tuyau dans lequel passe un liquide ou un gaz.

• Complète ensuite chaque phrase avec le mot qui convient. Tu dois conjuguer les verbes.
**A.** L'eau de la mare est … .
**B.** Ce médicament … la douleur.
**C.** En vieillissant, la vue … .
**D.** L'eau n'arrive plus : le … est bouché.
**E.** Le miel est un produit … mais agréable au gout.

**7** ●●● Quel synonyme peux-tu ajouter après chaque définition ?
**a.** goguenard **adj.** • Qui se moque de quelqu'un.
**b.** gnome **n. m.** • Petit personnage de contes, souvent laid et difforme.
**c.** prairie **n. f.** • Terrain couvert d'herbe haute.
**d.** réduire **v.** • Rendre plus petit.
**e.** vigoureux **adj.** • Plein d'énergie, de santé, de vigueur.

**8** ●●● Associe à chaque mot les deux définitions qui conviennent :
**a.** dicter • **b.** fouille • **c.** rigide.
**Définitions**
**1.** Dire à quelqu'un des mots ou un texte à haute voix pour qu'il les écrive.
**2.** Qui ne se plie pas facilement.
**3.** Inspection en détail.
**4.** Très sévère.
**5.** Imposer.
**6.** Au pluriel : travaux qui permettent de trouver des ruines, des objets ensevelis.

**9** ●●● Associe chaque mot au titre de la planche illustrée correspondant.
**Mots :** calligraphie • hutte • grillon • éolienne • javelot • phasme • timbale • hiéroglyphe • chalet • barrage • maracas • escrime
**Titres des planches illustrées :** insectes • habitations • sources d'énergie • sport • écriture • instruments de musique

**J'écris**

▶ Explique en quelques phrases pourquoi tu aimes ou tu n'aimes pas consulter un dictionnaire.

# Vocabulaire

# L'origine des mots du français

## Je réfléchis

### (A) Des mots venus du latin et du grec

Mon frère aime beaucoup les chevaux et voudrait plus tard travailler auprès de ces nobles animaux. Il s'est renseigné et a trouvé un lycée qui offre une option d'hippologie-équitation. Il pourra donc suivre des cours d'équitation pour perfectionner sa technique équestre. Il est déjà bon cavalier car il monte depuis sept ans.
Il fera aussi de l'hippologie, la science qui étudie les chevaux : leur alimentation, leur santé, leur reproduction…

**1** Du point de vue du sens, qu'est-ce qui rapproche les mots **équitation**, **équestre**, **chevaux** et **cavalier** ?

**2** Dans ces mots, retrouve la « trace » des deux mots latins signifiant « cheval » : *equus* ou *caballus*.

**3** En grec ancien, « cheval » se disait *hippos*. Dans quel mot du texte retrouves-tu ce mot grec ? Que signifie ce mot ?

**4** Quels mots du texte viennent des mots latins suivants : *amare* (verbe), *nobilis* (adjectif), *bonus* (adjectif), *annus* (nom) ?

### (B) Des mots venus d'autres langues

J'ai passé un bon weekend. Samedi, je suis allée à mon club de judo. Puis nous avons fait une soirée pyjama avec des amis. Nous avons regardé un film de kung-fu. Dimanche, nous avons fait un petit cross avec nos parents le matin, puis nous avons mangé une bonne pizza avant d'aller au cirque. Nous avons beaucoup ri au numéro des clowns qui jouaient aux fakirs.

**5** Relève, dans le texte, tous les mots empruntés à l'anglais. Donne leur définition.

**6** À quelles langues ont été empruntés les mots **judo**, **pyjama**, **pizza** et **fakir** ?

## Je retiens

**1.** La majorité des **mots du français** ont leur origine dans le **latin**, qui s'est déformé au cours des siècles.
*nobilis* (latin) est devenu noble • *amare* (latin) est devenu aimer

**2.** Le **grec ancien** a souvent servi et sert encore à former des **mots scientifiques**.
L'**hippologie** est la science qui étudie les chevaux. (*hippos* = cheval et *logos* = discours, étude)

**3.** Au cours des siècles, en raison des échanges entre les peuples, de nombreux mots ont été empruntés à des **langues étrangères**, particulièrement à l'anglais depuis le XIXᵉ siècle.
pizza (italien) • fakir (arabe) • judo (japonais) • clown (anglais)

## Je m'entraine

**1 ●○○○** Complète chaque liste avec un mot de la même famille. Puis indique la classe grammaticale de ce mot.

a. lait • laitage • allaiter • …
b. grand • agrandir • grandement • …
c. planter • planteur • transplanter • …
d. léger • légèrement • légèreté • …
e. long • longueur • longue-vue • …

**2 ●○○○** Trouve l'intrus dans chaque série.

a. raison • raisonnable • déraisonner • raisin • raisonnement
b. front • affronter • effondrement • frontal • fronton
c. patrie • rapatrier • patrouille • compatriote • patriotisme
d. verser • averse • renversant • verset • verseur
e. couper • coupole • coupure • découpage • coupon
f. monter • montgolfière • démontage • monture • remontoir

**3 ●●○○** Complète chaque famille avec un mot de la classe grammaticale demandée.

a. peuple • peuplade • peuplement • … verbe
b. venir • provenir • survenir • … verbe
c. vent • paravent • éventer • … nom
d. casser • cassure • casse-noix • … adjectif
e. loi • loyauté • hors-la-loi • … adjectif

**4 ●●●●** Complète chaque phrase avec un mot de la famille du mot écrit en gras.

a. qui est en **faute**
→ *Julie se sent … de ne pas avoir aidé sa copine.*
b. dont on a enlevé la **crème**
→ *Nous ne buvons que du lait … .*
c. grande **porte** à l'entrée d'un jardin ou d'un édifice
→ *Nous sommes entrés car le … était ouvert.*
d. **prendre** sur le fait
→ *Je l'ai … en train de fouiller dans mes affaires.*
e. différence de **niveau**
→ *Il y a bien 500 mètres de … entre les deux villages.*
f. qui concerne les **dents**
→ *Plusieurs élèves de la classe ont un appareil … .*

**5 ●●○○** Complète le tableau avec des mots dans lesquels on retrouve les lettres du radical latin.

| mots français | origine latine | |
|---|---|---|
| seul | *solus* | … |
| doigt | *digitus* | … |
| heure | *hora* | … |
| charbon | *carbo* | … |

**6 ●●○○** Classe les mots de chaque série en deux colonnes : un radical français / un radical latin.

a. œil / latin *oculus*
œillet • clin d'œil • oculaire • trompe-l'œil • oculiste
b. clair / latin *clarus*
clairement • clarté • clarifier • éclaircir • éclairage
c. main / latin *manus*
manuel • main-d'œuvre • essuie-main • manuscrit
d. gout / latin *gustus*
dégout • ragout • déguster • avant-gout • gustatif
e. école / latin *schola*
écolier • scolarité • auto-école • scolaire • scolariser

**7 ●●●○** Retrouve, pour chaque série, les deux radicaux français et latin.

a. mer • amerrir • outremer • marin • marine
b. parfait • imparfait • imparfaitement • perfection • perfectionnement • perfectionniste
c. mère • grand-mère • maternel • maternité
d. tirer • attirer • attirance • tracteur • attraction • tracter
e. sûr • surement • sureté • sécurité • sécuriser

**8 ●●●○** Trouve le mot formé avec le radical latin *aqua* qui correspond à chaque définition.

a. Qui pousse, vit dans l'eau ou au bord de l'eau.
b. Pont qui conduit l'eau d'un endroit à un autre.
c. Récipient en verre pour faire vivre des poissons.

**Trouve les mots formés à partir du grec *hydros*.**
d. Avion qui décolle et se pose sur l'eau.
e. Bateau à fond plat qui semble glisser sur l'eau.
f. Boisson faite avec de l'eau et du miel.

J'écris

▶ Rédige un petit texte dans lequel tu utiliseras tous les mots d'une des séries de l'*exercice 6*.

# Vocabulaire

## Les préfixes

### Je réfléchis

**A** Qu'est-ce qu'un préfixe ?

1. Quel est le préfixe dans ces trois mots ?
À quels mots de base est-il ajouté ?

2. Quel sens ce préfixe apporte-t-il ?
Vérifie ta réponse dans un dictionnaire.

3. Retrouves-tu ce préfixe dans les mots parachute, paradis, parallèle et paravent ?

4. Quels autres préfixes connais-tu ?
Donne quelques exemples de mots dans lesquels on les trouve.

**B** Le sens des préfixes

a. Ce tableau est vraiment **complet**.
b. Nous avons passé un moment **agréable**.
c. Voilà une remarque bien **précise**.
d. Notre équipe a été **qualifiée**.
e. Ce ballon est **gonflé**.
f. Emma apportera un gâteau au chocolat.
g. Pour notre spectacle, il a fallu transporter les chaises de la cantine jusqu'au préau.
h. Les poutres supportent le plafond.
i. Liam a emporté mon nouveau jeu en repartant chez lui.

5. Quel est le contraire de chaque mot en gras dans les phrases a à e ?

6. Relève les verbes dérivés formés à partir de porter dans les phrases f à i. Quels préfixes y sont utilisés ?

7. Dans quel verbe le préfixe signifie-t-il par en dessous ?
vers un lieu ? en quittant un lieu ? d'un lieu à un autre ?

### Je retiens

▶ 1. Un **préfixe** est un élément qui se place **devant** un mot de base, **un radical**, pour former un mot dérivé : porter → **em**porter • **ap**porter.

▶ 2. Le préfixe **modifie le sens** du radical :
nombre ou quantité → **tri**angle • répétition → **re**dire • protection → **para**pluie.

▶ 3. Les **préfixes in-, il-, im-, ir-, dé-, dés-, dis-, mal-, mé-** indiquent **le contraire**.

## Je m'entraine

**1** ●○○○ **Ajoute un préfixe à chacun de ces mots. Utilise des préfixes différents.**
faire • placer • couvrir • population • coiffer • classer • formation • mettre • capable • normal

**2** ●●○○ **Relève le préfixe dans chaque mot. Précise quel sens il indique.**
télécommande • survoler • soussigné • impuissance • décamètre • antigel • entrecôte • empaqueter

**3** ●●●○ **Écris le mot dérivé qui correspond à chaque définition. Puis entoure le préfixe.**
a. Venir plus près, donc être plus proche.
b. Priver quelqu'un d'un avantage, d'une faveur.
c. Époque très ancienne située avant l'histoire.
d. Estimer au-dessus de sa valeur.
e. Petit miroir pour voir à l'arrière sans se retourner quand on conduit.

**4** ●●●○ **Trouve l'intrus dans chaque série.**
a. imprimer • improviser • importance • impolitesse • impératif
b. répugnant • réchauffer • résister • régaler • récipient
c. désaccord • désamorcer • désapprouver • désastreux • désarmement
d. malfaisant • apprivoiser • encercler • irrésistible • surligner

**5** ●○○○ **Écris le contraire des mots suivants, en ajoutant à chaque mot un préfixe.**
humain • heureusement • soluble • obéir • pair • plier • respirable • probable • logique • efficace • équilibre

**6** ●●●○ **Recopie uniquement les paires de mots qui associent deux mots de sens contraire.**
a. gracieux / disgracieux
b. courir / discourir
c. paraitre / disparaitre
d. penser / dispenser
e. joindre / disjoindre
f. proportionné / disproportionné
g. cerner / discerner
h. symétrique / dissymétrique

**7** ●●○○ **Écris les mots qui correspondent aux définitions. Puis entoure les préfixes.**
a. Qui est contraire à la loi.
b. Exclure un concurrent qui a commis une faute.
c. Personne qui ne voit pas bien.
d. Qui n'est pas franc, pas honnête.
e. Qu'on ne peut pas remplacer.

**8** ●●○○ **Trouve le mot dérivé qui correspond à chaque définition. Le radical est en gras. Le sens du préfixe est indiqué en orange.**
a. Enlever une plante de la terre ou d'un pot et la **planter** *ailleurs* ; enlever un organe à quelqu'un pour le placer dans le corps d'une autre personne.
b. Se **poser** *entre* deux personnes ou deux groupes, en général pour les séparer.
c. Espace *entre* deux **lignes** dans un cahier.
d. *Quitter* sa **patrie** pour aller dans un autre pays.
e. **Objectif** d'un appareil photo qui sert à photographier *de loin*.

**9** ●●○○ **Précise si, dans ces mots, le préfixe pré- donne une indication de lieu ou de temps.**
prévision • préposition • préfabriqué • prédiction • préfixe • préexister • les Préalpes

**10** ●●○○ **Précise si, dans ces mots, les préfixes in-, il- ou im- indiquent un sens contraire ou une direction.**
illimité • s'infiltrer • immortel • importation • imprévu • inaction • inspirer • intenable

**11** ●●○○ **Trouve le plus possible de mots dérivés à partir du mot terre dans lesquels le préfixe donne une indication de lieu.**

**12** ●●●○ **Quelle est la classe grammaticale des mots ci-dessous ? Quels préfixes sont utilisés ? Donne leur définition.**
insubmersible • émerger • immerger • amerrir

## J'écris

▶ **Écris une définition pour chaque mot en mettant en valeur le sens du préfixe.**
• transatlantique • prénatal • surnager • téléguidé • interplanétaire • intraveineuse

# Vocabulaire

## Les suffixes

**Je réfléchis**

### A Qu'est-ce qu'un suffixe ?

du fromage • l'emballage • une salade • une promenade •
une ration • la respiration • mon cahier • ce caissier

**1** Dans quels mots de cette liste reconnais-tu un suffixe ?
Justifie ta réponse.

**2** À quel radical ce suffixe est-il ajouté ?

### B Des suffixes pour former des noms indiquant une action, une personne ou un instrument

**ⓐ** A. 1. transformer • 2. éliminer • 3. féliciter • 4. réaliser
B. 1. aménager • 2. affronter • 3. charger • 4. rattacher
C. 1. accrocher • 2. arbitrer • 3. éclairer • 4. remplir
D. 1. souder • 2. coudre • 3. écrire • 4. teindre

**3** Pour chaque ligne de la série **ⓐ**, écris le nom qui désigne l'action correspondant
à chacun de ces verbes.

**4** Quel suffixe as-tu utilisé pour former les noms d'action dans chaque ligne de la série **ⓐ** ?

**ⓑ** 1. Celui qui skie.
2. Garçon qui fréquente un collège.
3. Quelqu'un qui perturbe.
4. Celui qui bâtit.

**5** Quels noms correspondent aux définitions de la série **ⓑ** ? Écris ces noms au masculin,
puis au féminin. Quels sont les suffixes utilisés dans les noms que tu as trouvés ?

**ⓒ** 5. une agrafeuse          6. une calculatrice
7. un aspirateur          8. un arrosoir

**6** À quoi sert chaque objet nommé dans la série **ⓒ** ?

**7** Quels suffixes repères-tu dans ces noms d'objets ?

**Je retiens**

▶ **1.** Le **suffixe** se place **derrière le radical**.
emball**age** • promen**ade** • ski**euse**

▶ **2.** Parmi les principaux suffixes : **-ation**, **-age**, **-ment** indiquent une action ;
**-eur/-euse**, **-ien/-ienne**, **-ateur/-atrice** indiquent un métier ou un outil.

## Je m'entraine

**1** ●●●● Relève le suffixe dans chaque mot.
jeunesse • évacuation • portillon • ramoneur • chauffage • moissonneuse • habileté • côtelette • barbiche • cafetière

**2** ●●●● Recopie uniquement les mots qui contiennent un suffixe. Puis entoure le suffixe.
défaire • placement • commune • participation • coiffure • formation • permettre • recevable • magasin • postier

**3** ●●●● À partir de chaque mot, forme un mot dérivé de la classe grammaticale demandée en ajoutant un suffixe.
a. imprimer → nom commun
b. musique → adjectif
c. énorme → nom commun
d. décorer → nom commun
e. aliment → adjectif
f. rue → nom commun

**4** ●●●● Trouve le nom de l'action qui correspond à chaque verbe.
a. Nous avons nettoyé ma chambre. Nous avons lavé les murs, nous avons rebouché les trous. Puis nous avons peints les murs et les portes.
b. J'ai un peu jardiné. J'ai planté quelques rosiers et cueilli différentes fleurs. J'ai arrosé la pelouse.

**5** ●●●● Recopie ces noms d'action, entoure les suffixes. Puis indique les verbes qui leur correspondent.
navigation • dispersion • disposition • division • exécution • évocation • décision • distribution

**6** ●●●● Recopie ces noms d'action en utilisant la formule : c'est l'action de…
*Exemple :* l'émission, c'est l'action d'émettre.
élection • oppression • réflexion • extraction • extinction • prédiction • satisfaction • interruption • réaction • prescription • compréhension

**7** ●●●● Écris le nom de l'outil ou de l'instrument qui correspond à chaque définition. Entoure le suffixe.
a. Machine servant à presser les olives pour obtenir de l'huile ou à presser le raisin pour faire du vin.
b. Outil qui sert à percer des trous.
c. Appareil qui sert à hacher la viande.
d. Reliure rigide dans laquelle on range des documents en les classant.

**8** ●●●● À l'aide des indications, trouve les noms dérivés des verbes en gras, puis précise leur suffixe.
a. **arroser** : l'action d'arroser • celui qui arrose • un objet pour arroser
b. **fermer** : l'action de fermer • une petite attache pour fermer un collier
c. **plomber** : celui qui installe et répare les tuyaux et les canalisations • l'action de plomber une dent • ensemble des tuyaux et des canalisations

**9** ●●●● Lis ces mots, puis réponds aux questions :
élever • élevage • élévation • éleveur • élévateur.
a. Quels suffixes sont utilisés dans les noms de cette liste ? Qu'indiquent-ils ?
b. Quel sens a le verbe élever quand il est en relation avec élevage et éleveur ? Écris une phrase illustrant ce sens.
c. Quel sens a le verbe élever quand il est en relation avec élévation et élévateur ? Écris une phrase illustrant ce sens.

▷ Transforme en une ou deux phrases chacun de ces titres. Utilise les verbes correspondant aux noms d'action.
• Disparition de deux éléphants
• Suppression des parcmètres devant la mairie
• Ouverture du centre aéré
• Embellissement de la place du théâtre

# L'emploi des synonymes

## Je réfléchis

### A Qu'est-ce qu'un synonyme ?

**1** Relève tous les synonymes de l'adjectif important cités dans ces articles de dictionnaire.

**2** Comment ces synonymes sont-ils indiqués ?

**3** Relève les contraires. Comment sont-ils indiqués ?

### B Des nuances entre les synonymes : sens et niveau de langue

– J'ai aperçu un animal étrange, dit le chasseur. Il m'a paru gigantesque, mais, comme il a vite disparu, je ne peux pas donner plus de détails.

– N'exagérons pas, répond un autre. Je l'ai bien vu, cet animal curieux. Il est vrai qu'il était assez grand, mais j'ai eu quelques secondes pour l'observer, et je peux vous apporter des précisions.

– C'est vrai, faut pas pousser !, intervient un troisième personnage. Je l'ai vu aussi, le bestiau. C'était un blaireau. Il était costaud, d'accord. Mais il n'a rien de bizarroïde.

**4** Relève les mots synonymes utilisés dans les trois répliques.

**5** Précise la différence de sens entre les mots synonymes suivants : grand / gigantesque • voir / apercevoir. Vois-tu une grande différence de sens entre détails et précisions ? entre curieux et étrange ?

**6** Trouve un synonyme du mot animal.

**7** À quel niveau de langue les phrases de la dernière réplique appartiennent-elles : familier, courant ou soutenu ?

---

**important, e** adj. ❶ Dont la quantité, le nombre sont relativement grands. *Une partie importante des jeunes pensent comme nous* (= une grande partie). SYN. notable. CONTR. faible, petit. *Le gouvernement a investi d'importantes sommes d'argent dans le projet.* SYN. considérable, élevé. ❷ Qui a une grande valeur, un grand intérêt et peut avoir de grandes conséquences. *C'est là une question importante.* SYN. capital, essentiel. CONTR. insignifiant. ❸ Qui a de l'influence, du pouvoir. *Un personnage très important.* ◆ **important** n.m. ● *L'important* : ce qui compte le plus. *L'important, c'est que nous arrivions à l'heure* (= le principal, l'essentiel).

*Le Larousse Super Major, 9/12 ans - CM/6ᵉ,*
© Larousse, 2012.

▶ **important, importante** adj. **1.** Qui compte beaucoup, qui présente de l'intérêt. *Une question importante. Vérifie que tu n'oublies rien d'important !* ∎ contraires : **insignifiant, secondaire.** — n. m. *L'important,* ce qui est important. *L'important, c'est d'agir vite.* **2.** Gros. *Une somme importante.* ➜ **considérable.** ∎ contraires : **dérisoire, minime. 3.** *Une personne importante,* qui joue un grand rôle dans la société. ➜ **influent.** *Un homme très important.*

▷ Mots de la famille de ① importer.

*Le Robert Junior, 8/11 ans,*
© Le Robert Junior, © 2015,
Dictionnaires Le Robert.

---

## Je retiens

▶ **1.** Les **synonymes** sont des mots de **sens proche**.
essentiel est synonyme de important • animal est synonyme de bête

▶ **2.** Les synonymes peuvent appartenir à des **niveaux de langue différents**.
exagérer → courant • pousser → familier

▶ **3.** Entre deux synonymes, il existe toujours des **nuances de sens**.
grand • imposant • immense • gigantesque → nuances d'intensité, de degré
observer • voir • apercevoir → précisions sur la façon de voir

• Qu'est-ce qu'un synonyme ? ▶Exercices 1 à 3
• Des nuances entre les synonymes : sens et niveau de langue ▶Exercices 4 à 7

Fichier d'exercices :
↳ des exercices supplémentaires et des évaluations.

## Je m'entraine

**1** ●○○ **Recopie chaque mot de la série** a **avec un synonyme de la série** b.

a. causer • conducteur • principalement • tragique • ville • entêté • terrifier • secret

b. surtout • épouvanter • dramatique • chauffeur • obstiné • confidentiel • cité • provoquer

**2** ●●○ **Associe chaque synonyme du mot écrit en gras avec la phrase exemple qui convient.**

**sûr** : **1.** convaincu • **2.** fidèle, fiable

a. Florent est sûr qu'il gagnera la partie.

b. Tu peux compter sur Nina : c'est une amie sure.

**sale** : **3.** malpropre • **4.** mauvais • **5.** méprisable

c. Il a fait un sale temps tout le weekend.

d. Cet homme est vraiment un sale type.

e. Nous rentrons du stade avec des habits sales.

**libre** : **6.** dégagé • **7.** indépendant • **8.** gratuit

f. Je suis libre et ne dois de comptes à personne.

g. Nous pouvons passer, la route est libre.

h. Allons au concert : l'entrée est libre.

**3** ●●● **Regroupe en cinq listes les verbes synonymes.**

partir • serrer • transformer • aimer • abréger • bloquer • métamorphoser • déguerpir • écourter • étreindre • changer • raccourcir • chérir • s'en aller • affectionner • condenser • modifier • adorer • coincer • se retirer

**4** ●●○ **Trouve, pour chaque série, le mot synonyme des mots écrits en gras.**

a. Où ai-je bien pu **poser** mes lunettes ?
Avant de sortir, tu devrais **enfiler** ton imperméable.
Cesse donc d'**ajouter** du sel dans la soupe !

b. Quel est le **terme** exact pour désigner cet objet ?
Je vais vous dicter un petit **message** pour vos parents.
Le directeur a eu des **paroles** encourageantes.

c. Le colis est trop **pesant** pour que je l'emporte.
Il fait une chaleur **accablante** ce jour-là.
Ce plat de viande est vraiment **indigeste**.

**5** ●●● **Récris les phrases en remplaçant les mots en gras par des synonymes.**

a. Cette pièce sans fenêtre est **obscure**.
Ces explications sont vraiment **obscures**.
Ce roman est l'œuvre d'un écrivain **obscur**.

b. La **division** de la France en départements date de la Révolution.
Depuis son arrivée, il y a des **divisions** entre nous.
Sur un thermomètre, chaque **division** correspond à un degré.

**6** ●●● **Le verbe** voir **a de nombreux sens. Remplace-le par un synonyme plus précis :** examiner • apercevoir • distinguer • comprendre • embrasser • rencontrer.

a. Dans le souterrain obscur, on **voit** mal les gravures.

b. De cet endroit, on **voit** le paysage d'un seul regard.

c. La maitresse **verra** les parents la semaine prochaine.

d. Nous allons **voir** cela de plus près.

e. La moto était si rapide que je l'**ai** à peine **vue**.

f. Je **vois** maintenant quelle a été notre erreur.

**7** ●●● **Classe ces mots synonymes en trois colonnes selon leur niveau de langue :** familier / courant / soutenu.

a. occire • buter • tuer •

b. discorde • dispute • brouille

c. riche • fortuné • rupin

d. ennuyer • importuner • embêter

e. labeur • travail • boulot

f. remuer • s'agiter • gigoter

 *J'écris*

▶ Récris ces phrases, extraites du roman de R. L. Stevenson, *L'Ile au trésor*, en remplaçant chaque mot en rouge par un synonyme.

a. Pendant tout le temps qu'il vécut avec nous, le capitaine n'apporta aucun changement à son costume.

b. Les bandits semblèrent déconcertés. Après un bref conciliabule, ils s'engouffrèrent dans l'escalier.

## Vocabulaire

# Le champ lexical

**Je réfléchis**

**A** Qu'est-ce qu'un champ lexical ?

**Lis ces mots.**
**Ils forment** un champ lexical.

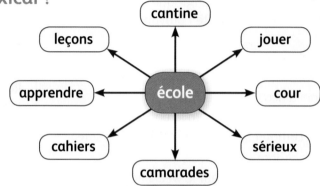

**1** Pourquoi le mot école est-il placé au centre de ce schéma ?

**2** Quels mots ajouterais-tu à ce champ lexical ?

**3** Les mots de ce champ lexical appartiennent-ils à la même classe grammaticale ?

**B** Repérer les champs lexicaux dans un texte

Devant le château était un grand jardin avec des arbres d'un bleu sombre ou d'un rouge de feu. Les fruits brillaient comme de l'or, et les fleurs, agitant sans cesse leur tige et leurs feuilles, ressemblaient à de petites flammes. Le sol se composait de sable blanc et fin, et une lueur bleue merveilleuse, qui se répandait partout, aurait pu faire croire qu'on était dans l'air, au milieu de l'azur du ciel, plutôt que sous la mer.

H. C. ANDERSEN, *La petite sirène*, Éd. Garnier-Flammarion.

**4** Quels mots appartiennent au champ lexical du jardin ?

**5** Quels mots appartiennent au champ lexical de la lumière ?

**6** Quelle image du jardin est donnée par le rapprochement des deux champs lexicaux ?

**Je retiens**

▶ **1.** Un **champ lexical** est un **ensemble de mots** se rapportant à un **même thème**, à un **même sujet**.
Ces mots peuvent être de **classes grammaticales différentes**.
Champ lexical de l'école : cour • devoirs • camarades • sérieux • apprendre…

▶ **2.** Repérer les champs lexicaux d'un texte permet d'en trouver les thèmes, d'en ressentir l'atmosphère, et donc de mieux le comprendre.

## Je m'entraine

**1** ●○○ **Trouve le nom du champ lexical auquel ces mots appartiennent.**

a. clown • dompteur • rire • jongler • chapiteau • joyeux • étonnant

b. rue • parking • place • municipal • vitrines • habiter • voitures • marché

c. crayon • papier • gommer • tracé • ressemblant • feuille • croquis

d. nageuse • brasse • crawl • papillon • plonger • respiration • rapide

**2** ●●○ **Trouve l'intrus dans chaque champ lexical. Justifie ta réponse.**

a. piano • guitariste • interpréter • rythmé • chocolaté • compositeur

b. parfum • sentir • oiseau • odorat • agréable • désagréable • nez

c. multiplier • soustraire • additionner • diviser • tables • opération • partir

d. terrible • trembler • sursauter • calme • cri • hurlement • inquiétant • fantôme

**3** ●●● **Voici quelques mots du champ lexical du sport :**

tennis • participer • championnat • stade • athlétique • sélectionner • gymnase • victorieux • olympique.

a. **Regroupe ces mots selon leur classe grammaticale.**

b. **Complète chaque série avec un ou deux mots.**

**4** ●●● **Écris, pour chaque champ lexical, le plus possible de mots de classes grammaticales différentes.**

l'avenir • la paix • le pain • la forêt • la famille

**5** ●●● **Quatre champs lexicaux ont été mélangés. Retrouve-les et donne-leur un nom.**

beauté • bien-être • bonheur • bonhomme • chance • charmant • courir • décorer • fondre • glisser • heureux • hivernal • joli • neige • ornement • pressé • rapide • se précipiter • skieur • sourire • splendide • vif • vitesse

**6** ●○○ **Relève dans ce texte les mots appartenant au champ lexical de l'odorat.**

Assis au troisième étage du train qui le ramène chez lui, Linus Hope se bouche le nez. Les autres passagers n'y prêtent plus attention, mais lui, il ne s'habitue pas au parfum d'ambiance vanillé qui flotte dans la rame. Cette odeur douceâtre qui imprègne jusqu'aux vêtements des voyageurs le rend malade.

ANNE-LAURE BONDOUX, *Le destin de Linus Hope*, Éd. Bayard Jeunesse.

**7** ●●○ **À quel champ lexical appartiennent les mots soulignés ?**

*Cosette va chercher de l'eau à une source. Il fait nuit.*

Sans se rendre compte de ce qu'elle éprouvait, Cosette se sentait saisie par cette énormité noire de la nature. Ce n'était plus seulement de la terreur qui la gagnait, c'était quelque chose de plus terrible même que la terreur. Elle frissonnait. Les expressions manquent pour dire ce frisson qui la glaçait jusqu'au fond du cœur.

VICTOR HUGO, *Les Misérables.*

**8** ●●● **Lis ces deux extraits.**

1. Quand les deux enfants s'approchèrent de la petite maison, ils virent qu'elle était faite de pain et recouverte de gâteaux. Les fenêtres étaient en sucre. « Nous allons nous régaler, dit Hansel, et faire un repas béni de Dieu. Je vais manger un morceau du toit ; il a l'air d'être bon ! » Hansel grimpa sur le toit et en arracha une petite portion, pour gouter. Gretel se mit à lécher les carreaux.

Grimm, *Hansel et Gretel.*

2. Vassilissa parvint enfin à la clairière où se tenait la maison de la Baba Yaga. Elle était entourée d'une palissade d'ossements humains, que surmontaient des crânes qui semblaient vous regarder ; les battants des grilles étaient faits de jambes, les verrous de mains, et la serrure d'une bouche aux dents pointues.

*Baba Yaga*, Contes de Russie, Éd. Actes Sud Junior.

a. **Quel champ lexical est commun aux deux textes ?**

b. **Relève dans chaque texte un autre champ lexical.**

c. **Quelle atmosphère ce deuxième champ lexical crée-t-il dans chacun des textes ?**

J'écris

▶ Écris une liste de mots appartenant au champ lexical de la fête, en variant les classes grammaticales. Écris ensuite un texte en utilisant le plus possible de ces mots.

# Un mot, plusieurs sens

## Je réfléchis

### A Un mot, plusieurs sens

**a** Bourgeon duquel naitra une fleur.

**b** Petite pièce que l'on pousse ou tourne pour faire fonctionner un appareil.

**c** Petite pièce, en général ronde, qui sert à fermer un vêtement.

**d** Petite grosseur qui apparait parfois sur la peau.

**1** À quel même mot correspondent toutes ces définitions ?

**2** Écris une phrase exemple pour chacun des sens de ce mot.

**3** Trouves-tu quelque chose de commun entre tous ces boutons ?

**4** Quel sens placerais-tu en premier ? Vérifie dans le dictionnaire.

### B Sens du mot et contexte

**e** « Prenons rendez-vous pour l'**opération** de votre genou. La semaine prochaine, cela vous convient ? »

**f** « Reprenons l'**opération** que vous deviez faire et voyons si nous trouvons le même résultat. »

**g** « Les voleurs se sont réfugiés dans une grange. Nous devons les capturer. C'est vous qui dirigerez les **opérations**, lieutenant. »

**5** Précise dans quel contexte ces phrases pourraient être prononcées.
Quel est alors le sens du mot *opération* dans chaque cas ?

## Je retiens

▷ **1.** Souvent, **un même mot** peut avoir **plusieurs sens**.
Le dictionnaire précise ces différents sens et les illustre d'une phrase exemple.
**Bouton : 1.** petite pièce en bois, en métal ou en plastique qui sert à fermer un vêtement.
*Il manque un bouton à ma veste.*
**2.** Petite grosseur qui apparait sur la peau.
*La varicelle donne des boutons sur tout le corps.* (*Larousse Junior*)

▷ **2.** Le **contexte** permet de distinguer entre les sens d'un mot.
Le mot *opération* a un sens différent s'il est employé en chirurgie, en calcul ou pour des interventions policières ou militaires.

## Je m'entraine

**1** ●●● Associe chaque phrase avec le sens du mot **carreau** qui convient.

**Sens :**

a. une carte à jouer • b. un quadrillage • c. une vitre.

**Phrases :**

1. Ma chemise a des carreaux bleus et blancs.
2. Ma sœur a joué le huit de carreau.
3. Claude a lavé les carreaux.
4. Sur mon cahier, il y a des carreaux.
5. Le ballon a cassé un carreau.

**2** ●●● Trouve le mot qui correspond aux deux phrases de chaque série.

a. Métal précieux blanc et brillant. /
   Toute la monnaie, en pièces ou en billets.
b. Moment où l'on sort du sommeil. /
   Petite pendule qui sonne à l'heure où on l'a réglée.
c. Organe mobile situé de chaque côté de la tête de certains insectes et crustacés. /
   Appareil pour émettre ou recevoir les ondes de télévision.

**3** ●●● Quel mot identique peut être employé dans toutes les phrases de chaque série ?

a. L'ours blanc évolue normalement en … polaire.
   Je me suis endormi au … du film.
   Cette famille appartient à un … très favorisé.
b. Le soir, toute l'équipe se réunit pour faire le … .
   Relie tous les … pour voir apparaitre le dessin.
   Romain a dû arrêter de courir à cause d'un … de côté.

**4** ●●● Écris une phrase exemple pour chaque sens du mot.

a. **volume :** 1. En géométrie, espace occupé par un solide. /
   2. Force, puissance d'un son.
b. **figure :** 1. Visage. /
   2. Représentation d'une forme par un dessin.
c. **éclat :** 1. Petit morceau d'un objet cassé.
   / 2. Bruit fort et soudain.
d. **parcourir :** 1. Traverser un lieu dans plusieurs sens, notamment pour le visiter. /
   2. Lire rapidement.

**5** ●●● Pour chaque mot, écris deux phrases dans lesquelles il aura un sens différent. Puis propose une définition du mot correspondant à chaque phrase.

jumelles • souris • ampoule • paille • gronder

**6** ●●● Dans quel contexte ces phrases peuvent-elles être prononcées ?

a. Je me suis fait mal au **palais** en suçant cet os.
   Après avoir parcouru les magnifiques jardins, nous allons maintenant entrer dans le **palais**.
b. Constance a une imagination vraiment **fertile**, elle a toujours une histoire à raconter.
   Cette terre **fertile** donnera de riches récoltes.
c. Il fait frais ce soir ; nous allumerons le **feu**.
   Le cycliste n'a pas respecté le **feu** au croisement.

**7** ●●● Quel sens ont les mots en gras dans ces phrases ? Aide-toi du contexte pour trouver et justifie ta réponse.

a. Le **bâtiment** avance doucement sur l'eau.
b. Les **grues** se sont envolées ce matin.
c. Tu trouveras tes documents dans la **chemise** verte.
• Emploie les mots dans des phrases dans lesquelles ils auront un sens différent.

**8** ●●● Chaque phrase peut être utilisée dans deux contextes différents. Lesquels ?

a. Ses **iris** sont d'un superbe bleu foncé.
b. Attention à ne pas faire tomber la **glace** !
c. Il faudrait mieux soigner votre **figure**.
d. Cette **galerie** est très intéressante.

### J'écris

▶ Écris une phrase exemple pour chaque sens des mots suivants.

a. **Dégager :**
1. Débarrasser de ce qui encombre.
2. Laisser échapper.
3. Envoyer le ballon le plus loin possible.
b. **Marque :**
1. Signe que l'on fait sur une chose pour la distinguer ou s'en servir de repère.
2. Signe ou preuve.
3. Nom qui est propre à un fabricant.

# Le sens du verbe selon sa construction

## Je réfléchis

**A** Comment la présence d'un complément change-t-elle le sens d'un verbe ?

**a** Depuis quelques jours, mon petit frère **parle**.
**b** Je souhaiterais **parler** au responsable du groupe.
**c** Notre professeur d'espagnol **parle** aussi le japonais.
**d** Ce matin, nous **parlerons** de la Révolution française.

**1** Dans quelles phrases le verbe parler est-il employé avec un complément ?

**2** Remplace, dans chaque phrase, le verbe parler par le synonyme qui convient :
adresser la parole • traiter de • dire quelque chose • prononcer des mots • s'exprimer en.

**B** Comment le contexte modifie-t-il le sens d'un verbe ?

**f** Nous savons tout : votre complice a **parlé**.
**g** Ce livre **parle** des dinosaures.
**h** Notre voisin **parle** de partir en Suède.

**3** Compare la construction du verbe parler dans la phrase **f** et dans la phrase **a**.
Que constates-tu ? Le verbe a-t-il le même sens dans les deux phrases ?

**4** Le verbe parler est-il construit de la même façon dans les phrases **g** et **h** ?
A-t-il le même sens dans ces deux phrases ? Quels mots te permettent de répondre ?

**5** Par quels synonymes peux-tu remplacer le verbe parler dans les phrases **f**, **g** et **h** ?
Quel mot t'a amené(e) à trouver le sens dans chaque phrase ?

## Je retiens

▶ **1.** **Certains verbes changent de sens selon leur construction.**
Par exemple, le verbe **parler** peut être construit :
– **sans complément** → Mon petit frère **parle**. (Il dit des mots, des phrases.)
– **avec complément** → Il **parle** (s'exprime en) japonais.
→ Tu **parleras** au responsable. (Tu diras quelque chose au responsable.)

▶ **2.** Le sens d'un verbe peut aussi changer **selon son contexte** :
Ce film parle de la vie aquatique (il a pour sujet la vie aquatique).
Notre voisin parle de partir en Suède (il envisage de partir en Suède).

• Le complément change le sens d'un verbe ▶Exercices 1 à 4
• Comment le contexte modifie-t-il le sens d'un verbe ? ▶Exercices 5 à 8

**Fichier d'exercices :**
↳ des exercices supplémentaires et des évaluations.

## Je m'entraîne

**1** ●○○ **Comment est construit le verbe** écrire **dans ces phrases.**

a. Tu écris bien, continue ainsi.

b. Cet auteur a déjà écrit vingt romans.

c. Tu devrais écrire une lettre à ta grand-mère.

d. Le mot « *parmi* » s'écrit sans « *s* » final.

**2** ●○○ **Associe ces phrases avec celles de l'***exercice 1***. L'expression en gras doit correspondre au sens du verbe** écrire.

1. Nous allons **adresser un message** à nos correspondants.

2. Tu formes mal **tes lettres** : il est difficile de te lire.

3. Pour savoir comment un mot doit **être orthographié**, il faut consulter le dictionnaire.

4. Victor Hugo **a composé** une douzaine de pièces de théâtre.

**3** ●●○ **Quel sens prend le verbe quand on supprime le complément du verbe ?**

a. Chloé pose son ouvrage.

b. Léa a changé de tenue.

c. Mon frère aimerait travailler le bois.

d. Notre voisine s'occupe de quelques enfants.

e. Le vieil homme pense à ses petits-enfants.

f. Il faut rentrer du bois pour l'hiver.

**4** ●●● **Écris des phrases en construisant les verbes comme indiqué.**

a. **compter** : sans complément / avec un complément du verbe / compter sur / compter avec

b. **passer** : sans complément / complément du verbe / passer pour

c. **tenir** : avec un complément du verbe / avec un complément du verbe introduit par une préposition

d. **servir** : avec un complément du verbe / avec un complément du verbe introduit par une préposition

**5** ●○○ **Quel verbe identique peut être utilisé dans les quatre phrases ?**

a. Il ne faut pas … les animaux.

b. Nous avons … nos adversaires en deux manches.

c. Tu devrais … les cartes avant de jouer.

d. Les chasseurs … la campagne pour déloger les sangliers.

• **Associe un synonyme à chaque phrase :**
parcourir • mélanger • frapper • vaincre.

**6** ●●○ **Les verbes en orange sont tous construits avec un complément du verbe. Mais ont-ils le même sens ? Remplace-les par un synonyme.**

a. Malgré le schéma, nous avons eu du mal à monter ce meuble. Il faut monter cette côte pour voir le panorama.

b. La directrice engage un nouvel employé. Pour ouvrir ce coffre, engage la clé dans la serrure.

c. Vous avez mal interprété mes paroles. L'orchestre interprétera une symphonie de Beethoven.

**7** ●●○ **Récris chaque phrase avec le synonyme du verbe** prendre **qui convient :**
attraper • écrire • passer par • voler • se servir de • chercher

a. Je prendrai ce crayon pour dessiner.

b. Mes parents passeront te prendre à deux heures.

c. Nous prendrons la route la plus courte.

d. Théo accuse Victor de lui avoir pris ses feutres.

e. Julie a pris un crabe de dix centimètres !

f. Pendant toute la visite, Clara a pris des notes.

**8** ●●● **Précise comment est construit le verbe** jouer. **Récris chaque phrase en remplaçant** jouer **par un synonyme ou une expression équivalente.**

a. Avant le repas, les enfants **jouent** calmement.

b. Dans cette pièce, Camille **jouera** la sorcière.

c. Mon père continue de **jouer** au rugby.

▶ **Explique en quelques phrases la différence entre** aimer quelqu'un **et** aimer quelque chose.

# Abréviations et sigles

 **Je réfléchis**

**A** Qu'est-ce qu'une abréviation ?

**ⓐ** Lis ces indications que l'on trouve dans les dictionnaires :
- capable, **adj.**
- conserver, **v., conjug. 3**
- contre, **prép.** et **n. m.**
- coque, **n. f.**

**ⓑ** Lis cette adresse et le message envoyé.

> Mlle Pauline Embrun
> 29 bd du Gal Michel
> App. 23
> B. 6000 Charleroi

> Bonjour Pauline,
> Mes vacances se passent bien. Je suis allée voir une expo
> de vieilles poupées. C'était bien. Je rentre mardi.
> Je te montrerai des photos.
> Bises de Lola
> P.-S. : Il ne fait pas bien beau ici.

**1** En **ⓐ**, que signifient les abréviations écrites en orange ?

**2** En **ⓑ**, dans l'adresse, à quels mots correspondent les abréviations Mlle, bd, Gal, App. et B. ?

**3** Dans la lettre, relève deux abréviations formées de mots raccourcis.
À quels mots complets correspondent-elles ?

**4** Vérifie dans un dictionnaire ce que signifie P.-S. Quelle est l'origine de ce mot ?

**B** Les sigles : des noms formés d'initiales

La SNCF est une entreprise qui transporte beaucoup de voyageurs. Pour se rendre d'une région à une autre, ceux-ci peuvent emprunter les TGV. Pour se déplacer dans leur région, ils peuvent prendre un TER.

**5** Qu'est-ce que les mots écrits tout en majuscules ont de particulier ?
Comment les prononces-tu ?

**6** Quelle est leur classe grammaticale ?

**7** Que signifient-ils précisément ? Les trouves-tu tous dans le dictionnaire ?

**Je retiens**

▶ **1.** Une **abréviation** est la forme abrégée, raccourcie, d'un mot. Il peut s'agir de :
  – la première lettre ou des premières lettres → **n.** = **n**om • **app.** = **app**artement ;
  – la première lettre avec les lettres de fin → **bd** = **b**oulevar**d** • **Mlle** = **M**ademoise**lle** ;
  – la première partie du mot → **conjug.** = **conjug**aison • **expo** = **expo**sition.

▶ **2.** Un **sigle** est une abréviation particulière formée de la première lettre (l'initiale) de chaque mot d'un groupe de mots : SNCF → **s**ociété **n**ationale des **c**hemins de **f**er. Cette abréviation est elle-même un nom : la SNCF.

## Je m'entraine

**1** ●○○ **Recopie ces débuts d'article de dictionnaire en utilisant les abréviations qui conviennent.**

a. **dresser** : verbe, conjugaison 3
b. **futur** : adjectif et nom masculin
c. **ordures** : nom féminin pluriel
d. **fort** : adjectif et nom masculin

**2** ●●○ **Écris le mot entier qui correspond à chaque abréviation.**

a. M. et Mme Balthazar sont arrivés.
b. Le Dr Hardy va vous recevoir.
c. Connais-tu Mmes Lapie et Lagrive ?
d. Voici qu'arrivent le Pr Durand et le Cdt Duroc.

**3** ●●○ **Relève les mots qui sont aujourd'hui remplacés par une abréviation.**

a. Les premières automobiles avaient des roues en bois, mais, dès les années 1880, les pneumatiques apparaissent.
b. Autrefois, c'est par la radiodiffusion que l'on suivait les informations ; aujourd'hui, c'est plutôt par la télévision. Il en est de même pour la météorologie.
c. Mon oncle est tombé de sa motocyclette. Ce n'est pas grave, mais il doit aller suivre quelques séances de kinésithérapie.

**4** ●●● **Retrouve, sur le clavier d'un ordinateur, les abréviations correspondant à ces mots.**

supprimer • échappement • fonction • verrouillage du pavé numérique • arrêt du défilement • contrôle

**5** ●○○ **Récris les phrases en remplaçant les abréviations par les mots complets.**

a. Le manuel est publié aux **éd.** Nathan.
b. Le mot livre est un nom qui peut être **masc.** ou **fém.**
c. Enrichis le **GN** par un **adj.**
d. Transforme 2 500 **m** en **km**, puis en **hm** et en **cm**.
e. Un cycliste roule à 40 **km / h**. Quelle distance parcourt-il en 30 **min** ?

**6** ●●● **Récris ces phrases en utilisant des sigles quand c'est possible.**

a. Les jeux Olympiques d'hiver ont lieu tous les quatre ans.
b. Si tu veux un chien ou un chat, tu peux aller voir au refuge de la Société protectrice des animaux.
c. Beaucoup de gens se méfient des organismes génétiquement modifiés.
d. Certaines voitures roulent au gaz de pétrole liquéfié.

**7** ●●○ **Recopie les phrases en remplaçant les sigles par les mots entiers.**

a. Entre le JT et le film, il y a toujours plusieurs minutes de publicité.
b. J'aime beaucoup faire du VTT.
c. La Guyane et la Réunion sont deux DROM.
d. En revenant à la voiture, nous avons trouvé un PV sur le pare-brise.

**8** ●●○ **Quels sigles correspondent à ces définitions ?**

a. Personne qui n'a pas de logement ; sans-abri.
b. Immeuble dont les appartements sont loués à des loyers modérés.
c. Signal pour appeler au secours en cas de grand danger.
d. Petit avion très léger à une ou deux places.
e. Personne qui dirige un groupe, une entreprise.
f. Texto ; court message échangé entre deux téléphones portables.

### J'écris

▶ Récris la petite annonce **A** en remplaçant les abréviations par les mots en entier. Puis récris l'annonce **B** en utilisant des abréviations.

**A.** Proche Manosque. Loue en juil/aout/sept. mais. 4 ch., 2 s.d.b, 2 WC, cuis. équ., s. à m., sal., gd jard. avec pisc. Poss. anim. Tél. au 01 02 03 04 05 sauf WE.

**B.** J'échange ma collection de bandes dessinées *Titeuf*, dix albums en très bon état, contre le même nombre d'albums des *Aventures d'Alix*. Contacter Gabriel au numéro 05 04 03 02 01, aux heures des repas ou après 18 heures.

# Aide-mémoire

# tableaux de conjugaison

| | Présent de l'indicatif | Futur de l'indicatif |
|---|---|---|
| **Auxiliaire AVOIR** | j'ai<br>tu as<br>elle/il/on a<br>nous avons<br>vous avez<br>elles/ils ont | j'aurai<br>tu auras<br>elle/il/on aura<br>nous aurons<br>vous aurez<br>elles/ils auront |
| **Auxiliaire ÊTRE** | je suis<br>tu es<br>elle/il/on est<br>nous sommes<br>vous êtes<br>elles/ils sont | je serai<br>tu seras<br>elle/il/on sera<br>nous serons<br>vous serez<br>elles/ils seront |
| **CHANTER** | je chante<br>tu chantes<br>elle/il/on chante<br>nous chantons<br>vous chantez<br>elles/ils chantent | je chanterai<br>tu chanteras<br>elle/il/on chantera<br>nous chanterons<br>vous chanterez<br>elles/ils chanteront |
| **MANGER** | je mange<br>tu manges<br>elle/il/on mange<br>nous man**ge**ons<br>vous mangez<br>elles/ils mangent | je mangerai<br>tu mangeras<br>elle/il/on mangera<br>nous mangerons<br>vous mangerez<br>elles/ils mangeront |
| **LANCER** | je lance<br>tu lances<br>elle/il/on lance<br>nous lançons<br>vous lancez<br>elles/ils lancent | je lancerai<br>tu lanceras<br>elle/il/on lancera<br>nous lancerons<br>vous lancerez<br>elles/ils lanceront |
| **DISTINGUER** | je distingue<br>tu distingues<br>elle/il/on distingue<br>nous distinguons<br>vous distinguez<br>elles/ils distinguent | je distinguerai<br>tu distingueras<br>elle/il/on distinguera<br>nous distinguerons<br>vous distinguerez<br>elles/ils distingueront |

| Imparfait de l'indicatif | Passé simple de l'indicatif | Passé composé de l'indicatif |
|---|---|---|
| j'avais<br>tu avais<br>elle/il/on avait<br>nous avions<br>vous aviez<br>elles/ils avaient | j'eus<br>tu eus<br>elle/il/on eut<br>nous eûmes<br>vous eûtes<br>elles/ils eurent | j'ai eu<br>tu as eu<br>elle/il/on a eu<br>nous avons eu<br>vous avez eu<br>elles/ils ont eu |
| j'étais<br>tu étais<br>elle/il/on était<br>nous étions<br>vous étiez<br>elles/ils étaient | je fus<br>tu fus<br>elle/il/on fut<br>nous fûmes<br>vous fûtes<br>elles/ils furent | j'ai été<br>tu as été<br>elle/il/on a été<br>nous avons été<br>vous avez été<br>elles/ils ont été |
| je chantais<br>tu chantais<br>elle/il/on chantait<br>nous chantions<br>vous chantiez<br>elles/ils chantaient | je chantai<br>tu chantas<br>elle/il/on chanta<br>nous chantâmes<br>vous chantâtes<br>elles/ils chantèrent | j'ai chanté<br>tu as chanté<br>elle/il/on a chanté<br>nous avons chanté<br>vous avez chanté<br>elles/ils ont chanté |
| je man**ge**ais<br>tu man**ge**ais<br>elle/il/on man**ge**ait<br>nous mangions<br>vous mangiez<br>elles/ils man**ge**aient | je man**ge**ai<br>tu man**ge**as<br>elle/il/on man**ge**a<br>nous man**ge**âmes<br>vous man**ge**âtes<br>elles/ils mangèrent | j'ai mangé<br>tu as mangé<br>elle/il/on a mangé<br>nous avons mangé<br>vous avez mangé<br>elles/ils ont mangé |
| je lan**ç**ais<br>tu lan**ç**ais<br>elle/il/on lan**ç**ait<br>nous lancions<br>vous lanciez<br>elles/ils lan**ç**aient | je lan**ç**ai<br>tu lan**ç**as<br>elle/il/on lan**ç**a<br>nous lan**ç**âmes<br>vous lan**ç**âtes<br>elles/ils lancèrent | j'ai lancé<br>tu as lancé<br>elle/il/on a lancé<br>nous avons lancé<br>vous avez lancé<br>elles/ils ont lancé |
| je distinguais<br>tu distinguais<br>elle/il/on distinguait<br>nous distinguions<br>vous distinguiez<br>elles/ils distinguaient | je distinguai<br>tu distinguas<br>elle/il/on distingua<br>nous distinguâmes<br>vous distinguâtes<br>elles/ils distinguèrent | j'ai distingué<br>tu as distingué<br>elle/il/on a distingué<br>nous avons distingué<br>vous avez distingué<br>elles/ils ont distingué |

# tableaux de conjugaison

| | Présent de l'indicatif | Futur de l'indicatif |
|---|---|---|
| **ENTRER** | j'entre<br>tu entres<br>elle/il/on entre<br>nous entrons<br>vous entrez<br>elles/ils entrent | j'entrerai<br>tu entreras<br>elle/il/on entrera<br>nous entrerons<br>vous entrerez<br>elles/ils entreront |
| **EMPLOYER** | j'emploie<br>tu emploies<br>elle/il/on emploie<br>nous employons<br>vous employez<br>elles/ils emploient | j'emploierai<br>tu emploieras<br>elle/il/on emploiera<br>nous emploierons<br>vous emploierez<br>elles/ils emploieront |
| **ENVOYER** | j'envoie<br>tu envoies<br>elle/il/on envoie<br>nous envoyons<br>vous envoyez<br>elles/ils envoient | j'enverrai<br>tu enverras<br>elle/il/on enverra<br>nous enverrons<br>vous enverrez<br>elles/ils enverront |
| **ESSUYER** | j'essuie<br>tu essuies<br>elle/il/on essuie<br>nous essuyons<br>vous essuyez<br>elles/ils essuient | j'essuierai<br>tu essuieras<br>elle/il/on essuiera<br>nous essuierons<br>vous essuierez<br>elles/ils essuieront |
| **PAYER** | je paie<br>tu paies<br>elle/il/on paie<br>nous payons<br>vous payez<br>elles/ils paient | je paierai<br>tu paieras<br>elle/il/on paiera<br>nous paierons<br>vous paierez<br>elles/ils paieront |
| **ACHETER** | j'achète<br>tu achètes<br>elle/il/on achète<br>nous achetons<br>vous achetez<br>elles/ils achètent | j'achèterai<br>tu achèteras<br>elle/il/on achètera<br>nous achèterons<br>vous achèterez<br>elles/ils achèteront |

| Imparfait de l'indicatif | Passé simple de l'indicatif | Passé composé de l'indicatif |
|---|---|---|
| j'entrais<br>tu entrais<br>elle/il/on entrait<br>nous entrions<br>vous entriez<br>elles/ils entraient | j'entrai<br>tu entras<br>elle/il/on entra<br>nous entrâmes<br>vous entrâtes<br>elles/ils entrèrent | je suis entré(e)<br>tu es entré(e)<br>il/elle/on est entré(e)<br>nous sommes entré(e)s<br>vous êtes entré(e)s<br>ils/elles sont entré(e)s |
| j'employais<br>tu employais<br>elle/il/on employait<br>nous employions<br>vous employiez<br>elles/ils employaient | j'employai<br>tu employas<br>elle/il/on employa<br>nous employâmes<br>vous employâtes<br>elles/ils employèrent | j'ai employé<br>tu as employé<br>elle/il/on a employé<br>nous avons employé<br>vous avez employé<br>elles/ils ont employé |
| j'envoyais<br>tu envoyais<br>elle/il/on envoyait<br>nous envoyions<br>vous envoyiez<br>elles/ils envoyaient | j'envoyai<br>tu envoyas<br>elle/il/on envoya<br>nous envoyâmes<br>vous envoyâtes<br>elles/ils envoyèrent | j'ai envoyé<br>tu as envoyé<br>elle/il/on a envoyé<br>nous avons envoyé<br>vous avez envoyé<br>elles/ils ont envoyé |
| j'essuyais<br>tu essuyais<br>elle/il/on essuyait<br>nous essuyions<br>vous essuyiez<br>elles/ils essuyaient | j'essuyai<br>tu essuyas<br>elle/il/on essuya<br>nous essuyâmes<br>vous essuyâtes<br>elles/ils essuyèrent | j'ai essuyé<br>tu as essuyé<br>elle/il/on a essuyé<br>nous avons essuyé<br>vous avez essuyé<br>elles/ils ont essuyé |
| je payais<br>tu payais<br>elle/il/on payait<br>nous payions<br>vous payiez<br>elles/ils payaient | je payai<br>tu payas<br>elle/il/on paya<br>nous payâmes<br>vous payâtes<br>elles/ils payèrent | j'ai payé<br>tu as payé<br>elle/il/on a payé<br>nous avons payé<br>vous avez payé<br>elles/ils ont payé |
| j'achetais<br>tu achetais<br>elle/il/on achetait<br>nous achetions<br>vous achetiez<br>elles/ils achetaient | j'achetai<br>tu achetas<br>elle/il/on acheta<br>nous achetâmes<br>vous achetâtes<br>elles/ils achetèrent | j'ai acheté<br>tu as acheté<br>elle/il/on a acheté<br>nous avons acheté<br>vous avez acheté<br>elles/ils ont acheté |

# tableaux de conjugaison

| | Présent de l'indicatif | Futur de l'indicatif |
|---|---|---|
| **JETER** | je jette<br>tu jettes<br>elle/il/on jette<br>nous jetons<br>vous jetez<br>elles/ils jettent | je jetterai<br>tu jetteras<br>elle/il/on jettera<br>nous jetterons<br>vous jetterez<br>elles/ils jetteront |
| **GELER** | je gèle<br>tu gèles<br>elle/il/on gèle<br>nous gelons<br>vous gelez<br>elles/ils gèlent | je gèlerai<br>tu gèleras<br>elle/il/on gèlera<br>nous gèlerons<br>vous gèlerez<br>elles/ils gèleront |
| **APPELER** | j'appelle<br>tu appelles<br>elle/il/on appelle<br>nous appelons<br>vous appelez<br>elles/ils appellent | j'appellerai<br>tu appelleras<br>elle/il/on appellera<br>nous appellerons<br>vous appellerez<br>elles/ils appelleront |
| **FINIR** | je finis<br>tu finis<br>elle/il/on finit<br>nous fini**ss**ons<br>vous fini**ss**ez<br>elles/ils fini**ss**ent | je finirai<br>tu finiras<br>elle/il/on finira<br>nous finirons<br>vous finirez<br>elles/ils finiront |
| **ALLER** | je vais<br>tu vas<br>elle/il/on va<br>nous allons<br>vous allez<br>elles/ils vont | j'irai<br>tu iras<br>elle/il/on ira<br>nous irons<br>vous irez<br>elles/ils iront |
| **DIRE** | je dis<br>tu dis<br>elle/il/on dit<br>nous disons<br>vous dites<br>elles/ils disent | je dirai<br>tu diras<br>elle/il/on dira<br>nous dirons<br>vous direz<br>elles/ils diront |

| Imparfait de l'indicatif | Passé simple de l'indicatif | Passé composé de l'indicatif |
|---|---|---|
| je jetais<br>tu jetais<br>elle/il/on jetait<br><br>nous jetions<br>vous jetiez<br>elles/ils jetaient | je jetai<br>tu jetas<br>elle/il/on jeta<br><br>nous jetâmes<br>vous jetâtes<br>elles/ils jetèrent | j'ai jeté<br>tu as jeté<br>elle/il/on a jeté<br><br>nous avons jeté<br>vous avez jeté<br>elles/ils ont jeté |
| je gelais<br>tu gelais<br>elle/il/on gelait<br><br>nous gelions<br>vous geliez<br>elles/ils gelaient | je gelai<br>tu gelas<br>elle/il/on gela<br><br>nous gelâmes<br>vous gelâtes<br>elles/ils gelèrent | j'ai gelé<br>tu as gelé<br>elle/il/on a gelé<br><br>nous avons gelé<br>vous avez gelé<br>elles/ils ont gelé |
| j'appelais<br>tu appelais<br>elle/il/on appelait<br><br>nous appelions<br>vous appeliez<br>elles/ils appelaient | j'appelai<br>tu appelas<br>elle/il/on appela<br><br>nous appelâmes<br>vous appelâtes<br>elles/ils appelèrent | j'ai appelé<br>tu as appelé<br>elle/il/on a appelé<br><br>nous avons appelé<br>vous avez appelé<br>elles/ils ont appelé |
| je finissais<br>tu finissais<br>elle/il/on finissait<br><br>nous finissions<br>vous finissiez<br>elles/ils finissaient | je finis<br>tu finis<br>elle/il/on finit<br><br>nous finîmes<br>vous finîtes<br>elles/ils finirent | j'ai fini<br>tu as fini<br>elle/il/on a fini<br><br>nous avons fini<br>vous avez fini<br>elles/ils ont fini |
| j'allais<br>tu allais<br>elle/il/on allait<br><br>nous allions<br>vous alliez<br>elles/ils allaient | j'allai<br>tu allas<br>elle/il/on alla<br><br>nous allâmes<br>vous allâtes<br>elles/ils allèrent | je suis allé(e)<br>tu es allé(e)<br>il/elle/on est allé(e)<br><br>nous sommes allé(e)s<br>vous êtes allé(e)s<br>ils/elles sont allé(e)s |
| je disais<br>tu disais<br>elle/il/on disait<br><br>nous disions<br>vous disiez<br>elles/ils disaient | je dis<br>tu dis<br>elle/il/on dit<br><br>nous dîmes<br>vous dîtes<br>elles/ils dirent | j'ai dit<br>tu as dit<br>elle/il/on a dit<br><br>nous avons dit<br>vous avez dit<br>elles/ils ont dit |

# tableaux de conjugaison

| | Présent de l'indicatif | Futur de l'indicatif |
|---|---|---|
| **FAIRE** | je fais<br>tu fais<br>elle/il/on fait<br>nous faisons<br>vous faites<br>elles/ils font | je ferai<br>tu feras<br>elle/il/on fera<br>nous ferons<br>vous ferez<br>elles/ils feront |
| **PRENDRE** | je prends<br>tu prends<br>elle/il/on prend<br>nous prenons<br>vous prenez<br>elles/ils pre**nn**ent | je prendrai<br>tu prendras<br>elle/il/on prendra<br>nous prendrons<br>vous prendrez<br>elles/ils prendront |
| **POUVOIR** | je peux<br>tu peux<br>elle/il/on peut<br>nous pouvons<br>vous pouvez<br>elles/ils peuvent | je pourrai<br>tu pourras<br>elle/il/on pourra<br>nous pourrons<br>vous pourrez<br>elles/ils pourront |
| **VOULOIR** | je veux<br>tu veux<br>elle/il/on veut<br>nous voulons<br>vous voulez<br>elles/ils veulent | je voudrai<br>tu voudras<br>elle/il/on voudra<br>nous voudrons<br>vous voudrez<br>elles/ils voudront |
| **DEVOIR** | je dois<br>tu dois<br>elle/il/on doit<br>nous devons<br>vous devez<br>elles/ils doivent | je devrai<br>tu devras<br>elle/il/on devra<br>nous devrons<br>vous devrez<br>elles/ils devront |
| **VENIR** | je viens<br>tu viens<br>elle/il/on vient<br>nous venons<br>vous venez<br>elles/ils vie**nn**ent | je viendrai<br>tu viendras<br>elle/il/on viendra<br>nous viendrons<br>vous viendrez<br>elles/ils viendront |
| **VOIR** | je vois<br>tu vois<br>elle/il/on voit<br>nous voyons<br>vous voyez<br>elles/ils voient | je verrai<br>tu verras<br>elle/il/on verra<br>nous verrons<br>vous verrez<br>elles/ils verront |

| Imparfait de l'indicatif | Passé simple de l'indicatif | Passé composé de l'indicatif |
|---|---|---|
| je faisais<br>tu faisais<br>elle/il/on faisait<br><br>nous faisions<br>vous faisiez<br>elles/ils faisaient | je fis<br>tu fis<br>elle/il/on fit<br><br>nous fîmes<br>vous fîtes<br>elles/ils firent | j'ai fait<br>tu as fait<br>elle/il/on a fait<br><br>nous avons fait<br>vous avez fait<br>elles/ils ont fait |
| je prenais<br>tu prenais<br>elle/il/on prenait<br><br>nous prenions<br>vous preniez<br>elles/ils prenaient | je pris<br>tu pris<br>elle/il/on prit<br><br>nous prîmes<br>vous prîtes<br>elles/ils prirent | j'ai pris<br>tu as pris<br>elle/il/on a pris<br><br>nous avons pris<br>vous avez pris<br>elles/ils ont pris |
| je pouvais<br>tu pouvais<br>elle/il/on pouvait<br><br>nous pouvions<br>vous pouviez<br>elles/ils pouvaient | je pus<br>tu pus<br>elle/il/on put<br><br>nous pûmes<br>vous pûtes<br>elles/ils purent | j'ai pu<br>tu as pu<br>elle/il/on a pu<br><br>nous avons pu<br>vous avez pu<br>elles/ils ont pu |
| je voulais<br>tu voulais<br>elle/il/on voulait<br><br>nous voulions<br>vous vouliez<br>elles/ils voulaient | je voulus<br>tu voulus<br>elle/il/on voulut<br><br>nous voulûmes<br>vous voulûtes<br>elles/ils voulurent | j'ai voulu<br>tu as voulu<br>elle/il/on a voulu<br><br>nous avons voulu<br>vous avez voulu<br>elles/ils ont voulu |
| je devais<br>tu devais<br>elle/il/on devait<br><br>nous devions<br>vous deviez<br>elles/ils devaient | je dus<br>tu dus<br>elle/il/on dut<br><br>nous dûmes<br>vous dûtes<br>elles/ils durent | j'ai dû<br>tu as dû<br>elle/il/on a dû<br><br>nous avons dû<br>vous avez dû<br>elles/ils ont dû |
| je venais<br>tu venais<br>elle/il/on venait<br><br>nous venions<br>vous veniez<br>elles/ils venaient | je vins<br>tu vins<br>elle/il/on vint<br><br>nous vînmes<br>vous vîntes<br>elles/ils vinrent | je suis venu(e)<br>tu es venu(e)<br>il/elle/on est venu(e)<br><br>nous sommes venu(e)s<br>vous êtes venu(e)s<br>ils/elles sont venu(e)s |
| je voyais<br>tu voyais<br>elle/il/on voyait<br><br>nous voyions<br>vous voyiez<br>elles/ils voyaient | je vis<br>tu vis<br>elle/il/on vit<br><br>nous vîmes<br>vous vîtes<br>elles/ils virent | j'ai vu<br>tu as vu<br>elle/il/on a vu<br><br>nous avons vu<br>vous avez vu<br>elles/ils ont vu |

# Les classes de mots

## Chaque mot de la langue appartient à une classe.

Une classe de mots regroupe tous les mots qui peuvent se mettre à la même place dans la construction d'une phrase.

| Ce | chien | noir | court. |
| Le | garçon | gourmand | mange. |
| Notre | chatte | paresseuse | dort. |

| Classe des verbes | être • avoir • faire • dire • pouvoir • aller • voir • vouloir • venir • devoir • prendre • trouver • donner • falloir • parler • mettre • savoir • passer • regarder • aimer • croire • demander • rester • répondre • entendre • penser • arriver • connaitre • devenir • sentir • sembler • tenir • comprendre • rendre • attendre • sortir • vivre • entrer • porter • chercher • revenir • appeler • partir • jeter • suivre... |
|---|---|
| Classe des noms | femme • homme • jour • mer • temps • main • chose • yeux • heure • monde • enfant • fois • moment • tête • père • fille • cœur • monsieur • maison • air • mot • nuit • eau • ami • amour • pied • gens • pays • ciel • frère • regard • mort • esprit • ville • rue • soir • chambre • soleil • roi • état • corps • bras • place • parti • année • visage • bruit • lettre • force • effet • milieu • idée • travail • lumière... |
| **Classe des déterminants**<br>■ Articles<br>■ Démonstratifs<br>■ Possessifs | ☐ la • le • les • un • une • des • au • aux • du • des...<br>☐ ce • cette • ces • cet...<br>☐ sa • son • ma • mon • notre • votre • ta • ton... |
| **Classe des pronoms**<br>■ Pronoms personnels<br>■ Autres pronoms | ☐ elle • je • se • il • le • vous • me • on • lui • nous • tu • moi • te • toi • leur...<br>☐ qui • que • dont • lequel... |
| Classe des adjectifs | grand • petit • seul • jeune • premier • bon • beau • vieux • noir • nouveau • dernier • blanc • cher • long • pauvre • plein • vrai • gros • doux • heureux • haut • profond • rouge • humain • froid • sombre • sûr • ancien • propre • possible • immense • public • pareil • bleu • fort • entier • simple • nécessaire • mauvais • important • triste • joli • différent • léger • libre • pur... |
| Classe des prépositions | de • à • en • dans • pour • par • sur • avec • sans • sous • après • entre • vers • chez • jusque... |
| **Classe des conjonctions**<br>■ Conjonctions de coordination<br>■ Autres conjonctions | ☐ mais • ou • et • donc • or • ni • car<br>☐ comme • quand • puis • parce que • lorsque • tandis que • puisque... |

# Les mots invariables

**L'orthographe des mots invariables doit être apprise et retenue.**

| | | | |
|---|---|---|---|
| à travers | comme | longtemps | puisque |
| afin de | comment | lors de | quand |
| ailleurs | dans | lorsque | quelquefois |
| ainsi | debout | maintenant | quoi |
| alors | dedans | mais | quoique |
| après | dehors | malgré | sans |
| assez | déjà | mieux | sauf |
| au-dessous | demain | moins | selon |
| au-dessus | depuis | non | seulement |
| aujourd'hui | devant | par | sinon |
| auprès | donc | parce que | soudain |
| aussi | dont | parfois | sous |
| aussitôt | durant | parmi | souvent |
| autant | également | partout | sur |
| autour | encore | pas | surtout |
| autrefois | enfin | pendant | tant |
| autrement | ensemble | personne | tantôt |
| avant | ensuite | peu | tard |
| avec | entre | plus | tôt |
| beaucoup | environ | plusieurs | toujours |
| bien | grâce | plutôt | très |
| bientôt | hélas | pour | trop |
| car | hier | pourquoi | vers |
| ceci | ici | pourtant | voici |
| cela | jamais | près | voilà |
| cependant | là-bas | presque | vraiment |
| chez | loin | puis | |

# La phrase simple

## 1. Son rôle : parler de quelqu'un ou de quelque chose

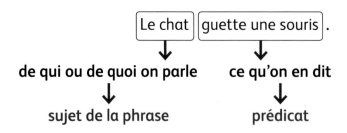

## 2. Sa constitution

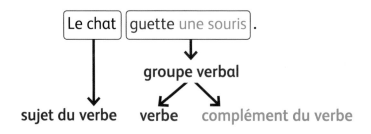

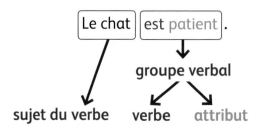

## 3. Deux types de compléments

# Crédits photographiques

# Illustrations

# Cartographie :

Générique

Édition : **Élisabeth Moinard**

Conception graphique : **Domitille Pautonnier, Anne-Danièle Naname**

Mise en pages : **Frédérique Buisson**

Iconographie : **Juliette Barjon**

Couverture : **Delphine d'Imguimbert**

Achever d'imprimer
N° d'éditeur 10246506 – Dépôt légal mai 2018
Imprimé en Italie par NIIAG